新零售管理

理论与案例

高 振 ◎ 主编

复旦大学 出版社

新零售系列教材编委会

主　编　焦　玥
编　委　（按姓氏笔画排序，排名不分先后）
　　　　 吕　洁　冯　睿　刘　欣　张广存　李　清
　　　　 吴培培　殷延海　高　振　曹　静

Preface 序

新零售时代已经到来，这是以人为中心的"线上线下一体化"的全渠道新零售。随着消费升级的变化，消费者的购物方式和消费理念在发生改变。面对消费者的多元化需求，信息技术的发展，以及经营环境的变化，零售企业要对经营理念和运营方式进行调整，对提供的产品和服务进行升级，利用大数据对用户行为进行分析，创新精准营销和体验营销，搭建智慧物流体系，这对零售企业提出了更多新挑战。

上海商学院建设有全国最早的连锁经营管理本科专业，于 2017 年新设了教育部首个零售业管理专业，工商管理专业 2019 年成为国家级一流本科专业建设点，在零售方向的专业教学始终处于领先地位。工商管理基于一流本科专业和一流学科建设，结合新商科、新需求、新模式、新技术发展，致力于培养具有互联网思维、创新创业能力、国际化视野的现代商业与商务管理人才，以满足上海"五个中心"和"四大品牌"建设及我国商业的新发展对高素质应用型商科人才的需求。

为实现以上人才培养的目标，专业定期更新课程体系，将行业前沿适时融入课程内容。经过长期的积累，形成了新零售系列教材，涵盖了零售基本理论、新零售管理理论、数字营销、智慧物流、商业数据分析、市场调查、商业伦理、组织行为等方面。新零售系列教材特色鲜明，内容覆盖新零售的方方面面，体现了教学内容的理论性、行业发展的前沿性和管理实践的应用性。

新零售系列教材，适用于零售管理、企业管理、工商管理等经济管理类专业的本科生，也适用于对新零售感兴趣的企业和研究人员。

Foreword 前言

随着信息技术的发展以及个性化消费时代的来临,零售业迎来了革命性的变化。尽管以实体门店为运营载体的传统零售仍然是人们日常消费购物必不可少的一部分,但以网络店铺为运营载体的在线零售获得蓬勃发展,形成了线下线上两种零售业态并存的零售新格局,简称"新零售"。便利店、超级市场、仓储会员店、专卖店、购物中心等传统零售业态仍然是满足人们日常购物需要的主要场所,但是也涌现出了各种新的零售业态。以生鲜农产品这一品类为例,既有传统的实体零售业态,例如生鲜社区便利店等,也有新的网络零售业态,例如生鲜电商。借助移动支付等新技术的发展,智能型自动售货机以及无人便利店如雨后春笋般出现在机场、车站以及大街小巷的各个角落。还有直播电商、跨境电商等新零售业态发展迅速,满足了不同人群的消费需求。但是无论是"旧零售"还是"新零售",零售的本质不变,那就是通过对"人、货、场"等零售基本要素的创新管理来满足人们的购物、社交、娱乐等需求,营造个性化的消费体验。

一、关于本书

《新零售管理:理论与案例》是以管理学、市场营销学、零售管理等为理论基础,通过理论和案例研究两个视角,分析各种新零售业态背后的基本原理和具体管理实践的专业课程。本书的主要读者是工商管理、市场营销、零售业管理、商务经济学等专业的本科生和从事零售工作的企业管理者以及所有关注新零售的读者。本书旨在介绍新零售业态发展背后的理论基础以及常见的新零售业态的商业实践。

二、本书的主要特色

市场上有关新零售的书籍较多,大多是实践经验总结,而缺乏系统性和理论性,无法用作课堂教学的教材。本书在总结国内外理论研究成果和商业实践做法的基础上,突出了如下特色。

(一)吸收国内外最新研究成果,突出理论的系统性和完整性

新零售是近十年出现的一种零售业态,无论是企业实践还是理论研究都处在不断发展中,新零售业态发展必定受到经济、社会、技术等各种因素的影响,也受到新经济时代消费需求的变化的影响,国内外相关研究的文献数量逐年增长,本书的所有章节均借鉴并吸收了最新理论研究成果,力求做到紧跟理论前沿,突出系统性和完整性。

(二)融合国内外零售商业实践,突出案例的新颖性和代表性

借助于庞大消费市场和信息技术发展,我国新零售管理实践走在世界前列,无人零售、直播电商以及生鲜电商等多种新零售业态蓬勃发展,为理论研究者提供了绝佳的研究机会。

本书的每一章节均有与本章内容相关的新零售案例，将理论与案例相结合，有助于读者从案例中学习理论，从理论中领会商业实践。

三、本书的主要内容

第一章是新零售概论，介绍了新零售概念，整理并比较理论研究者和企业管理者提出的各种新零售概念的区别与联系，还介绍了新零售主要特征，以及促进新零售产生和发展的动因，以零售业态理论分析新零售业态发展规律。最后介绍了新零售企业的实践案例。

第二章系统介绍了零售数字化转型，包括数字经济概念以及数字经济发展历程，企业数字化概念以及企业数字化转型的方法和具体指施；还介绍了零售企业数字化能力概念以及测量模型，零售企业数字化转型模型。最后介绍了零售企业数字化转型案例。

第三章介绍了全渠道零售的理论与实践，包括全渠道零售的来源、定义以及全渠道零售的发展历程及其对企业的价值；还介绍了技术对全渠道零售发展的重要影响，以及全渠道零售与传统零售的区别和联系，全渠道零售的管理模式和协调一体化的具体措施。最后介绍了全渠道零售的企业案例。

第四章介绍零售需求链管理，包括需求链管理概念以及与供应链的区别和联系，需求链管理理论和实践的决定因素，全渠道零售管理系统的需求链管理策略以及零售企业实施需求链管理的组织基础。最后介绍了零售企业需求链管理案例。

第五章介绍零售创新管理，包括线上零售、线下零售目前遭遇的发展困境，新零售时代的消费体验的特征以及技术创新及其对零售的影响，还介绍了新零售的组织创新，包括打造零售生态系统、实施全域营销等。最后介绍了零售企业创新实践案例。

第六章介绍生鲜电商，包括我国电子商务发展现状，生鲜农产品上、中、下游产业链的基本情况，生鲜农产品的零售市场以及生鲜电商的运营模式和主要特征；还介绍了生鲜电商的前置仓管理以及主要的物流配送模式和特征，生鲜电商的零售服务质量概念和测量模型。最后介绍了生鲜电商企业案例。

第七章介绍无人零售，包括无人零售概念以及无人零售业态发展历程，自动售货机、无人货架以及无人便利店等三种主要的无人零售形态的特征、分类和运营管理，还介绍了无人零售业态发展的五种驱动因素，无人零售产业链和消费者行为特征。最后介绍了无人零售实践案例。

第八章介绍跨境电商，包括跨境电商概念以及分类，跨境电商的理论基础，以及跨境电商的产品选择策略，采购与货源策略，跨境电商的价格策略以及跨境电商的物流系统和运输方式，跨境电商的支付系统和风险管理。最后介绍了跨境电商企业案例。

全书的写作安排情况是：第一章、第二章和第六章由高振博士撰写，第三章由尹君博士撰写，第四章由袁君霞博士撰写，第五章由朱兰亭博士撰写，第七章由裴宏宙博士撰写，第八章由董文涛博士撰写。全书由高振博士统稿。

囿于作者的水平，书中的疏漏和差错在所难免，恳请读者批评指正。

编著者
2022 年 3 月 10 日

Contents 目录

第一章　新零售概论
- 1　学习要点
- 1　第一节　新零售概念
- 3　第二节　新零售的特征
- 5　第三节　新零售产生的动因
- 9　第四节　新零售业态的理论解释
- 11　专栏：新零售案例
- 15　本章小结　关键词　思考题　参考文献

第二章　零售数字化转型
- 18　学习要点
- 18　第一节　数字经济
- 20　第二节　企业数字化转型
- 27　第三节　零售企业数字化转型
- 37　专栏：零售企业数字化转型案例
- 51　本章小结　关键词　思考题　参考文献

第三章　全渠道零售
- 54　学习要点
- 54　第一节　全渠道零售概述
- 59　第二节　全渠道零售的成因
- 62　第三节　全渠道零售与传统零售的区别
- 65　第四节　全渠道零售管理模式转型
- 69　第五节　全渠道零售协调一体化
- 75　专栏：全渠道零售案例
- 78　本章小结　关键词　思考题　参考文献

第四章　零售需求链管理

- *81*　学习要点
- *81*　第一节　需求链管理概论
- *83*　第二节　需求链管理的动力
- *92*　第三节　全渠道零售需求链管理
- *93*　第四节　需求链管理的组织基础
- *95*　专栏：零售企业需求链管理案例
- *106*　本章小结　关键词　思考题　参考文献

第五章　零售创新管理

- *109*　学习要点
- *109*　第一节　零售业的发展困境
- *112*　第二节　新零售的消费体验
- *116*　第三节　新零售的技术创新
- *120*　第四节　新零售的组织创新
- *123*　专栏：新零售创新管理案例
- *132*　本章小结　关键词　思考题　参考文献

第六章　生鲜电商

- *134*　学习要点
- *134*　第一节　中国电子商务发展概况
- *137*　第二节　生鲜产业链
- *141*　第三节　生鲜电商的商业模式
- *148*　第四节　生鲜电商的物流配送
- *155*　第五节　生鲜电商的服务质量
- *161*　专栏：生鲜电商案例
- *166*　本章小结　关键词　思考题　参考文献

第七章　无人零售

- *169*　学习要点
- *169*　第一节　无人零售业态的发展
- *172*　第二节　无人零售的商业模式
- *183*　第三节　无人零售业态发展的驱动因素

193	第四节　无人零售产业与消费行为
198	专栏：无人零售案例
201	本章小结　关键词　思考题　参考文献

第八章　跨境电商

203	学习要点
204	第一节　跨境电商概述
208	第二节　跨境电商的基础理论
213	第三节　跨境电商产品策略
218	第四节　跨境电商价格策略
222	第五节　跨境电商物流系统
226	第六节　跨境电商支付系统
231	专栏：跨境电商案例分析
236	本章小结　关键词　思考题　参考文献

第一章 新零售概论

学习要点

- 新零售概念及其基本要素
- 新零售的特征以及零售三要素的表现形式
- 新零售产生的动因是什么
- 新零售发展的理论解释

"新零售"一词最早出现在2016年,在杭州云栖大会上的演讲嘉宾提出:未来的纯电子商务将被淘汰,取而代之的将是"新零售"。零售的本质就是利用"场"(消费场景)将"货"(零售商品或服务)与"人"(消费者)连接起来,那么,"新零售"在打造"人、货、场"三个基本要素的同时,如何体现"新"的特征,是零售领域的理论研究者和商业实践者需要思考的问题。近几年来,多渠道零售、O2O零售(线上线下融合)、全渠道零售、无人零售、生鲜电商、跨境电商以及直播电商等各种新零售模式层出不穷,不断丰富了"新零售"商业模式的内涵。

第一节 新零售概念

"新零售"就是零售新模式,既不同于传统的线下零售,也不同于线上的网络零售模式,而是依托互联网和电商平台、个人和企业运用大数据、人工智能、云计算等高科技手段,优化商品交易流程,将线上、线下、物流等要素进行有机融合,减少囤货量,才能实现真正的新零售。新零售既缩短了顾客的购买周期,为顾客提供了便利、节约了时间,充分发挥了线上信息流、资金流、商流融合和线下体验、服务及新物流模式的优势,有着零门槛、零库存、零投入等不可复制的优点,实现了科技价值、使用价值、流通价值的最大化,有效避免了线上线下经营弊端带来的影响,做到了精准判别客户需求、增加体验感、减少存货量、提高流通效率、降低成本、提高资金周转率，是一种符合市场发展的商品交易模式。新零售要求传统实体零售行业、互联网公司、现代物流之间建立闭环生态体系，积极合作，利用好各自的优势，突破现有零售业态的时间、空间限制，以个性化、定制化、体验化驱动消费者进行购物。

从企业界的观点可以看到，新零售仍然强调消费者体验、产品升级，以及成本和效率等决定企业成功经营等核心要素（如表1-1所示）。

表1-1 企业界对新零售的理解和认识

商务部	新零售是以消费者体验为中心，以行业降低成本和提高效率为目的，以技术创新为驱动的要素全面更新的零售业态
小米科技	新零售的本质是改善效率，通过产品升级，释放消费者购买需求
海尔电商	新零售是企业和用户的融合，为消费者提供最佳的消费体验，实现定制化解决方案，颠覆现有制造体系
阿里巴巴	新零售是基于互联网思维和技术，通过整合线上、线下零售和物流，全面改革和升级现有社会零售，使商品生产、流通和服务过程更高效。走向新零售非常重要的标志，是实现服务者的可识别、可触达、可洞察、可服务
天虹商场	新零售是传统零售的一个加速进化的阶段，使得零售价值赶上市场需求
苏宁云商	新零售背景下，物联网和互联网结合，感知消费者需求，预测消费趋势，引导生产制造，提供多样化、个性化服务
京东集团	第四次零售革命的实质是无界零售，终极目标是在"知人、知货、知场"的基础上，重构零售的成本、效率、体验

资料来源：王淑翠，俞金君，宣峥楠. 我国"新零售"的研究综述与展望[J]. 科学学与科学技术管理，2020，41(6)：91-107.

理论研究者也对新零售概念提出了自己的理解。新零售是应用互联网思维和技术，对传统零售加以改良和创新，用新的理念和思维作为指导，将货物和服务出售给最终消费者的所有商业活动。也有学者提出新零售是线上零售和线下零售与移动渠道相结合，以三者合力促进价格消费向价值消费全面转型，以大数据和人工智能等新技术驱动零售业态与供应链重构，以互联网思维促进实体零售转型升级，以新物流为支撑提高流通效率和服务水平，并且，通过持续强化用户体验、改善消费环境和物流效率，进而提高零售业的运营效率。新零售是基于传统实体零售和网络零售的发展，在实现零售行业基本功能和价值的基础上，通过应用新技术、创造新模式和提供新价值，不断提高零售行业效率和顾客满意度的转型升级过程。新零售是以大数据、人工智能等新兴技术为基础，融合线上与线下渠道，开发利用当代物流和消费场景，为消费者提供最佳消费体验的零售行为和商业组织。

尽管很难给新零售确定一个明确的定义，但有四个重要特征值得关注：第一，新零售需要借助于新技术，新技术改变了消费者行为，也改变了零售企业的经营管理决策；第二，新零售需要融合线上和线下两种零售模式，既有传统实体零售，也有线上的电子商务，还包括移动电子商务等，构建全渠道零售；第三，新零售整合零售供应链，借助现代物流技术，降低零售成本，提高零售效率;第四,新零售要重视消费者体验,优化消费者购物旅程,为消费者构建无缝的全渠道购物体验。由此可见,新零售的关键词有:新技术、全渠道、成本与效率以及消费者体验。

表1-2 学术界对新零售概念的理解

文 献	"新零售"定义
赵树梅和徐晓红(2017)	新零售是应用互联网思维和先进技术,对传统零售模式进行改良和创新,用最新的理念和思维作为指导,将货物和服务出售给最终消费者的所有商业活动
杜睿云和蒋侃(2017)	新零售是企业以互联网为依托,通过运用大数据、人工智能等先进技术手段,对商品的生产、流通和销售过程进行升级改造,进而重塑业态结构和生态圈,并对线上服务、线下体验以及现代物流进行深度融合的零售新模式
苏东风(2017)	新零售是在现代信息技术发展的大背景下,传统零售或传统电商将物流、生产等价值创造环节或要素加入其中,通过运用大数据、人工智能等先进互联网+技术,实现协同和融合,促进零售生态圈的形成,从而为消费者创造更多购物价值的零售新模式
王宝义(2017)	新零售是零售本质的回归,是在数据驱动和消费升级时代,以全渠道和泛零售形态更好地满足消费者购物、娱乐、社交等多维一体需求的综合零售业态
王坤和相峰(2018)	新零售是线上零售和线下零售与移动渠道相结合,以三者合力促进价格消费向价值消费全面转型,以大数据和人工智能等新技术驱动零售业态与供应链重构,以互联网思维促进实体零售转型升级,以新物流为支撑提高流通效率和服务水平,并且,通过持续强化用户体验、改善消费环境和物流效率,进而提高零售业的运营效率
杨坚争等(2018)	新零售是通过大数据挖掘、分析消费者的切实需求,服务商将云计算、人工智能、新物流等创新能力融入所有流通环节,并结合深度融合的线上和线下渠道开展各类娱乐、社交、体验化的营销活动,从而使企业和消费者各方获得最大化效益和满足的零售方式
焦志伦和刘秉镰(2019)	新零售是基于传统实体零售和网络零售的发展基础,在实现零售行业基本功能和价值的基础上,通过应用新技术、创造新模式和提供新价值,不断提高零售行业效率和顾客满意度的转型升级过程
王淑翠等(2020)	新零售是以大数据、人工智能等新兴技术为基础,融合线上与线下渠道,开发利用当代物流和消费场景为消费者提供最佳消费体验的零售行为和商业组织

资料来源:王淑翠,俞金君,宣峥楠. 我国"新零售"的研究综述与展望[J]. 科学学与科学技术管理,2020,41(6):91-107. 焦志伦,刘秉镰. 品类差异下的消费者购物价值与零售业转型升级路径[J]. 商业经济与管理,2019,333(7):5-17.

第二节 新零售的特征

新零售是从传统零售的基础上发展而来,并且与现代信息技术相结合的新型零售业态,与传统零售相比较,主要的区别体现在:传统零售以产品为主,新零售以消费者体验为主;

传统零售是单渠道或者多渠道,新零售是全渠道,并且各个渠道协同配合;传统零售的消费场景单一且同质化,新零售的消费场景是多样化。

一、零售三要素

新零售对"人、货、场"等基本零售要素进行了全新的改造,就是在提高消费者购物满意度和消费体验的同时,实现零售效率的提升,为企业和消费者创造更高的价值,也实现了零售业的转型升级,包括消费体验升级、消费行为数据化升级和零售运营技术升级等。第一,人:代表消费者,我们所做的一切努力都是为了满足消费者的需求,消费者的满意和愉悦感是检验零售模式成功与否的核心关键;第二,货:代表商品价值,匹配人的需求所对应的商品价值,围绕这个价值我们需要考虑商品营销的问题,例如品类选择、商品数量、营销策略以及利润目标等;第三,场:代表消费场景,既有线下零售的实体门店的装饰环境、灯光、音响、背景等,也包括线上零售的交易场景、网页设计、商品照片、直播互动等,都可称为消费场景。

(一)人:消费者

新零售时代,"人"这一要素的变化体现在三个方面。第一,消费者数字化,要做到消费者洞察,数字化是前提,通过智能设备收集消费者画像信息,建立消费者数字标签体系,便于后续的精准营销和差异化服务。第二,客流识别信息化,通过客流识别,监控区域之间、品牌之间、店铺之间,甚至商品之间的客流差异等信息,分析差异原因,从而为零售选址、品类决策以及营销策略提供依据。第三,会员数据化,市场营销理论有一个"80-20"原则,也就是用80%的精力去服务20%的高价值客户,但是,我们怎么能够在顾客走进门店的那一刻,就能判断是否是高价值客户呢?因此,建立数字化的会员档案至关重要。

(二)货:商品价值

新零售时代,"货"的价值同样体现在三个方面。第一,商品吸引力,功能、价格和设计构成了商品吸引力的三大因素,例如名优创品所售商品以时尚休闲生活百货为主,产品设计奉行"简约、自然、质感"的生活哲学,具有"三高三低"特征,即高品质、高效率、高科技、低成本、低毛利、低价格,而低价的背后是高效率的库存周转率和供应链体系。第二,商品数字化,为每件商品定制一个商品代码,利用自动识别和网络技术对商品从生产加工、运输、仓储、销售、配送等各环节进行数字信息处理和识别,实现了商品数字化,就能够实现多种衍生的应用,例如跟踪商品销售情况进行选品优化、调整货架摆放、监控商品库存,以及不同店铺之间的商品调拨等。第三,内容和服务,在消费升级背景下,零售商品、服务、体验、内容共同组成了广义的"货"的概念,现在经常提到的内容营销、内容即商品,都形成一个"泛内容"的概念,我们和消费者之间的每一次互动,例如一场直播秀、短视频、邀请粉丝参加沙龙分享,都是"内容"。此时,我们销售的"货"是由"内容"承载的价值观,是和消费者价值观产生共鸣,从物理形态的销售转向心理形态的销售,从物理满足到心理满足的升级。

(三)场:消费场景

与传统零售的消费场景比较,新零售的消费场景的特点突出表现在三个方面。第一,运营数字化,尤其是营销数据化,哪个渠道的投资回报率高,哪则广告的点击率高、转化率高,哪个页面客户停留时间久,哪个区域客户停留时间久,只有提升用户的访问深度和停留时间,才能产生更多的购物机会。第二,场景体验化,传统零售强调零售商品和服务能够满足消费者需求,尽管这在新零售背景下也非常重要,但新零售更注重提升消费者购物全过程的感受和体验,例如一些新型IP(知识产权)型商场,就是营造了一个文化价值氛围和场景,消费者是为了与拥有同类价值观的人群而来,是为了与商场的人文价值共鸣而来,例如芳草地、方所和K11等IP主题商场。第三,导购数字化,一间普通商场内的商品成千上万,消费者要从琳琅满目的商品中找到自己需要且喜欢的商品不是一件容易的事,如果提供数字化的导购服务,消费者能在短时间内找到所需要的商品,简化了消费者的消费决策和购买过程,从而提升用户体验。

二、新零售的新特点

第一,消费体验升级。线下零售和在线零售各有优缺点。线下门店可以提供消费者身临其境的感觉,在商品试用、服务咨询、购物环境等方面拥有在线零售所缺乏的实景体验。在电商平台,消费者可以足不出户地选择海量商品,操作便利,性价比高,电商平台可以根据消费者购物行为进行个性化推荐,商品的丰富性和购买便利等购物体验远超线下实体零售。新零售融合了电商平台和线下门店购物的优点,让消费者既享受到购物的立体感和真实感,又能拥有线上购物的丰富性、便利性、智能化和个性化。

第二,消费行为数据升级。在新零售时代,消费者体验升级的基础是零售商能够精确识别消费者的购物行为,通俗地说就是更"懂"消费者。因此,新零售需要对消费者购物行为数据采集系统进行更新。在线购物时,电商平台可以收集到的消费行为数据包括网页浏览,点击、收藏、下单、物流信息等。随着移动互联网的不断普及,我们的各种行为数据被记录在手机软件中,例如出行、餐饮、娱乐、旅游、金融、医疗以及教育信息等。新零售企业更是会利用物联网和视频捕捉技术将消费者在实体门店的各种消费行为转化为电子数据,弥补在线购物平台缺失的消费者线下消费行为数据。

第三,零售运营技术升级。在新零售时代,物理世界和数据世界相互融合,"人""货""场"既是物理的,也是数据的。例如,人脸识别技术和其他生物识别技术将使消费者的真实身份和互联网身份合而为一,这体现了"人"的因素;通过物联网技术,实体商品可以转化为数据信息,这是"货"的因素;消费者可以借助虚拟现实(VR)和增强现实(AR)等技术,不限场合地进行情景式购物。

第三节 新零售产生的动因

零售业态一直处在变革过程中,每一种新的零售业态的出现必然是随着新的内外部环境和条件的变化而产生,新零售作为当前零售行业的新兴业态,对于原来的线上电子商务平台和线下实体店铺都是巨大的变革,因此,现实中也必然存在着推动零售行业发展的驱动因素,学者称之为"零售革命"。

一、零售革命

零售革命一词包含了三层含义。第一,零售革命中的"零售"是指零售业态或类型,即包括店铺形态和无店铺形态,各种线上零售形态和线下零售形态,各种有人零售形态和无人零售形态,以及它们的组合或融合形态,例如单店形态和连锁形态、单渠道形态和全渠道形态以及智能店铺形态等;第二,零售革命中的"革命"是指重大主辅换位变化,即在广泛的范围内(世界范围)一种新的单一零售业态或组合零售业态,取代另一种旧的单一零售业态或组合零售业态的主导地位,而被取代者位居辅助或次要的地位;第三,零售革命还隐含了第三层含义,即零售革命的目的,一种新零售业态或者零售业态组合出现后能够带来什么变化、利益或者价值,即企业为维持自身的生存和发展,更好地满足顾客需求,最终实现企业的使命和目标。

零售革命的演化一般围绕三个因素进行,即地点、店铺和人员,具体分为店铺形态、无店铺形态、店铺聚集形态和是否有人值守等四个路径。第一,店铺路径,从无店铺到小店铺,再到大型店铺,甚至连锁店铺,然后再回归到小店铺,或无店铺。第二,无店铺路径,从行商到访问销售,再到邮购商店、电话商店、电视商场,直到网上商店、移动网络商店、微商的个人销售,回到行商。第三,聚集路径,从城邦交界处到固定露天集市,再到露天商业街、室内商业街、购物中心、步行商业街,最终到达网上购物中心和网上商业街等。第四,有人和无人路径,最早是无人交易,卖者将商品放置在氏族部落交界处后离开,买者拿走货物并将货币留在原来放置货物的地方,后来出现了有人的行商,有人的坐商,有人的百货商店、购物中心等,直到发展为无人的自助售货机、无人便利店等。

二、新零售产生动因

无论是西方国家出现的十次零售革命,还是中国市场的八次零售革命,都没有包含新零售业态,但是,作为在中国本土市场诞生的新零售业态在不断发展壮大,也涌现了一批经营成功的典型的新零售企业,和数量可观的新零售研究文献,其中就包括对新零售产生的动因的理论观点,包括传统零售行业遇到瓶颈、消费观念转变和新技术的广泛运用等三个方面。

第一,传统零售行业遇到瓶颈。随着纯电商时代的到来与发展,传统零售的供应链体系越发无法满足市场需求,零售行业增速放缓,呈现出"千店一面"的不利态势,加之消费升级,实体零售行业经营愈发困难。传统实体零售企业由于在经营和辐射范围上相对狭窄,店铺选址、商品品类选择及陈列方式等都受到了区域和空间的限制,再加之商品价格因店铺租金、仓储物流、运营设备、人力资源等费用而增高,使得传统零售既缺乏灵活性又缺乏价格竞争力。

对于大型零售企业而言,国内大部分零售商场普遍采取的是"柜台租赁+商业地产"模式,而这种盈利模式具有不可持续性,高租赁成本促使零售商提高了产品的零售价格,根据供求理论,消费者的购买欲望会随价格的上升而降低,传统零售商也因此失去了价格方面的优势。此外,零售商往往过度依赖于大型商场的客流量及其辐射效应,从而导致零售市场缺乏对零售业态市场营销的科学规划与管理。因此,传统零售行业在成本控制、运营效率以及消费场景构建等方面的诸多痛点,使得传统实体零售急需转型,才能维持其继续发展。

表1-3 西方国家市场出现的十次零售革命

序号	业态名称	革新性	冲击性	广延性	十次零售革命	爆发时间	四次大革命
1	百货商店	★★★★★	★★★★★	★★★★★	第一次	1852—1940	第一次：线下店铺(有人)零售革命
2	一价商店	★★★★	★★★★	★★★★	第二次	1880—1930	
3	邮购商店	★★★★★	★★	★★★★		1860—1890	
4	连锁商店	★★★★★	★★★★★	★★★★★	第三次	1920—1930	
5	超级市场	★★★★★	★★★★★	★★★★★	第四次	1935—1965	
6	折扣商店	★★	★★★★	★★★★		1950—1970	
7	便利商店	★★★	★★	★★★★		1964—1990	
8	购物中心	★★★★★	★★★★★	★★★★★	第五次	1950—1965	
9	特级市场	★★	★★★	★★★★★		1963—2000	
10	仓储商店	★★★	★★	★★★★		1964—2000	
11	奥特莱斯	★★★	★★	★★★★★		1979—2005	
12	步行商业街	★★★★	★★★	★★★★★	第六次	1967—1980	
13	自动售货机	★★★★★	★★★★	★★★★★	第七次	1960—1985	第二次：线上(有人)店铺革命
14	多层直销	★★★★	★★	★★★		1940—2000	
15	网上商店	★★★★★	★★★★★	★★★★★	第八次	1994—2010	
16	多渠道零售	★★★	★★	★★★★★		1996—	第三次：线下线上店铺融合革命
17	移动零售店	★★	★★★	★★★★★		1996—	
18	全渠道商店	★★★★	★★★★	★★★★★	第九次	2011—	
19	无人商店	★★★	★★	★★★★★		2016—	第四次：线上线下(无人)智能革命
20	智能商店	★★★★	★★★★	★★★★★	第十次	2020—	

资料来源：李飞.零售革命(修订版)[M].北京：经济科学出版社,2018.

网络零售的"天花板"效应与自身缺陷效应并存。我国由于互联网和移动端用户高速增长带来的传统电商发展的红利已经逐渐萎缩,传统电商所面临的瓶颈开始显现。从网络零售的增长速度来看,据商务部统计,2019年中国网络零售交易额同比增长16.5%,相较于2018年降低了7.4个百分点,线上交易规模的增长量在逐年下降,且每年保持在8%左右;从企业获客成本来看,2016—2018年京东商城的平均获客成本分别为142元、226元、1503元,呈现明显的上升趋势,网络零售市场竞争加剧。网络零售自身的短板也开始显现,相对于实体零售,传统的线上电商难以为消费者提供良好的购物体验和真实场景,线下实体店的可触性、可视性、可感性等直观属性是传统电商无法填补的明显短板。此外,随着我国居民人均可支配收入的提高,消费者品质消费不断升级,对购物的关注已不再是价格,而是对消费过程的体验和感受,以及各种娱乐化和社交化的诉求。至此,全国网络零售额增速放缓、电商类型趋同、获客成本提升等一系列因素驱使零售行业必须探寻新的出路,而变革的方向也必然回归行业发展的本质,即满足消费者个性化的需求。

因此,凭借信息技术的快速发展,以满足消费者多样化、个性化、便利性、即时性需求为目标的新零售成为当今零售行业的发展方向。新零售模式的推广更能完善消费方式,升级消费体验,优化服务。其目的就是构建新零售生态闭环,通过现代科技赋能数据流、资金流、物流等,以实现消费者在交易、购买等各个环节的消费升级体验。

第二,消费观念的转变。从零售业态的演化历程可以看到,零售业经历了以货为中心、以场为中心和以人为中心的三大阶段,其实质就是对零售业的三个核心要素"人、货、场"重新组织的过程。其中,在以货为中心的时代,零售竞争程度相对不高,主要是以单渠道为主,此时处于卖方市场,商品短缺,生产者占据了主导地位;在以场为中心的时代,零售商占据了主导地位,零售渠道呈现出多样化的形态,品牌建设、广告促销等营销手段层出不穷;进入21世纪以来,零售业到了以人为中心的时代,买方市场凸显,消费者的主导作用日益增强,零售商全面洞察消费需求,以多渠道满足消费者诉求,制造商依托零售链路逐渐向反向定制转变。因此,以人为中心的时代也被称为体验经济时代,消费者的消费方式更加注重高质量的产品和服务,消费者观念也逐渐在向协调性消费观念和绿色消费观念升级和转变。在协调性消费观念转变中,马斯洛需求层次理论认为随着民众收入水平的不断增加,基本的生理需求已经得到满足,民众开始追求更多方面的需求,这也就激发了新零售发展。绿色消费方式的升级将会缓解生产产品过度消耗资源的压力,从而促进人与自然更和谐的发展。

现阶段,出生于20世纪80年代、20世纪90年代及21世纪初的"新世代"逐渐成为消费主体,大多受过高等教育的他们在消费观念、消费方式及消费结构上都产生了重大变革。他们在消费中更加注重自我感受,消费行为呈现出全天候、多渠道、个性化的特征。以全渠道为特征的新零售业态能够为消费者提供随时随地消费、娱乐和社交的消费体验。

第三,新技术的广泛应用。移动互联网的出现紧紧地连接了"人与人、人与物、物与物"。其主要特点有:一是碎片化,用户可以在任何时间接入网络,并且多种应用能够在同一时间进行;二是融合性,移动终端可同时运行多个服务程序,移动互联网提供了更广的渠道,两者为应用之间的业务协同创造可能;三是智能性,移动互联网的终端能够通过丰富的传感器实现定位,采集周围的环境信息;四是差异化,用户的需求具有个性化与多样化的特点,不同用户接入网络可以完成不同需求。

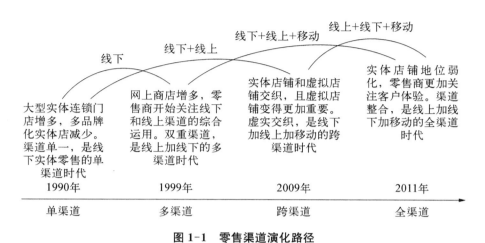

图 1-1　零售渠道演化路径

资料来源:王坤,相峰."新零售"的理论架构与研究范式[J].中国流通经济,2018.32(1):3-11.

总体而言,新零售一系列技术支撑的关键来自大数据、云计算和移动互联网,随之衍生的其他新技术还包括物联网、机器学习、VR 技术(Virtual Reality)、AR 技术(Augmented Reality)、移动搜索、多媒体识别等。新技术的出现为新零售的产生提供了一个很好的平台。一方面,云技术(云计算、大数据)、网端技术(互联网、物联网)以及各种终端口(PC 终端、移动终端、智能穿戴、传感器等)构建起了"互联网+"下的新基础设施,既为生产企业带来了快速发展的机会,又加深了消费两端主体的联系,使企业能为消费者提供全面的服务,提升了消费者的参与度。另一方面,企业生产运行过程中利用的新技术,既可降低运行成本,又可帮助企业增加利润,提高效益。同时,企业通过数据共享,减少流通环节,降低交易成本,进一步优化和提升整体运营效率。因此,正是因为物联网、大数据、云计算和人工智能等新技术的日益完善,才使得零售业带动制造业共享行业信息、协同驱动,精准满足消费者需求。并且在技术进化中,一是能更加突出信息导向的商业驱动升级;二是以现代互联网、云技术驱动的商业业态升级;三是将传统实体零售业优势与现代电商的优势叠加;四是以信息化、规模化、集约化为一体的商业流程再造;五是商流、物流、信息流相互融合与商业产业链进一步创新。

第四节　新零售业态的理论解释

零售业发展历程中,新的零售业态不断出现,旧的零售业态也不断地退出历史舞台,为什么会出现新的零售业态,而旧的零售业态为何会消亡?有关这个问题的研究,学者将其称为"零售业态演化",已有的各种学术观点可划分为环境理论、循环理论、冲突理论以及混合理论等四种类型,每种类型的理论又包含多种不同的观点。其中,有关新零售业态演化的研究主要借鉴了新零售之轮理论,而新零售之轮理论则是在零售之轮理论和真空地段理论的基础上发展而来。

一、零售之轮理论和真空地带理论

零售之轮理论由美国哈佛大学教授麦克奈尔(M. P. Mcnair)提出,该理论认为新旧零售业态的变革与交替具有周期性,这个周期恰好类似车轮旋转一样地向前发展。一种新的零售业态出现时,总是先以低档化、低毛利率、低价格切入市场,与已有的成熟的零售业态进行竞争,取得成功后,会引来众多的模仿者,从而形成了新业态内的不同企业间的竞争,从而迫使这些新业态的企业发展价格竞争之外的竞争领域,例如改善服务设施、增加附加服务等,无形之中增加了投资,提高了经营成本,不得不逐渐提高商品销售价格,慢慢地与原有业态在价格上相雷同,演变为高档化、高毛利率和高价格。与此同时,又会有新的业态抓住机会,又以低价格进入市场,进入下一轮的竞争,这样循环往复,新的业态不断产生。

真空地带理论由丹麦学者尼尔森(Nielsen)提出,该理论假设消费者具有多样化和多变性的消费偏好,新产生的消费偏好没有被现有的零售业态所满足,这就形成了一个市场真空地带,也是新零售业态产生的驱动因素。绝大多数消费者的偏好集中于中等价格的商品和中等水平的服务,这就使得那些提供"低价格商品、低水平服务"和"高价格商品、高水平服务"的零售商为了争夺更多的消费者、更大的市场份额,势必不约而同地向"中等价格、中等水平服务"靠拢,最终导致提供"低价格商品、低水平服务"和"高价格商品、高水平服务"的零售商越来越少,甚至完全消失,从而产生了两个方向的真空地带。新进入者就会以这两个真空地带作为自己的目标市场,导致新零售业态的产生,或是低价格低水平的零售组合,或是高价格高水平服务的零售组合。

二、"新零售之轮"理论

新零售之轮理论由日本学者中西正雄(M. Nakanisi)提出,该理论认为真空地带理论中所说的真空地带并不必然形成,因为无论新业态是从左端还是右端进入真空地带,由于受真空地带狭小区域的限制,其演化为主要零售业态的概率较小;同时,如果新业态在信息、物流、运营等方面与已有业态比较没有竞争优势,即使新零售业态向消费者偏好分布中心移动,也无法保证能够打败已有零售业态,因此,新业态的零售企业也许会选择留在最初加入时的区域内,而不向中心区域转移,真空地带也就并非必然。因此,零售业态演化的根本驱动力是技术革新,促使技术边界线向右移动,形成新的价格与服务组合,以赢得对原有业态的竞争优势。

与传统的实体零售业态比较,新零售突破了实体零售的时间、空间限制,以及商品展示不全面等问题,与传统在线零售业态比较,新零售突破了在线零售的客户体验问题,为消费者提供了更加直接的参与感和购物体验。新零售通过线上、线下的无缝链接,并且借助于移动支付、物联网、人工智能以及大数据分析等技术,使得技术边界线向右下方移动,消费者可以在价格不变的情况下,获得更高水平的服务;或者在服务水平不变的情况下,以更低的价格购买零售商品,这本质上就是一种新的零售业态(见图1-2)。新零售业态的代表"盒马鲜生"正是通过技术革新为消费者提供了价廉物美的零售商品和体验。首先,盒马鲜生在开店前期,就投入大量资金,采用大数据、互联网以及自动化设备,在人工智能算法的驱动下,

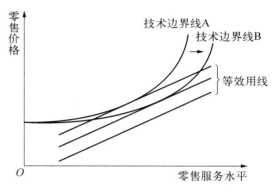

图1-2 新零售之轮理论示意图

实现"人、货、场"之间的最优配置,构建一整套的由订单、仓储、销售、配送组成的供应链系统;其次,盒马鲜生实体店的生鲜产品都是采用生产地直接采购,全程冷链运输并精细包装,直接在盒马鲜生冷柜销售,无供应商进场费,无任何中介环节,降低了运营成本,并让利给消费者;第三,盒马鲜生门店内有餐饮、水果蔬菜、海鲜肉制品、粮油零食、酒水饮料以及乳品烘焙等区域,消费者可以线下直观体验,既可以直接购买生鲜回家自己烹饪,也可以在门店内堂吃,体验式消费既符合消费者多样性需求,也是盒马鲜生追求更高层次特色和利益的推广方式,以及获取竞争优势的关键。

专栏 新零售案例

一、盒马鲜生的新零售实践

盒马鲜生是阿里巴巴集团下属的集超市、餐饮和菜市场为一体的、以数据和技术驱动的新零售平台,消费者可以到门店购买,也可以在盒马APP下单,然后由门店送货,3千米范围内,30分钟送达。与普通超市不同的是,盒马鲜生是以销售生鲜产品为主的精品超市:提供当日最新鲜商品,不卖隔夜蔬菜、肉和牛奶;菜品全程可追索,保障食品安全;既可以在门店堂吃,也可以外卖打包,采用"生熟联动"模式;如果消费者对商品不满意,可以无条件退款。

从服务设计的角度,典型的消费过程可以分为:认知、到达、准备、购买、体验、物流和售后七个环节,盒马鲜生通过实体门店和在线零售系统为顾客提供了极致的购物体验。

第一,数字体验,让消费者在决策过程中实现线上线下自由切换,例如线上线下的商品是一致的,商品的每一个标签都会有APP可以识别的条形码,消费者在门店看到想买的商品但不方便马上带走,可以扫码下单,30分钟即可送货到家;门店内的各种自动售卖机和结账设备,都可以用盒马鲜生的付款码自助支付。

第二,产品体验,生鲜产品对时效性要求非常高,因此,在盒马鲜生门店,消费者通

过亲自打捞,拎着水产品送到厨房的流程,就会感受到"生鲜"的体验。在蔬菜区,所有包装都贴了包装时间,从信息透明度上建立了信任感,线上购物只从实体门店发货,30分钟送到,切中消费者对新鲜的追求。

第三,场景体验,盒马鲜生门店整体空间以"逛集市"的概念来组织和布局,动线设计分为主干道和分支,入口和出口也分散在两侧,从让消费者快速找到性价比高的货品逐渐过渡到怎么能够让消费者逛得有趣、消费得开心。在产品组织上,不限于按照产品类型分区,而是采用场景分类,例如,消费者在水产餐饮区,不仅可以吃到活海鲜,旁边还有烧烤区和啤酒专柜,这些产品分区就是按照"吃海鲜"这个主题组织起来的。

第四,情感体验,盒马始终传递给消费者轻松、舒适和有趣的形象,营造一种安全感与信任感,消费者进入门店,就可以看到可爱憨厚的河马卡通形象,门店内部随处摆放着各种新颖的自动售卖机、葡萄酒贩卖机,以及自助结账机,大大减少了消费者排队等待时间。

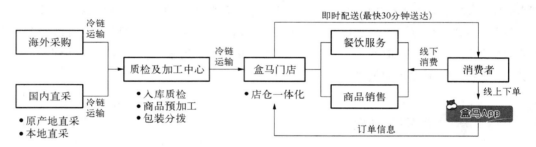

图1-3 盒马鲜生商业模式示意图

资料来源:艾瑞咨询研究报告。

传统生鲜电商为了保证每单利润可以覆盖履约成本,一般要求订单有起订金额限制,并且生鲜产品储存时间短、耗损率较高。因此,盒马鲜生在"人、货、场"三个方面都进行了重构。对"人"的重构包括:"生熟联动"的现场体验让消费者对品质更加放心,"未来厨房"提供的互动体验让消费者对"吃"的大厨房场景印象更加深刻,淘宝天猫首页放置"淘鲜达"盒马鲜生入口,充分利用网上商城的线上引流,订单不设配送起订金额,大大增加消费者使用频率。对"货"的重构包括:8 000个SKU总量中,生鲜只占15%,而围绕"吃"的食品品类占60%,百货类占25%,用生鲜的高品质和低价格吸引顾客,用关联销售的食品和百货拉动客单价,同时,水果蔬菜肉类预先称重包装好,根据小家庭趋势减少包装规格,按份售卖,将非标商品标准化。对"场"的重构包括:线下招募盒马红人编辑购物体验分享到线上,线上聘请五星级大厨提供教学菜谱视频,指导消费者在家做菜,增强互动感,满足消费者及时食用的消费需求。

二、苏宁易购的新零售实践

苏宁易购,全称苏宁易购集团股份有限公司,创办于1990年,经营商品涵盖传统家电、消费电子、百货、日用品、图书、虚拟产品等综合品类。截至2019年,全场景苏宁易购线下网络覆盖全国,拥有苏宁广场、苏宁易购广场、家乐福社区中心、苏宁百货,苏宁小店、苏宁零售云、苏宁极物、苏宁红孩子、苏宁体育等"一大两小多专"等多种零售业态,苏宁易购线上通过自营、开放和跨平台运营,线上线下的融合发展引领新零售发展。2020年商品销售规模为4 165亿元,同比增长9.92%,其中线上零售平台商品销售规模2 903亿元,同比增长21.60%,线上销售规模占比近70%。

1990年12月,苏宁电器在南京成立了第一家空调专卖店,根据市场需求,按照专业化、标准化原则,苏宁电器形成了旗舰店、社区店、专业店、专门店等4大类各种类型的线下零售门店。2010年在中国上市公司100强排名第61位,同年1月,苏宁电器的网上商城——苏宁易购正式上线,开启了网络零售模式。2012年收购母婴品牌"红孩子"公司,增强线上零售品类,开始全品类网络零售时代。2013年苏宁电器更名为"苏宁云商",进行组织架构调整,形成线上电子商务、线下连锁平台和商品经营三大经营总部,并实行线上线下"同品同价"策略,开启线上线下双模式融合的零售模式。2018年,公司再次更名,将"苏宁云商"更名为"苏宁易购",转型"智慧零售"新模式。2019年2月,苏宁易购收购万达百货下属的全部37家百货门店,同年6月,苏宁易购收购家乐福中国公司80%股份,形成了"两大(苏宁广场、苏宁易购广场)一小(苏宁小店)、多专(苏宁易购云店、红孩子、苏鲜生、苏宁体育、苏宁影城、苏宁极物、苏宁易购县镇店、苏宁易购汽车超市)"的智慧零售产品族群,运用云计算、大数据、物联网等前沿技术,构建商品、用户、支付等零售要素的数字化,将采购、销售、服务等流程智能化,构建了一个全场景的智慧零售生态系统,从而实现从线上到线下、从城市到乡镇的全覆盖,为用户搭起随时可见、随时可触的智慧零售场景,满足其在任何时间、任何地点对任何服务的需求。

表1-4 苏宁易购线上线下零售业态实施关键事件

2010年1月	苏宁的网上商城——苏宁易购正式上线,提出打造国内第一电子商务网购平台的口号
2012年1月	提出要做中国的"沃尔玛+亚马逊"的零售模式和发展目标
2012年9月	收购母婴品牌"好孩子"公司,加强在线零售和扩张多品类经营,加速苏宁去"电器化"
2012年12月	苏宁生活广场南京新街口Expo超级店正式开业
2013年春季	提出要做线上线下的零售服务商,"店商+电商+零售服务商"模式
2013年2月	苏宁电器更名为"苏宁云商",并进行组织结构调整,建立线上电子商务、线下连锁平台和商品经营三个经营总部,探索线上线下多渠道融合、全品类经营和开放平台服务

续表

2013年6月	苏宁实现线上线下同品同价,标志着苏宁线上线下双模式的全面运行
2013年9月	实施开放平台战略,苏宁零售云首批300家加盟商户入驻
2013年10月	收购PPTV公司股权,增强线上零售运营能力
2013年12月	提出"互联网门店"计划,启动大规模门店互联网改造计划
2014年1月	收购满座网,整合为苏宁本地生活事业群,强化人与服务的闭环体验
2014年1月	推出余额理财产品"零钱宝",1月15日正式上线
2014年2月	将线上电子商务总部和线下连锁平台总部,整合为线上线下"运营总部"
2014年3月	成立"苏宁互联"独立公司,全面进入移动零售业态

资料来源:夏清华和冯颐.传统零售企业线上线下双重商业模式创新的冲突与协同——以苏宁云商为例[J].经济与管理,2016(1):64-70.

三、"三只松鼠"的新零售实践

"三只松鼠"创立于2012年,总部位于安徽芜湖,在南京设立研发中心,截至2020年,公司已发展成为拥有4 000余名正式员工、年销售额破百亿元的上市公司(股票代码:300783),正加速向数字化供应链平台企业转型。依托品牌、产品、物流及服务优势,自2014年起,公司连续五年位列天猫商城"零食、坚果、特产"类目成交额第一,并先后被新华社和《人民日报》誉为新时代的"改革名片""下一个国货领头羊"。肩负"让天下主人爽起来"和"以数字化推动食品产业进步,以IP化促进品牌多元发展"的企业使命,公司不断致力于产品的创新,强化"造货+造体验"的核心能力,通过"风味""鲜味"和"趣味"构建起独特的"松鼠味",构建起一主两翼三侧的立体化渠道布局,全方位贴近消费者。公司将围绕"制造型自有品牌多业态零售商"的崭新定位,以数字化为驱动,重构供应链和组织,为客户带去质高、价优、新鲜、丰富、便利的快乐零食,迈向千亿松鼠,助力实现"活100年;进入全球500强;服务全球绝大多数大众家庭"的美好愿景。

2016年9月,三只松鼠在安徽芜湖开设了第一家线下实体店,取名为"三只松鼠投食店",截至2020年,共有171家线下投食店,覆盖全国24个省市,实现营收8.74亿元,同比增长16.4%。2018年7月,三只松鼠正式对外发布"三只松鼠联盟小店"项目,开始连锁加盟经营模式,截至2021年1月,联盟小店数量达到1 000家,覆盖全国157座城市。三只松鼠开启了线上+线下双渠道融合的新零售模式。

三只松鼠于2012年6月在淘宝天猫商城正式上线,在网上销售吊瓜子、山核桃等坚果,是典型的网络零售模式。公司利用聚划算进行促销活动,以及高密度多场景(例如烧首焦、钻展、直通车等)的广告投放,不仅提高了销售量,也极大了提高了品牌知名度,一跃成为网络零售坚果类第一品牌。2018年"双11"一天,三只松鼠全品类销售额达到6.82亿元,同比增长30.51%,天猫商城网店销售额达到4.51亿元,店铺粉丝突破2 000万,成为天猫商城首个突破2 000万粉丝的品牌,超过了NIKE、优衣库、小米等大品牌。2019年"双11"一天,以10.49亿元销售额再次刷新中国食品行业交易记录,2020年"双11"全渠道销售额稳居行业第一。

目前,三只松鼠正从电商企业加快转型为数字化供应链平台企业,以数字化转型驱动新零售,包括从线上到线下,从产品、供应链和IP进行全方位升级。第一,打造适合便利店的创新单品,一方面,对核心的SKU进行创新设计,把经典的大头装坚果、约辣、猪肉脯等零食,打造成适合线下便利店销售的产品;另一方面,发挥三只松鼠的供应链优势,每个季度推出独创性的单品,并升级门店的边缘产品,丰富门店产品线,更好地满足线下消费者需求。第二,为实体门店提供数字化产品方案,消费者用三只松鼠APP对商品进行扫码,就可以直接加入线上购物车,实现线下向线上成功引流,同时,门店内所有商品都采用电子价签,只需要用PDA发射器扫码商品和价签,几秒钟就能修改所有价格,大大减少人力物力成本,并且总部能够统一调控修改所有价格。第三,门店迭代升级,打造更强IP属性,从2018年开启联盟小店模式以来,线下门店就已经完成了"1.0代零食订阅店""2.0代邮局店""2.5代森林系店"和"3.0代品牌集合店"等多种店型的开发,持续加强三只松鼠线下门店形象的一体化,IP属性更强,更能引发消费者的情感共鸣。

三只松鼠从线上零售起步,在建立稳定的线上运营能力和盈利模式之后,逐步拓展线下门店,充分利用线上线下两种渠道加强与消费者的链接,提高顾客体验;苏宁易购则是从实体零售起步,首先在家电和3C等品类中建立了强有力的市场地位,然后逐步拓展到在线商城等线上零售渠道,通过并购线上和线下零售品牌,逐步建立了全品类、线上线下融合的新零售模式;盒马鲜生则是依托阿里巴巴经营成熟的网络零售经验,从一开始就建立了线上线下一体化的运营模式,借助信息技术和现代物流技术的支撑,建立了独树一帜的"线上+线下+物流"的新零售模式。

本章小结

"新零售"是最近几年出现的一个全新概念,企业管理者和理论研究者都对新零售概念的内涵和实质性内容提出了各自的观点。新零售要体现出新技术、全渠道、消费者体验以及成本和效率等特点,最终的落脚点仍然表现在"人、货、场"的全新改变方面,例如消费者数字化、消费场景化等。受到行业发展受限、消费观念转变以及新技术广泛使用等因素的共同作用,中国零售行业经历了八次零售革命,而新零售则是零售行业发展的最新业态,我们可以从零售轮理论、真空地带理论以及新零售轮理论的角度解释新零售业态的发展脉络。

关键词

新零售、消费者体验、全渠道、零售革命、零售三要素

思考题

1. 什么是新零售？其包括哪些基本要素？
2. 企业管理者与理论研究者各自提出的新零售概念有哪些相同点和不同点？
3. 零售三要素在新零售中有哪些新的表现形式？
4. 什么是零售革命？中国市场发生了几次零售革命？分别有哪些特征？
5. 什么是零售之轮理论和新零售之轮理论？两者有什么相同点和不同点？
6. 盒马鲜生、三只松鼠和苏宁易购的新零售实践各有什么特点？

参考文献

[1] 王淑翠,俞金君,宣峥楠.我国"新零售"的研究综述与展望[J].科学学与科学技术管理,2020,41(6):91-107.

[2] 赵树海,徐晓红."新零售"的含义、模式及发展路径[J].中国流通经济,2017,31(5):12-20.

[3] 王坤,相峰."新零售"的理论架构与研究范式[J].中国流通经济,2018,32(1):3-11.

[4] 焦志伦,刘秉镰.品类差异下的消费者购物价值与零售业转型升级路径[J].商业经济与管理,2019,333(7):5-17.

[5] 杜睿云,蒋侃.新零售：内涵、发展动因与关键问题[J].价格理论与实践,2017(2):139-141.

[6] 苏东风."三新"视角的"新零售"内涵、支撑理论与发展趋势[J].中国流通经济,2017,31(9):16-21.

[7] 王宝义."新零售"的本质、成因及实践动向[J].中国流通经济,2017,31(7):3-11.

[8] 杨坚争,齐鹏程,王婷婷."新零售"背景下我国传统零售企业转型升级研究[J].当代经济管理,2018,40(9):24-31.

[9] 喻旭.新零售落地画布：实施方法、工具和指南[M].北京：清华大学出版社,2018.

[10] 郭国庆,王玉玺."新零售"研究综述：消费体验升级[J].未来与发展,2019,43(5):60-64.

[11] 潘兴华.新零售模式与运营[M].北京：企业管理出版社,2021.

[12] 李飞.零售革命(修订版)[M].北京：经济科学出版社,2018.

[13] 史锦梅.新零售：零售企业供给侧结构性改革的新业态[J].当代经济管理,2018,40(4):1-7.

[14] 张晓青,杨靖,多英学."新零售之轮"驱动下新零售业态创新路径[J].商业经济研究,2018,(19):52-55.

[15] 丁乃鹏,李娜.基于微信的移动电子商务发展研究[J].未来与发展,2015,39(3):20-24.

[16] 尚子琦.从瑞幸咖啡与星巴克大战看网络"新零售"时代下的商业模式[J].现代管理科学,2019(3):75-77.

[17] 林文彬,林庭蔚.互联网+新零售商业模式可持续性发展的长效机制研究[J].未来与发展,2018,42(8):44-50.

[18] 齐永智,张梦霞.SOLOMO消费驱动下零售企业渠道演化选择:全渠道零售[J].经济与管理研究,2015,36(7):137-144.

[19] 黄杰.面向消费升级的新零售商业模式创新[J].商业经济研究,2019(10):37-39.

[20] 潘建林.新零售理论文献综述:兼论四构面商业模式[J].商业经济研究,2019(5):9-11.

[21] 王甫,付鹏飞,崔芸.新零售的关键技术与技术边界[J].中国商论,2017(35):1-2.

[22] 宋旖旎,张永庆.我国传统零售企业向"新零售"模式转型的商业路径探析[J].电子商务,2019,5:1-2+23.

[23] 但斌,刘墨林,邵兵家,等."互联网+"生鲜农产品供应链的产品服务融合商业模式[J].商业经济与管理,2017,9:5-14.

[24] Brown, S. Institutional Change in Retailing: A Review and Synthesis[J]. European Journal of Marketing, 1987, 21(6): 5-36.

[25] Mcnair, M. P. Significant Trends and Developments in the Postwar Period//Smith, A. B., (ed.). Competitive Distribution in a High-Level Economy and Its Implications for the University. Pittsburgh: University of Pittsburgh Press, 1958: 18.

[26] Gauri D. K., Jindal D. K., Jindal R. P., Ratchford B., et al. Evolution of Retail Formats: Past, Present, and Future [J]. Journal of Retailing, 2020, 97(1): 42-61.

[27] 梁莹莹.基于"新零售之轮"理论的中国"新零售"产生与发展研究[J].当代经济管理,2017,39(9):6-11.

第二章 零售数字化转型

学习要点

- ◆ 数字经济概念与发展历程
- ◆ 企业数字化概念与数字化转型方法
- ◆ 零售企业数字化能力含义
- ◆ 零售企业数字化转型模型

随着信息技术和移动互联网的蓬勃发展,人们生活的方方面面都进入了数字经济时代,一方面是传统产业的数字化转型,另一方面是全社会不断积累的数字资产促进了数字产业化。与人们日常生活息息相关的商业与零售也全面步入数字化时代。先是电子商务技术的发展,人们可以足不出户就能买到几乎大部分日用商品,然而随着移动互联网的发展,消费者实现了在任何时间任何地点进行消费,以及对消费体验做出及时的评价;与此同时,借助数字技术,零售企业经营管理也全面开始了数字化转型,从传统的供应链管理转到以消费为中心的需求链管理,零售企业的"人、货、场"等核心要素的数字化极大了提高了消费者购物体验。借助数字化转型,零售企业实现了供给端与消费端的无缝连接。

第一节 数字经济

全球各国和地区在20世纪末就开始布局数字经济发展战略。20世纪90年代,美国启动"信息高速公路"战略,1998—2003年,美国商务部持续发布年度数字经济报告——《浮现中的数字经济》(Ⅰ和Ⅱ)和《数字经济》,此后又相继发布《美国数字经济议程》《国家人工智能研究和发展战略规划》《数字科学战略计划》等。欧盟1995年通过《数据保护指令》;2016年,欧盟委员会在《数字经济与社会指数2016》中针对使用宽带连接、数字化人力资本结构、互联网公民指数、集成数字技术企业、数字化电子公共服务这五个方面给予了数字经济的清晰统计描述;2018—2020年相继推出《欧盟人工智能发展政策》《欧盟5G安全战略》《欧洲数据战略》;英国2009年发布《数字英国》;日本政府2001—2009年相继出台《e-Japan战略》《u-Japan》《i-Japan》,2013年开始致力建设"超智能社会"。相比之下,发展中国家数字经济布局较为落后。印度2015年推出"数字印度"计划,主要包括普及宽带上网、建立全国数据中心和促进电子政务三个方面;2016年巴西颁布《国家科技创新战略(2016—2019年)》,将数字经济和数字社会明确列为国家优先发展领域;2017年俄罗斯编制完成《俄联邦数字经济规划》。

2013年以来,中国政府重视发展数字经济,将其上升为国家战略,相继出台《国务院关于印发"宽带中国"战略及实施方案的通知》《国务院关于促进信息消费扩大内需的若干意见》。2015年出台《国务院关于积极推进"互联网＋"行动的指导意见》,推动互联网创新成果与经济社会各领域深度融合。2016年,G20杭州峰会通过了《二十国集团数字经济发展与合作倡议》;2017年"数字经济"第一次在中国《政府工作报告》中被提出。国家领导人多次强调加快发展数字经济,推动实体经济和数字经济融合发展,推动互联网、大数据、人工智能与实体经济深度融合,发挥数据的基础资源作用和创新引擎作用,加快建设数字中国;2016年出台《国务院关于深化制造业与互联网融合发展的指导意见》,发挥互联网聚集优化各类要素资源的优势,加快新旧发展动能和生产体系转换。2019年出台《数字乡村发展战略纲要》,将发展农村数字经济作为重点任务;同样在2019年,中央经济工作会议提出"要大力发展数字经济";2020年出台《中共中央、国务院关于构建更加完善的要素市场化配置体制机制的意见》,明确将数据作为新型生产要素,推进政府数据开放共享、提升社会数据资源价值、加强数据资源整合和安全保护。截至2021年第二季度,国家统计局颁布了《数字经济及其核心产业统计分类(2021)》,为全面、准确反映数字经济及其核心产业发展状况奠定了坚实基础,对于我国经济社会的数字化转型,形成与数字经济发展相适应的政策体系和制度环境,具有十分重要的意义。根据中国信息通信研究院2021年4月发布的《中国数字经济发展白皮书》中的相关数据,2020年中国数字经济增加值为39.2万亿元,占GDP比重为38.5%。2011—2020年数字经济年均增长率达17.06%,远远高于同期GDP年均增长率。数字经济在国民经济中的比重迅速攀升。

表2-1 数字经济概念

时间	概念出处	具体内容
1994	《数据时代的经济学》	数字经济是推动和促进人类的发展,由原来的原子加工过程逐渐转换成信息加工处理过程
1996	《数字化生存》	数字经济是人们依托于信息技术而产生的新的生活方式,数字经济成为新的生产力要素,重构了生产关系以及经济活动数字化转型

续　表

时间	概念出处	具体内容
2010	Research Council UK	人是数字经济的核心要素，人与技术和应用过程发生相互碰撞，从而创造极大的社会经济效益和价值。数字网络和通信基础设施提供全球化的平台，驱动个人和组织的交互、通信、合作与信息互助
2009	《澳大利亚的数字经济：未来的方向》	数字经济是基于互联网、移动电话等信息通信技术，实现经济和社会的全球性网络化
2016	《数字经济与社会指数2016》	数字经济是运用宽带连接、人力资本、使用互联网公民指数，集成数字技术企业，在电子公共服务方面给予清晰的统计描述
2016	《G20数字发展与合作倡议》	数字化的知识和信息作为数字经济中核心生产要素，以现代化的信息网络为载体，有效地使用信息通信技术，依次有效率地提升和优化经济结构的一系列经济活动

资料来源：王文倩.数字经济背景下移动互联网产业价值转移研究[D].北京邮电大学，2021.

　　一些学者基于不同的理论视角和关注点就数字经济内涵提出自己的观点，可以归纳为三类（见表2-1）：第一类，从狭义范围上将数字经济定义一个经济部门，即信息通信产业；第二类，从技术融合、数字技术经济范式对经济社会影响的角度定义数字经济的内涵，认为数字经济是基于互联网基础设施、通信技术和计算机技术的技术融合，强调数字经济发展的驱动力是由信息技术、计算机技术和通信技术产生的技术融合提供的，融合过程导致组织变革和经济社会的广泛变革；第三类，从广义的经济形态角度研究数字经济的内涵，对数字经济的理解突破了数字技术和电子商务的局限性，而将其定义为一种新的经济形态。数字信息技术在经济社会的应用，既产生了社会经济效应，也产生了社会非经济影响，为经济社会带来前所未有的革命。数字经济是以数字化的知识和信息作为关键生产要素，以数字技术为核心驱动力，以现代信息网络为重要载体，通过数字技术与实体经济深度融合，加速重构经济发展与治理模式的新型经济形态。

第二节　企业数字化转型

一、数字化转型概念

　　数字化转型是通过新一代数字技术的深入运用，构建一个全感知、全连接、全场景、全智能的数字世界，进而优化再造物理世界的业务，对传统管理模式、业务模式、商业模式进行创新和重塑，实现业务成功。

　　数字化转型包括行业和企业两个层面的转型。国务院发展研究中心提出数字化转型是利用新一代信息技术,构建数据的采集、传输、存储、处理和反馈的闭环,打通不同层级与不同行业间的数据壁垒,提高行业整体的运行效率,构建全新的数字经济体系。企业的数字化转型是将数字技术与企业战略的深度融合,通过学习、创新、整合、协作等机制使资源与能力、商业模式、业务流程、产品或服务乃至商业生态等发生数字化的系统演变,有效提升企业的技术创新能力、价值创造能力和风险抵御能力。也有学者认为,企业数字化转型是指通过信息技术、计算技术、通信技术和连接技术的组合应用,触发企业组织特性的重大变革,并重构组织结构、行为及运行系统的过程。这一概念体现了数字化转型的三个特点:首先,从性质上讲,数字化转型属于企业为了顺应数字时代所必需的组织特性的变革,包括企业定位(目标)、价值创造系统等;其次,从内容上讲,数字化转型意味着重构组织及其运行系统的过程,包括企业战略、组织结构、人力资源、业务流程和产品等,其目标状态是成为数据智能驱动的数字企业;最后,从实现手段上讲,数字化转型是基于各类数字技术的充分应用,以应对数字时代挑战和机遇的战略行动。

与数字化相关的还有信息化、智能化两个概念,但三者之间既有区别,也有联系。信息化是指运用信息技术的全面创新和推广对现有经济技术格局和生产方式进行改革,在这一过程中改变生产模式、市场运作、管理形式和技术应用,从而化解经济活动中的供求矛盾,最终达到提升企业创新能力与成本控制能力的目标。数字化指移动互联网、大数据、人工智能、物联网、云计算等与实际的经济生产活动全面结合,数据不再只是简单地对经济活动进行记录,而是成为经济生产活动的重要驱动要素之一。智能化在一定程度上可以理解为数字化的成熟阶段,智能化以经济活动的全流程和全生命周期为作用对象,不仅要应用新一代的信息通信技术,更加强调了人工智能在整个过程中的作用,因而智能化外在的表现为通过人工智能对经济活动进行赋能,以便使其能够自我感知、自我决策和自我执行。在理论和实践层面三者内涵具有一定的"递进性"。信息化是人类通过信息技术的推广应用对既有的经济生产活动进行改造,而数字化则是在这一基础上将信息从增效的工具转变为生产要素本身,但两者在信息的处理与使用层面依然要依赖人力资源的投入,智能化则是彻底使经济活动在物理层面摆脱对人力的束缚。

二、企业数字化转型的特征

企业数字化转型分为数字化重构和数字化增长两类,应用于不同的商业战略和数字化战略。数字化重构要求企业注重新的商业模式如何构建,在商业能力和数字技术能力两方面并行搭建数字化转型路线图;数字化增长要求企业更多的是以解决局部问题为切入点,利用高效的数字技术,基于现有的业务模式进行运营优化和技术创新,在更低成本和更好体验之间取得平衡,降低成本或为业务提供增量。目前数字化转型成长最快的领域有:一是借助视频会议、协同办公、财务系统、人事系统等优化管理体系;二是通过企业资源计划系统(ERP)、流程自动化、智慧供应链、智能制造、线上平台、在线客服、自动化流程等手段提升运作流程效率;三是使用物联网设备、数字化产品、一站式服务来达成产品/服务的创新;四是加强推广直播带货、电子商务、精准营销、数字渠道等方式创造新的营销模式。

《企业数字化转型白皮书(2021)》提出,企业数字化转型具有以下四个特征:

第一,数字化转型是一个长期战略,需要不断迭代。首先,数字化转型需要企业在战略层面做好规划,不能依靠个别项目的成功实现数字化转型目标;其次,数字化转型是分阶段的,需要结合企业现状制定匹配当前发展模式的数字化转型路径,分阶段实现目标,数字化转型是一个长期系统工程。

第二,数字化转型的关键是数据要素驱动。数据是继土地、劳动力、资本和技术之后的第五大生产要素,在企业构建竞争优势的过程中越来越重要。数据驱动是对企业的数据资产进行梳理、集成、共享、挖掘,从而发现问题,驱动创新;同时,数据是最客观的、最直接的,能够帮助管理者化繁为简,看到业务本质,更好地指导经营实践。

第三,数字化转型是业务与技术双轮驱动。在信息化时代,IT部门的定位是为业务运营提供支撑,是被动地满足业务需要和IT系统的构建,但是在数字化时代,IT部门需要走向前端与业务部门共同完成产品或服务交付,业务运营与IT需要深度融合。数字化人才队伍也需要同时具备业务与技术融合能力,或者成立业务与技术高度融合的复合型团队。数字化转型本质上是借助于新的技术手段实现业务转型,最终目的是提升企业竞争力。

第四,数字化转型是长期规划与局部建设协同进行的过程。首先需要从战略层面针对业务全局指定总体规划计划,但在实际执行时必须从业务局部入手,逐步推进,扩大业务范围。如果一开始就全面进行数字化转型,战线拉得太长对组织管理和协调提出更高的要求,在数字化基础不稳固、数字化人才不足的情况下,数字化转型成功率较低;但是,如果仅仅从局部着手,没有全盘考虑,其他方面不配套、不完善也会影响局部数字化转型的效果,所以,既要有战略规划,也要把握总体规划与局部实施的平衡。

三、企业数字化转型方法

以下以华为技术有限公司发布的《行业数字化转型方法论》的研究报告中提出数字化转型的具体方法为例进行介绍。其数字化转型方法包括:坚持一个企业级转型战略,把数字化转型定位为企业级战略,全局谋划;创造两个保障条件,通过组织转型激活组织活力,通过文化转型创造转型氛围;贯彻三个核心原则,将核心原则贯穿转型全过程,保证转型始终在正确的轨道上;推进四个关键行动,通过四个关键行动控制转型关键过程。

(一)坚持一个企业级转型战略

数字化战略是指筹划和指导数字化转型的方略,在高层次上面向未来,在方向性、全局性的重大决策问题上选择做什么、不做什么。数字化转型是企业层级的战略,是企业总体战略的组成部分。以战略为指引开展数字化转型,将大大提高转型成功的概率,具体包括数字化转型愿景和使命、数字化转型定位和目标、新商业模式、新业务模式和新管理模式、数字化转型战略举措等(见图2-1)。

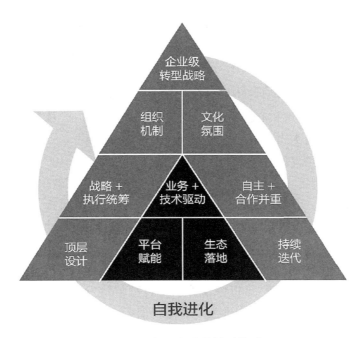

图 2-1　行业数字化转型模型

资料来源：华为技术有限公司.行业数字化转型方法论白皮书(2019)[R]. 2019.

（二）创造两个保障条件：组织机制和文化氛围

第一，组织机制保障，数字化转型需要强有力的组织来支撑，需要明确转型的责任主体，制定合理的组织业务目标，配套考核和激励机制，优化组织间协作流程；在适合的条件下，还应成立专门的数字化转型组织，协调业务和技术部门，建立数字世界和物理世界之间的协同运作机制，统筹推进数字化转型落地。

第二，创造文化氛围，要不断培养转型文化理念，激发个体活力，为员工营造好的转型环境，形成数字化转型的动力源泉，具体包括：数字文化，通过数据来改变传统的管理思路和模式，习惯用数据说话、用数据决策、用数据管理、用数据创新；变革文化，勇于探索，拥抱变化，自我颠覆，持续变革；创新文化，崇尚创新、宽容失败、支持冒险，在数字化转型过程中更加积极和主动。

（三）贯彻三个核心原则

第一，战略与执行统筹原则。战略强调自上而下，重视顶层设计，从企业战略逐层解码，找到行动的目标和路径，指导具体的执行；执行强调自下而上，在大致正确的方向指引下，积极进行基层探索和创新，将新技术和具体的业务场景结合起来，从而找到价值兑现点，从成功的基层创新，归纳和总结经验，反过来影响和修订上层的战略；战略和执行统筹，要求处理好远期与近期、总体与局部、宏观与微观等各方面的关系，做好战略和执行并重。

第二，业务与技术双轮驱动原则。数字化转型本质是业务的转型升级，要从业务视角主动思考转型的目标和路径，在转型落地具体的业务运转中，找到技术对业务变化的支撑点;新技术可以给业务带来巨大的提升潜力,企业应该在新技术的探索上做适度超强投入,通过持续的探索和学习,把新技术的威力变现为实际的业务价值,推动业务持续转变。

第三,自主与合作并重,转型成功关键在企业自身,企业要实现转型的自我驱动,识别和聚焦核心能力,自我提升实现核心能力内化;对于非核心能力,以开放的心态,充分利用外部力量,快速补齐能力短板,为自身发展构建互利共赢的生态体系。

（四）推进四个关键行动

第一,顶层设计。制定转型的总体框架与发展目标,是全局有效协同的必要基础。顶层设计可以明确长期目标,实现战略解码,在组织内统一思想,统一目标,统一语言,统一行动,解决数字化转型的整体性、协作性和可持续性问题。顶层设计包括价值发现、蓝图制定、路径规划三个阶段。

价值发现是数字化转型顶层设计的难点,其具体工作包括：现状与问题调研、业务需求理解、业界最佳实践对标、技术发展趋势分析以及转型价值发现等,从而找到转型突破口。一般可以借助"价值发现地图"帮助企业发现转型价值。

蓝图制定为数字化转型制定总目标,指引转型的总方向,使转型成为全局性共识,具体工作包括：确定愿景、设定转型目标、制定转型蓝图、设计转型架构、选择技术路线、制定转型举措和组织与文化变革等。其中,转型架构包括业务架构、技术架构、数据架构、应用架构等四个方面;而制定转型蓝图是这一阶段的核心工作,一方面要保证转型目标有效落地,具备可实施性,另一方面要保证转型未来可演进,可持续发展。路径规划的主要任务是识别转型约束条件与资源需求,制定切实可行的实施规划,确保目标达成,具体工作包括：约束条件分析、资源需求分析、实施路径规划、实施任务分解等四个阶段（如图2-2）。

图2-2 数字化转型中价值发现地图

资料来源：华为技术有限公司.行业数字化转型方法论白皮书(2019)[R].2019.

第二,平台赋能。在数字化时代,外部的快速变化与企业内在的稳健经营要求形成了强烈矛盾,也对企业经营管理带来巨大挑战。反映在数字化转型上,业务需求快速多变,新技术层出不穷,而数字化系统需要稳定扩展与平滑演进,频繁的颠覆重构不仅造成重复投资建设,更带来业务经营与企业运营方面的额外风险。因此,企业需要不断提升数字化能力应对这种挑战,包括:(1)业务与技术深入融合能力,即产品/服务数字化、精准营销、全要素在线、实时决策等能够将业务经营的新功能新需求不断在技术系统中落地实现并反哺业务;(2)数据智能和价值再造能力,即外部数据融合、分析、建模、治理和数据安全能力等,建立面向全量数据和数据全生命周期的治理和价值挖掘能力;(3)技术管理和技术融合能力,具体包括弹性基础设施、组件解耦服务化、服务运营管理、新技术纳入、API 管理、技术安全以及开发运营能力等(如图 2-3)。

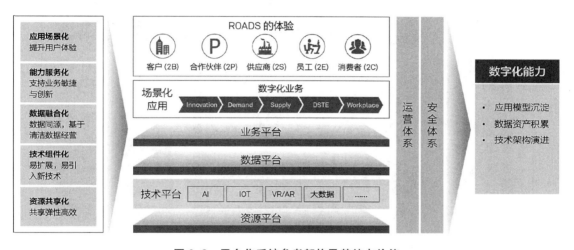

图 2-3 平台化系统参考架构及其特点价值

资料来源:华为技术有限公司.行业数字化转型方法论白皮书(2019)[R].2019.

为获得上述三种数字化能力,企业需要构建一个支撑数字化转型的平台,并且满足一些具体的要求。包括:(1)应用场景化,根据不同业务场景提供个性化应用功能,满足不同角色对象在企业经营活动中所需的随时随地地接入使用数字化系统的需要,丰富业务场景,提升用户体验;(2)能力服务化,业务能力共性提取,形成数字化服务接口,业务流程灵活编排,支持业务敏捷与创新;(3)数据融合化,全量数据采集汇聚,全域数据融合,全维数据智能分析,洞察业务内在规律,提供决策支持;(4)技术组件化,以组件化框架承载,按需引入大数据、物联网、视频智能分析、AR/VR 等新技术,技术架构易扩展,技术元素易集成,技术能力易调用等;(5)资源共享化,智能终端、网络连接、计算存储资源云化,共享复用,资源弹性高效管理。

第三,生态落地。在数字化时代,基于上下游"服务提供、服务采购"的简单合作模式在逐渐失效,"链式串接"向"网状互联"的合作方式演化成为行业共识。在数字化系统建设上,企业自主完成全部建设越来越不可行,以生态方式构建数字化系统,可以吸引多类型厂商协同联动、优势互补。在平台化架构下,基于数字化系统建设所需的能力分层和角色分层,企业能够以低成本、高效率发现合作资源,建立合作关系,推动合作落地,保持合作发展,实现关键技术自主,能力短板补齐,服务良性竞争,构建起良性生态体系,为数字化系统的长期健康发展提供保障。数字化系统建设所需的生态合作资源通常包括咨询设计服务、应用服务、技术平台服务、系统集成服务、运营安全服务和投融资服务等(如图2-4)。

图 2-4　数字化系统建设生态体系参考

资料来源:华为技术有限公司.行业数字化转型方法论白皮书(2019)[R].2019.

第四,持续迭代。在数字时代下,业务变化快,技术更新快,需要敏捷迭代,但是迭代不代表全盘的颠覆,数字化转型的能力需要不断积累和传承,信息化建设要支撑现实业务的可持续发展。因此,数字化建设的迭代应该是分层的,不同的分层以不同的周期进行迭代和演进。具体包括:(1)业务功能级的短周期迭代,业务需求快速变化,ICT技术的发展快速变化,新技术和业务的结合快速变化,这些都需要敏捷迭代,通过短周期迭代,使得转型紧贴业务价值的实现,降低转型风险;(2)平台能力级的中周期迭代,平台承载了数字化转型的能力,例如快速引入新技术、以服务化来应对业务的敏捷变化、大数据快速建模等,因此,平台架构和平台都需要相对稳定,而非快速的颠覆。并且,要将短周期迭代中的成功经验不断沉淀到平台中,往往在失败的短周期中也会有闪光点,不能错失每一个有价值的积累。平台级的中周期迭代,有助于将转型的能力持续做实做厚;(3)规划计划级的长周期迭代,在规划设计的指引下,在多次的业务功能和平台能力迭代之后,数字化转型逐步逼近战略目标。在阶段性目标基本达成的时候,需要进行方向性的审视并做出调整。但是战略目标的调整应该是相对长周期的。规划设计过快的变化不利于转型的资源投入和行动的持续有效。

第三节　零售企业数字化转型

零售数字化不是单纯的增加电商渠道或者企业信息化升级，而是零售企业通过数字技术、业务和经营管理的深度融合，围绕顾客重构整体价值链和生态体系，基于数据流的加速传递、价值深挖和创造的良性迭代循环，逐步建立"一切业务数据化"到"一切数据业务化"，再到"一切业务用数据说话"的能力，驱动企业增长模式的重塑。

一、零售数字化转型发展

艾瑞咨询公司在"中国零售数字化转型发展报告"中提出，伴随社会经济环境的发展，零售行业历经集贸式零售、连锁店式零售、电子商务式零售发展到新零售阶段。集贸式零售即市场化的萌芽期；连锁店式阶段中，零售行业发展速度最快，多种业态并存；2003年淘宝成立，标志电子商务式零售时代的到来，电商平台涌现，开启多渠道运营；新零售阶段中，零售业向全渠道化发展，更重视渠道的融合和消费者体验。数字化进程贯穿零售发展之路，在企业信息化架构POS、ERP、WMS基础上，DMP、CRM、CDP的搭建帮助企业更好地应用数据。2005年以前，零售企业信息架构主要包含POS、ERP及WMS。其中POS沉淀收银、门店信息等数据；ERP包含人员、采购等财务数据；WMS收集物流数据。2005年之后，在前期的架构基础上，衍生出客户关系管理系统（CRM）及零售仓库数据（RDW）。2016年之后，零售企业开始采用了DMP和CDP策略，DMP位于前端营销环节，CDP处于中后端，实现数据整合、清洗、打标签等功能，更好实现用户培育（如图2-5）。

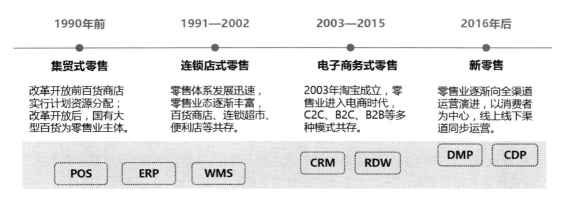

图2-5　零售行业转型历程

资料来源：北京易数科技有限公司，艾瑞咨询有限公司.中国零售数字化转型研究报告——用户数据化价值及企业数智化升级[R].2021.

毕马威管理咨询公司2018年提出了"零售数字化成熟度五阶段模型"，将零售企业数字化转型划分为五个阶段，分别是探索者、应用者、管理者、驱动者、重塑者（如图2-6）。位于数字化最高成熟度阶段的"数字化重塑者"具备四个特征：首先，领导者充分认同数字化对企业增长的作用,并积极参与,有意识地重新分配资源到数字化投资中;其次,积极帮助和参与行业或产业生态系统搭建和强化数字化能力,并拥有一定的话语权,将自身能力开放给生态系统,从数字化共生角度思考和推动价值链的重塑和总体价值增值;再次,高度重视旨在提高顾客体验的新兴数字互动接触点的搭建,用数字化举措提升核心业务的交付效率;最后,拥有数字化赋能的敏捷和灵活组织应对顾客需求和市场变化,掌握新技术变革步伐,专注于现代软件开发和交付方法等。

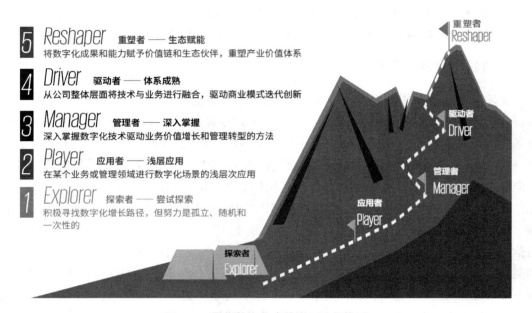

图 2-6　零售数字化成熟度五阶段模型

资料来源:中国连锁经营协会,毕马威中国有限公司.重塑增长:2019 中国零售数字化力量[R].2019.

二、零售企业数字化能力

互联网和数字化的发展使得企业经营更具挑战,也充满机遇。动态能力理论是解释企业在面临不确定性和动荡环境时如何建立和维持竞争优势的理论,动态能力理论将资源和能力看作竞争优势的来源,认为只有超越资源,具备能力,才有可能使其资源基础适应不断变化的环境,进而获得长期竞争优势。基于企业能力理论,一些学者提出了"数字化能力"概念,是指通过利用企业数字资产为企业创造数字化核心决策价值,使企业可以提高专业生产制造水平,并有效提高生产力及竞争力。

中国连锁经营协会 2019 年采用毕马威中国公司提出的"零售数字化能力框架",用 1—5 分别代表探索者、应用者、管理者、驱动者和重塑者,全面评估了中国零售企业的数字化能力水平。结果发现,总体得分为 2.259 分,处于应用者和管理者之间的阶段。在所调研的全部零售企业中,得分在 1—2 分、2—3 分、3—4 分和 4—5 分的企业占比分别为 13.6%、47.45%、28.8% 和 10.2%,说明大部分企业还处于数字化转型的中期及前期阶段,整体数字化水平较低。

第一,顾客体验的最优化是零售企业不断追求的目标。顾客体验中,前台触点和渠道仅是一个方面,更重要的是全运营。首先,需思考无缝式全渠道体验中,顾客旅程会产生哪些变化?供应链需要哪些能力的支撑?全渠道库存是否可视化和一体化管理?跨渠道库存能否调配?需要能保障会员、商品线上线下一体化运营、全链路营销、全局库存透明化等的中台能力出现,以此为基础构建数据驱动的全运营,保障跨门店和渠道库存查询、调拨和交付等动作。第二,数据驱动的快速决策平台,实时监控商品动销,快速进行不同级别城市、区域间调换货和补货。第三,后台数字化供应链网络的保障,实时敏捷反应,满足顾客在效率、服务、成本和敏捷性等方面的差异化需求(如表2-2)。

表2-2 零售数字化能力指标体系(一)

二级指标	三级指标	四级指标	指标含义
数字化运营	能力一 创新产品、价格和营销	计划与投资	识别并区分策略优先级,平衡对顾客的价值和对企业的价值
		产品、定价和促销策略	清晰的全渠道策略,确保产品、定价和促销策略之间的一致性
		策略和品牌协同	跨渠道品牌定位的一致性和连贯性
		顾客细分与定位	跨渠道顾客体验的一致性和个性化
		产品规划	基于产品绩效,加快产品决策,修正商品组合以及品类组合
	能力二 顾客体验为中心	体验策略	从上到下、由外至内推进顾客体验设计,以人为本理解顾客真实需求
		渠道设计和管理	为顾客提供并实时调整的多样化的实体和无人式的接触点组合
		体验交付	能够持续提供有价值的产品、服务和体验,根据市场环境动态调整
		顾客价值和关系管理	持续管理顾客购物旅程的经济性,平衡交付成本和经济回报
		治理和测量	制定明确授权和问责机制,推动以顾客为中心的全渠道顾客体验转型

资料来源:中国连锁经营协会,毕马威中国有限公司.重塑增长:2019中国零售数字化力量[R].2019.

第二,数字支付已成为广大消费者的主要支付方式,如日常生活中使用频繁的支付宝钱包、微信钱包、ApplePay等电子支付方式。数字支付为消费者提供了诸多便利,节省了支付时间,成为消费者的心仪之选。与此同时,支付安全性作为关键因素也直接影响着商户和消费者的利益。数字支付服务提供方在系统开发阶段需利用相关的加密技术及智能算法,预防安全风险,利用先进技术验证用户身份,同时,借助高级数据分析,预防网络诈骗及分析潜在风险。基于区块链技术的智能合约技术已应用于无缝安全交易,很大程度上提高了无缝交易的安全性。智能合约是一套数字形式的承诺,应用协议实现技术,且无第三方参与,参与双方事先约定好,无法改变。基于区块链技术的智能合约不仅可以发挥智能合约在成本效率方面的优势,而且可以避免恶意行为对合约正常执行的干扰。将智能合约以数字化的形式写入区块链中,由区块链技术的特性保障存储、读取、执行整个过程透明、可跟踪、不可篡改。同时,由区块链自带的共识算法构建出一套系统,使得智能合约能够高效地运行(如表2-3)。

表 2-3 零售数字化能力指标体系(二)

二级指标	三级指标	四级指标	指 标 含 义
数字化运营	能力三 无缝安全交易	体验设计	基于顾客画像和需求洞察,设计跨渠道的以顾客为中心的体验
		内容管理	根据不同顾客接触点,制定不同的产品信息、商品标签等个性化内容
		平台整合	整合线上线下渠道、第三方平台以及外部各类数据采集端口
		安全、隐私与预防欺诈	在安全性、隐私和欺诈监测等方面维护顾客数据,不断测试系统漏洞
		增强交易分析	运用跨渠道分析手段来分析顾客订单、收益与成本等方面指标信息
	能力四 敏捷供应链和运营	采购和分销网络模型	建立数字化供应链网络,保持跨渠道产品运营一致性,提供卓越的顾客服务
		库存和订单管理	能准确实时获得全部库存信息,跨区跨渠道调整以优化顾客服务
		物流执行	能够跨渠道订单交付并快速响应顾客需求,监控关键物流系统指标
		需求交付	支持顾客多类型、差异化的产品交付选择,提供超出顾客期望的产品组合
		退货和逆向物流	能够提供跨渠道的退货、换货选择以及退款服务

资料来源:中国连锁经营协会,毕马威中国有限公司.重塑增长:2019 中国零售数字化力量[R].2019.

第三,供应链的升级改造关键在于构建融合数字化技术的灵活且有弹性的数字化供应链网络,并保持各个管理要素实时在线。竞争的焦点从速度转化为"速度、质量、成本、服务、敏捷度和创新"六个要素的组合竞争。通过速度、质量、成本、服务、敏捷度和创新等指标的综合组合分析,支持一致可靠的跨渠道的产品运营和规划动态调整,支持仓储库存的全局透明化和最高效调拨,支持物流线路最优化和运力的最高效调剂和调拨,支持实体门店和线上渠道的高准确性补货预测等。供应链的整体高效性是基于强化的数据分析驱动,顾客能够无论何时、何地都方便和透明地获得高效和响应迅速的商品和运营服务(见表2-3)。

需求驱动的数字化供应链网络的建设的基础是数据和分析,而目前实体零售企业的供应链系统的集成状况不容乐观,需求、采购、仓储、物流和门店销售等不同系统之间无法采用同一对话机制,数据标准不一,无法对单一品类流转、单一顾客需求进行全程可视化追踪,导致需求预测准确性下降。先解决存量商品的周转效率问题,再在此基础上考虑利用大数据分析顾客对于未来潜在商品和品类的需求。建设需求驱动的数字化供应链网络先从端到端可视化开始,首先,后端供应环节,实现产品可追溯性、供应商收货和付款的可视性;其次,中间物流仓储环节,实现对于商品品类轨迹追踪、全局库存、在途库存和位置的可视性等;再次,前端销售流通环节,电商平台、直营和加盟门店库存可视性、顾客首选商品和SKU动销状况、顾客商品鉴真、成分和产地检查的可视性。

第四,实体零售企业在日常经营中积累了大量的会员、门店、动线、商品、交易等数据资源,均在尝试构建数据仓库来进行数据存储和整合(见表2-4)。但限于数据质量低、技术封闭、交换成本高等因素无法真正构建起自身有价值数据体系,成为数字化进程中巨大障碍。数据离开业务和管理场景不会产生任何价值,而数据分析和规划的切入点是场景。场景的重点在于"人、场、货"之间的连接关系,而不仅是"人、场、货"本身,只有连接关系才能产生经济效益。例如,"人"和"人"之间的连接关系的构建场景,可以从会员活跃度、每次营销活动的获客边际成本降低、会员"老带新"效果等角度入手。又如,"货"和"货"之间的连接关系场景,流量品类货对毛利品类货的带动效果等。重点在于确定收入、坪效等业务主题,驱动业务、分析和数据人员共同梳理业务场景体系,挑选最直接产生效益的场景入手(如表2-5)。例如,天虹上线了大数据+BI数据分析平台"数据魔方"。通过数据魔方,可以利用分析模型根据顾客的购买行为来刻画画像,以特定的顾客行为触发相对应的营销信息推送,实现精准营销;另一方面,数据魔方将整合后台的商品信息、会员信息、交易单据、库存数据等一系列数据,支持天虹自营及合作伙伴进行实时经营数据分析,帮助他们及时对经营决策做出调整优化。在天虹看来,零售行业从来不缺少数据,运用好自身的数据,赋能企业经营决策才是实现企业数字化的重要途径。

表2-4 零售数字化能力框架指标体系(三)

二级指标	三级指标	四级指标	指标含义
数字化驱动	能力五 增强数据分析	数据和分析策略	基于数据开展的行业、竞争、产品、顾客以及合作伙伴等的分析
		数据管理	获取、整合并存储大规模的内外部数据,能够提供全面的数据洞察

续 表

二级指标	三级指标	四级指标	指 标 含 义
数字化驱动	能力五 增强数据分析	分析技术	将数据分析技术深入融入业务功能,并基于数据分析做出决策
		技术栈	建立前瞻性的数据分析平台,快速响应业务环境和市场需求动态变化
		管控和绩效	制定政策和流程确保信息保密,依据业务目标制定数据分析目标

资料来源:中国连锁经营协会,毕马威中国有限公司.重塑增长:2019 中国零售数字化力量[R].2019.

表 2-5 零售数字化能力框架指标体系(四)

二级指标	三级指标	四级指标	指 标 含 义
数字化基础	能力六 数字化技术平台和架构	IT组织设计	具备灵活、弹性的IT组织架构,能对动态变化的业务需求快速响应
		企业级架构	具备数字化的企业级的计数架构,能够快速部署和实施等特点
		安全与风险	通过数字化技术识别和评估系统潜在安全隐患
		流程管理和自动化	建立技术交付的自动化工作流程,具备快速应对动态业务需求的能力
		服务整合	优化私有公有和混合服务的采购与技术整合,实现高效和一站式应用

资料来源:中国连锁经营协会,毕马威中国有限公司.重塑增长:2019 中国零售数字化力量[R].2019.

第五,实体零售企业的组织管理机制往往是总部、区域和门店的三级金字塔式管理方式。行政命令式的管理在依照标准快速拓展门店的时代发挥了很大的作用,但在数字化时代,需要深耕社群、深耕"千店千面"的形势下,总部对于一线的感知逐步失灵,需转换机制,赋能一线团队。首先,纵向上,向一线门店授权和赋能,让直接面向顾客的门店在门店运营和社群运营时拥有一定的授权。通过数字化工具代替行政命令管控风险底线;其次,横向上,围绕任务组建自主、敏捷的团队,由交付任务需要的端到端各环节的人员组成,有其自己清晰的使命和目标,给予适当授权,并建立团队之间必要的连接协同、信息共享机制;第三,利用数字化工具代替人决策、简化繁琐的操作步骤、推进流程;最后,鼓励创新和弹性的评估、奖励和薪酬计划,打造基于角色单元、项目单元的人才任用和评价系统(见表 2-6)。

第六,在数字化时代,零售企业的出发点不是把自己定位于数字化竞争环境里的个体,而是把自己定位成数字化共生生态网络系统的一个节点。首先,起点是创造顾客新需求和赋能顾客新价值,从零售的便捷性、体验性、价值性本质角度考虑,没有一家零售商的个体可以独立完成;其次,需要连接更多的资源和能力与自身一起来完成,如引入医疗或社区服务资源、在销售场景上增加娱乐和互动场景、共享场景和互动数据和供应商一起研发新品类、和技术供应商一起探讨新互动方式和洞察模型、和第三方供应链企业共同思考区域仓和"最后一公里"能力的构建等;再次,产业边界被打破,企业运营出现平台化趋势,产业边界开始模糊化,即所谓的跨界(见表2-6)。

表2-6 零售数字化能力框架指标体系(五)

二级指标	三级指标	四级指标	指标含义
数字化组织	能力七 弹性组织	弹性组织设计	能将企业远景和战略有效传达给顾客,并能跨部门跨渠道协同一致
		人才策略	员工具备满足顾客跨渠道交易需求的能力
		领导力	领导层担当数字化转型的倡导者角色,积极激励员工支持数字化转型
		变革管理	员工能够敏捷地在与顾客跨渠道接触中响应顾客需求
		服务整合	将产品和服务进行有效整合,员工能够跨渠道满足顾客需求
数字化生态	能力八 数字化生态伙伴协同	共享服务模型	建立顾客智能联络中心,能够满足中高端顾客的服务需求
		合作伙伴策略和设计	合作伙伴生态运营策略与业务战略保持一致,确保内外部动态平衡
		合作伙伴进入和整合	明确规定合作伙伴服务进入、对接和整合计划的范围和时间
		服务交付和优化	生态合作系统具有敏捷的运营模式,运用数字化技术持续优化
		文化变革	生态合作模式具有弹性,能够根据顾客需求设计产品交付策略

资料来源:中国连锁经营协会,毕马威中国有限公司.重塑增长:2019中国零售数字化力量[R].2019.

三、零售企业数字化转型方法

零售既要为消费者提供有形的实体商品,也提供无形的服务,而零售服务的重要性越来越重要。零售服务是指零售服务商在零售的各个环节为零售链条提供的促进商品流通的增值性服务，包括营销、交易、支付、物流、技术赋能和运营支持。营销和交易为基本服务，支付和物流是通用服务，技术赋能和运营支持是支持服务。基本服务的重要性最高。其中，交易板块曾经是零售的中枢，为零售参与方提供对接方式。但是随着渠道融合，交易板块的重要性逐步减弱，而营销板块的地位在逐步提升。营销的最终目的是为了达成交易，作为营销的重点，流量的重要性也随之凸显，而内容和注意力经济是未来获取流量的关键。在工业时代、电商时代和移动互联网时代，零售服务基本要素均发生了较大变化（见图2-7）。

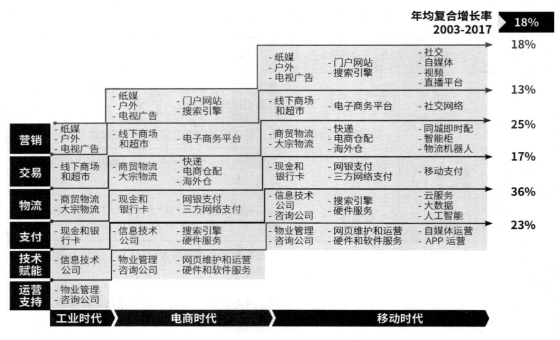

图 2-7 中国零售服务业各阶段业态演变

资料来源：中国连锁经营协会，毕马威中国有限公司.重塑增长：2019 中国零售数字化力量[R].2019.

面对数字化的新零售浪潮，顾客的需求变化复杂，零售企业经受激烈的市场竞争挑战，如何发挥零售企业优势，重振品牌活力？毕马威管理咨询公司提出的零售数字化转型核心框架，旨在帮助零售企业实现以顾客为中心的数字化转型。强调创造增量价值作为"一个目标"，对顾客深度运营，重新定义货和场，以及从需求端向供应端的拉动效应作为"三大抓手"，从产品、顾客、交易和供应链四个角度构建"四轮驱动"，加快构建技术平台和内部组织能力"两层地基"，并积极通过推动数据分析能力和外部生态合作体系升级，打造"双向支柱"（如图2-8）。

一个目标：改变增长方式，从渠道和商品出发，转向从对"人"即顾客的全息洞察出发，重新设计和布局多元化"货"和"场"，通过"人、场、货"的高效匹配重塑增长方式，创造增量价值。

三大抓手：(1) 基于顾客全链路，从总量、深度和活跃度等角度深度运营顾客；(2) 数字化时代，"货"的定义已经模糊，增加了更多服务内容，更多碎片化的触点出现，线上线下更

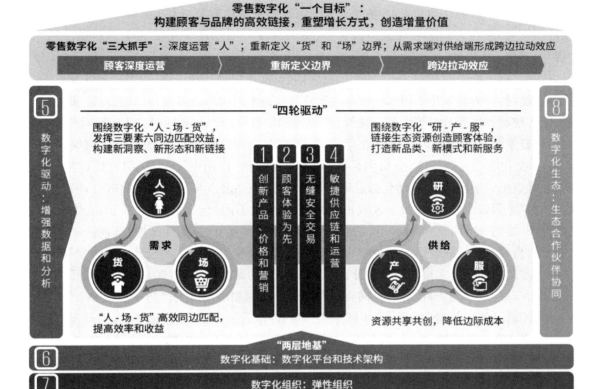

图 2-8 零售企业数字化转型模型

资料来源：中国连锁经营协会，毕马威中国有限公司.重塑增长：2019 中国零售数字化力量[R].2019.

加一体化的"场"需要被重新定义；(3) 从平台角度思考，从需求端对供给端形成拉动效益，寻求生态化的数字化共生，共同创造和满足顾客体验。

四轮驱动：创新产品、价格和营销、顾客体验为中心、无缝安全交易、敏捷供应链和运营四个动能驱动"人、场、货"的高效匹配，促进需求端的同边效应，拉动"研、产、服"供应端的资源供给和生态合作体系构建。

两层"双模"地基：从原有紧耦合的信息化系统，拓展升级为数字化平台与传统信息化平台并存的"双模"方式，支持"人、场、货"三要素的边界拓展，及更加丰富、立体和多元化的高效同边匹配方式。在业务、运营和 IT 部门内培育和引进数字化人才，由公司统一的数字化领导办公室统筹推进数字化建设，"双模"方式更快速地反映市场变化，并在内部形成资源和能力协调。

双向"双模"支柱：增强数据分析驱动"人、场、货"的数字化和高效同边匹配，充分挖掘企业内部数据价值，进行直观判断，并融合外部更广域的大数据对高效匹配过程和可能措施进行智能判断。在原有的商品供应商的基础上，拓展更多的流量、数据、技术、模型和硬件，以及对应顾客需求的更多的服务和产品生态合作伙伴，共同融合创造和满足顾客体验。

在零售企业数字化转型过程中,零售三要素"人、货、场"是数字化转型的核心内容(如图 2-9)。第一,"人"数字化:从人,拓展为唯一识别和可触达的 Uni-ID;从单纯买卖交易历史轨迹识别,拓展到对基盘和高价值顾客量、关系深度和活跃度等角度的全息洞察。第二,"货"数字化:从货品,拓展为货品携带的数字化触点,按需求定制的货、服务、数字化内容等,从顾客视角推进品类和 SKU 的全生命周期管理、规划和升级。第三,"场"数字化:从门店和商场,拓展为能深化不同细分顾客的运营和提高不同货品链接度的营销、内容和服务场景,比传统物理空间具有更大可连接性、扩展性和发展空间。与此同时,"人、货、场"中的任何一种要素既会在要素内部建立互动连接,也会在要素之间形成互动连接。例如:"人—人":社交化驱动互动社区,会员俱乐部,顾客意见领袖,使用点评意见,朋友推荐奖励,团购、社区直销;"场—场":移动化触点带动实体触点,商品触点与移动触点的融合,同城内旗舰店对卫星店带动,线上与线下区域拓展的快速渗透,不同触点间的开放和互动、体验一致性;"货—货":针对不同细分客群、功能品类之间的交叉互补、拉动和延伸,流量货对毛利货的带动,自营品牌对联营品牌的价格带动和功能互补,服务对产品的拉动;"人—货":产品的顾客测试,定制、顾客参与产品设计,应变顾客需求的柔性供应链,针对不同时点/区域/消费层次客群的产品铺货,社群关键词捕捉推动买手采购和品牌研发;"货—场":线上线下不同触点的货品和服务铺设和预设,不同品类补货和"最后一公里"差异化策略,生态合作伙伴服务的引入和服务贯通;"人—场":移动商圈引流,接触点对顾客的主动识别,专业知识和专家建议指导,根据客群需求进行实体门店选址和线上触点预埋,针对不同细分客群的营销和服务场景设置。

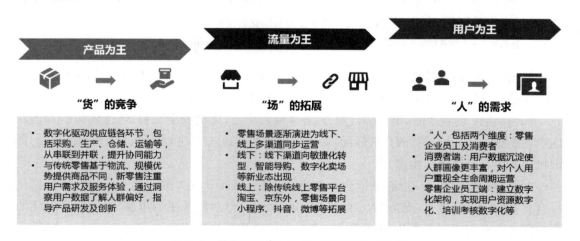

图 2-9 零售三要素"人、货、场"的数字化转型

资料来源:北京易数科技有限公司,艾瑞咨询有限公司.中国零售数字化转型研究报告——用户数据化价值及企业数智化升级[R].2021.

零售企业在完成数字化转型之后,将会迎来一个更高的阶段,即数智化转型阶段。零售数智化可以概括为六个阶段:起步、感知、融合、洞察、智能、敏捷,每一次阶段的跃迁,都代表着企业数字生态的进一步成熟和完善(如图 2-10)。大部分零售企业正处于前三个发展阶段的努力与转型中,逐渐形成全渠道的用户运营模式,而未来越来越多的零售企业将相继进入数智化阶段,实现对用户价值更加深度的挖掘和运营。运用用户数据作为生产要素,跨越数字化到数智化的鸿沟,将为零售企业构建新的竞争壁垒。

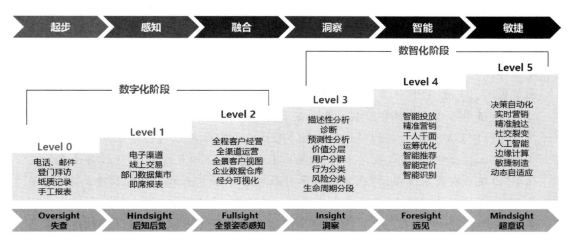

图 2-10　零售企业"二阶段"数字化转型

资料来源:北京易数科技有限公司,艾瑞咨询有限公司.中国零售数字化转型研究报告——用户数据化价值及企业数智化升级[R].2021.

专栏　零售企业数字化转型案例

一、公司简介

天虹数科商业股份有限公司(原"天虹商场股份有限公司",以下简称"天虹"或"天虹股份")成立于 1984 年,2010 年在深圳证券交易所上市,股票简称:天虹股份,是国有控股上市公司。根据目标顾客需求不同,天虹以百货、购物中心、超市三大业态线上线下融合的数字化、体验式新零售,打造"亲和、信赖、享受生活"为核心价值的品牌,旗下拥有"天虹""君尚""sp@ce"等品牌。天虹股份突破传统购物模式,践行数字化、体验式、供应链三大业务战略,大力发展线上线下一体化的智慧零售商业模式。天虹股份数字化已实现全门店、全业态、全流程覆盖,形成"到家+到店"的融合零售,并推进技术服务输出,成为科技零售的领先者;围绕家庭购物、顾客亲密度和生活美学,天虹股份每个门店弹性定制百货、超市和体验配套的业态组合及主题设计,并不断迭代主题街区,欢乐体验项目创造生产方式体验;为了给顾客提供优质商品,天虹股份持续整合供应链,在全国建立众多生鲜基地,开拓了三十多个国家的直采渠道,引进全球好货。天虹股份始终坚持"有效益扩张"和"可持续发展"的原则,立志成为全国一流的零售企业,与顾客分享生活之美。天虹通过线上发展和业态升级,已融合线上线下、零售与服务,转变成为线上线下一体化的本地化消费服务平台。价值链主要围绕以下几个方面:以门店为单位为本地顾客提供到店和到家服务;在地区市场,基于数字化价值链实现大小店协同、中心店与社区店协同;通过全国性线上平台和数字化技术服务为合作伙伴增值。

(一)主要业务

天虹股份有平台与垂直两类业务。平台型业务为百货和购物中心,以联营、租赁等合作模式为主。垂直型业务为超市和便利店,超市主要是自营模式,便利店主要为加盟模式。天虹APP作为天虹数字化的统领,是天虹的会员中心、商品中心、营销中心、大数据中心和流量共享中心。天虹百货提供品质、时尚的商品和优质的生活服务,持续进行中高端升级或购物中心化转型。天虹购物中心定位为畅享欢乐时光的时尚生活中心,包含吃喝玩乐、生活零售、儿童成长、便利生活四大内容,并通过打造欢乐文化IP以及独有欢乐设备、特色主题街区升级顾客体验。天虹超市定位中高端、数字化、体验式的生活超市,满足中产家庭顾客生活所需,通过提供品质、健康、高性价比的商品以及现场特色服务与体验,为消费者提供品质健康生活解决方案。天虹便利店致力于打造便利、品质、健康、温暖的新型便利店,是中青年消费者、都市白领一日五餐的提供者,重点发展社区与商务两类门店,采取紧密特许加盟与内加盟利润分配制两种加盟方式。公司围绕零售生态体系,分别成立了为同行及上游品牌商提供零售数字化技术服务的深圳市灵智数字科技有限公司(简称灵智数科),以及为供应商提供融资服务的深圳市天虹小额贷款有限公司(简称天虹金融)。

(二)核心竞争力

第一,拥有全国领先的零售数字化技术研发与运营能力。(1)重构人货场和数字化中台,实现会员、商品、门店的服务/营销数字化;(2)通过数字化技术提高门店运营、经营管理智能化,推进技术替代人工,并建设透明高效供应链,实现低成本高效运营;(3)通过数字化平台,充分共享商品和供应链、员工及服务,做到全国范围内跨业态、跨区域的协同,形成网络效应;(4)积累数据资产,通过大数据应用建立计算能力,洞察顾客需求,提升顾客体验,精准供应和个性化服务。

第二,打造品质更好、价格更低、速度更快的优质供应链。通过建设全球采购网、生鲜直采基地,打造自有品牌及3R商品(即食即烹即煮商品)等为顾客严选国内外优质商品、满足顾客健康快速便利的生活需求,通过ISO质量管控体系确保商品品质与食品安全;通过弹性定制中心型门店和社区型门店的内容组合,实现高顾客满意度及高坪效。

第三,在市场上享有广泛口碑的服务顾客优势。服务顾客能力主要表现在:(1)根据定位与生活方式的匹配不断优化门店内容规划的能力,让门店内容更加符合顾客生活所需;(2)利用数字化技术让顾客随时随地与天虹交互、提高消费效率及消费体验;(3)天虹多年以来积累了丰富的服务社区的经验,让天虹更具有贴近城市中产家庭生活的服务能力,积累了良好的服务口碑。

（三）发展战略

天虹始终坚持为城市中产家庭的品质生活服务，强化品质保证，面向家庭，贴近生活。以顾客为中心，通过线上线下一体化的本地化消费服务平台，满足顾客随时随地的生活需求，并始终坚持不断创新。将继续深入推进"数字化""体验式""供应链"三大业务战略，实现零售升级，为顾客带来智能零售、愉悦体验、品质消费。利用零售数字化技术研发与运营能力，将传统门店转型为智能化门店，为本地顾客提供到店体验购买与到家销售服务；通过数字化平台实现跨区域、跨业态的网络化协同；沉淀数据资产，锤炼数字化技术能力，向供应链与同行输出先进的零售数字化技术服务，走向科技零售公司。运用品类管理思想升级零售与体验消费的内容，不断迭代主题街区/馆，创新打造场景零售，顺应消费升级。致力于打造品质更好、价格更低、速度更快的优质供应链。加大对全球采购网、生鲜直采基地、打造自有品牌及3R商品（即食即煮即烹商品）等方面的投入与建设，整合全国供应链，全流程质量管控，为顾客严选国内外优质商品，满足顾客健康快捷便利的生活需求。

未来经营计划体现在六个方面。第一，大力发展线上业务，持续优化超市到家业务，推广同城次日达、优品全国配；大力发展专柜到家业务，增加合作供应商，有效拓展市场；发展购物中心线上平台。第二，升级供应链，打造超市战略核心商品群；重点门店升级，成为当地目标顾客的首选；三期物流建设完成并投入使用，降低全国配送费用率；优化供应商合作方式，促进业绩增长。第三，优化顾客服务，完善会员SCRM系统和数据应用系统；提升大客户销售占比；改进线上线下顾客痛点，提升服务满意度。第四，重点拓展购物中心和超市门店，大力发展便利店加盟店。第五，大力发展灵智数科业务。第六，持续发展供应链金融，探索创新性消费金融业务。

二、近几年经营情况

2020年，天虹的营业收入约为118亿元，在联商网2020年166家中国零售上市公司排行榜（营业收入）中排名第32位，受新冠疫情等不利因素的影响，2020年营业收入比2019年减少了39.15%；2020年归属于上市公司股东的净利润约为2.53亿元，比2019年减少了70.51%。公司主营业务收入中，95.09%比例来自零售业务，而零售业务中，按商品类别划分，在营业收入排名前三位的分别是包装食品类、生鲜熟食类和日用品类，分别占比27.64%、27.50%和12.34%，其次是服装类、餐饮娱乐类、化妆精品类、家居童用类、皮鞋皮具类以及电器类；按区域划分，华南区排在第一，占比65.76%，其次是华中区、东南区、华北区，分别占比17.64%、5.64%和3.56%（见表2-7）。如果按毛利率指标计算，服装类、日用品类以及包装食品类排名前三位，分别是90.80%、29.92%、24.46%。按主营业务成本比较，生鲜熟食类和包装食品类占比最高，分别占比36.98%和36.54%；其次是日用品、餐饮娱乐类和服装类，分别占比15.14%、4.79%和1.74%。

截至2020年底,公司有17 229名员工,具有研究生学历的员工137名,本科学历员工3 109人,占员工总数的比例分别是0.795%和18.04%,而大专学历和中专及高中学历员工分别是3 337名和10 646名,分别占比19.37%和61.79%,员工学历水平偏低。从事研发的员工数量为214人,占员工总数的1.24%,研发费用支出54.91万元,占营业收入0.47%,研发支出较少。2020年职工薪酬支出为18.37亿元,占营业收入比例15.57%,员工平均年薪10.66万元。2020年从公司领取薪酬的董事、监事和高级管理人员共有13人,共领取薪酬1 764.77万元,平均年薪135.75万元。同样,截至2020年底,按照业态划分,购物中心和百货中心有357.62万平方米,占比86.6%,其次是超市和便利店,分别是53.26万平方米和1.97万平方米,分别占比12.9%和0.5%;按照门店数量划分,有98家购物和百货中心、114家超市和201家便利店。2020年,购物和百货中心、超市和便利店创造的营业收入分别是300.086万元、653.851万元和16.086万元,占总营业收入的比例分别是30.93%、67.41%和1.66%。

表2-7 天虹股份主要零售业态门店数量和营业面积

地区	购百		超市		便利店	
	数量(家)	面积(万平方米)	数量(家)	面积(万平方米)	数量(家)	面积(万平方米)
华南区	48	153.56	69	31.65	155	1.51
华中区	29	116.73	31	15.37	—	—
东南区	9	30.16	7	2.86	46	0.46
华东区	8	46.47	4	1.69		
北京	3	7.25	2	1.16		
成都	1	3.45	1	0.53		
合计	98	357.62	114	53.26	201	1.97

资料来源:天虹数科商业股份有限公司.上市公司财务报告(2020年)[R].2021.

三、天虹股份的数字化转型历程

天虹股份的数字化转型体现出了从单一业务数字化到多业务整合,从企业自身数据应用到生态共享的阶段性发展过程,大致可以划分为四个阶段:第一阶段,2013—2015年的探索尝试阶段,即天虹尝试外包开发数字化中台系统,但以失败告终;第二阶段,2015—2016年的单点突破阶段,即聚焦于销售业务,实现从线上渠道搭建、数据收集、数据应用到变现的单一业务数字化;第三阶段,2016—2018年的整合打通阶段,即天虹将采购、销售、营销等多业务的数据系统整合打通,综合驱动决策;第四阶段,2018年至今的生态互联阶段,即天虹将流量资源与技术能力对外输出,与生态中的利益相关者共享平台(见表2-8)。

表2-8 天虹数字化转型阶段

时间	2013年开始	2015年开始	2016年开始	2018年开始
发展阶段	探索尝试	单点突破	多业务整合打通	生态互联
转型思路	与第三方合作构建数字化系统,线上线下多渠道卖货	自建技术团队,从销售环节入手,构建全渠道触达、数据驱动的销售模式	打通多渠道、价值链,从前台到中后台,系统规划下的整合和重构	从自有生态到开放生态,实现线上线下业务一体化
主要对象	第三方技术团队、电商平台	销售端、会员数据	供应链、周边服务商	品牌商、利益相关者
关键渠道	电子商务补贴折扣	天虹超市到家、数字会员系统	商场周边服务、数字化供应链	协助品牌商搭建数字化营销中台、天虹百货专柜到家
结果	技术合作方的解决方案并不理想,线上流量仅仅依靠补贴存活,无法与大型电商平台竞争	全渠道积累会员用户,搭建维护企业流量池,构建多维用户画像,精准营销	进一步积累完善流量池,综合驱动决策,提高企业及利益相关者的运营和管理效率	实现流量资源输出、技术能力输出;助力品牌商实现多渠道触点,完善围绕天虹的数字化生态

第一阶段:探索尝试

2012年,随着智能手机和移动支付业务的兴起,线上电商发展迅速,传统百货、购物中心等线下零售行业面临的压力与日俱增。天虹2012年的年报显示,营业额增速与营业利润增速分别为2011年同期的三分之一和五分之一;同时,经营现金流自2008年以来首次下滑,门店扩张速度也明显下降。此外,随着房地产市场走高,传统线下百货面临的经营成本日益提高。尽管天虹提出了"轻量级扩张"的策略,但仍然面临着极大的经营压力。

为应对电商冲击,天虹提出新的战略设计,决定拥抱线上平台,实现从业务、管理到企业文化的全方位转型,并通过一系列商业模式设计与组织匹配措施进行战略的落地。在商业模式方面,天虹计划通过全渠道模式构建打通线上的电商业务,但受限于自身技术能力不足,内部没有数字化人才,零售行业也没有可借鉴的成功案例,天虹选择与第三方数字化服务企业合作进行全渠道中台设计、系统开发与移动前端开发,但收效甚微。这主要是由于第三方企业对零售场景的认知不足,缺少相应的技术积累与经验,且天虹的需求比较超前,起初便想做基于中台的数字化系统,难以与第三方技术匹配。虽然天虹此阶段打造数字化中台失败,但其积累了数字化经验,改变了数字化转型的认知,即企业数字化转型不只是重金打造数字化工具,而是要与业务、组织和商业模式变革相结合。组织方面,天虹调整组织架构,着手组建内部技术团队,围绕移动互联网架构促进组织与数字化业务的匹配;同时,天虹尝试统一组织文化,聘请各大商学院学者,讲授了40多堂数字化转型课程,开启企业数字化的心智,统一全员的数字化意识(见表2-9)。

表2-9 探索阶段编码范畴及事实证据举例

一级代码	二级代码	标签化	事实证据举例
战略变革	战略设计	全方位系统工程	当面临重大的战略转型时,企业的经营一定不能仅是业务的转型,应是一个全方位的系统工程,包括业务的变革、管理方式的变革以及企业文化的变革
商业模式变革	模式设计	全渠道模式	主要是基于依托实体店,为消费者提供随时随地到天虹购物的体验,形成实体店、PC网上天虹和移动端三位一体的全渠道新型模式
	数字孪生	电商平台构建	最初就是做电商,线下流量大,线上流量少,如何做整合非常关键
		外包构建数字中台	请外包企业做全渠道中台设计的咨询,以及系统开发,但最终技术团队无法实现
组织变革	组织匹配	统一组织文化	数字化工具会改变很多流程,会让很多人走出舒适区,甚至涉及他人既有利益,成败在于做全员的意识统一,而非在于做产品或做系统
		组织内培训	聘请中欧商学院、长江商学院、北京大学的学者,讲授了40多堂数字化转型课程
		组织架构调整	成立购物中心事业部、电商事业部、便利店筹备组,成立跨部门协作委员会,促进业务决策的高效、快速

第二阶段:单点突破

2015年,天虹通过开设数字化转型课程,在集团内部形成了一定的数字化认知共识,但仍然面临数字化实施层面的困难。具体表现在以下三个方面:(1)内部缺乏数字化人才,外部可合作的技术公司又缺乏对零售业务的理解;(2)作为上市公司,天虹难以投入较大量的资金进行系统的数字化建设;(3)不同部门存在利益冲突,例如将商品上架到线上,一定程度上会对线下业态的销售额产生负面影响。

为解决上述困难,天虹继续致力于实现全渠道数字化的战略设计,并在全渠道的入口搭建与引流布局等方面实现战略落地,解决布局线上业态的相关痛点。其解决问题的主要思路可以归纳为两个方面:(1)商业模式变革。从销售环节开始,铺设线上渠道,打造会员系统,积累用户数据,实现数字化单点突破。天虹自2015年开始将销售环节作为数字化转型的试点,组建内部技术团队开发基于移动互联网架构的"天虹APP",开启线上线下多渠道销售模式。"天虹APP"除了作为线上销售工具,还同时作为用户运营及数据收集的工具,天虹借此积累了两千万的用户会员数据,利用数据驱动选品等决策,进一步开拓"天虹到家"等电商新业务。(2)组织变革。2016年,天虹成立数字化运营中心,一方面,协助管理层进行数字化相关决策;另一方面,作为职能部门统筹线上线下的整体数字化变革和运营,包括综合评估数字化投入成本、业务变革风险、数字化与业务结合后的整体收益,以及企业自身资源能力等,实现由上而下的数字化运营能力改造。除此之外,天虹对全国实体门店进行培训、巡讲与痛点解决,逐步解决门店面临的运营痛点,克服了转型过程中的组织惯性(见表2-10)。

表2-10 单点突破阶段编码范畴及事实证据举例

一级代码	二级代码	标签化	事实证据举例
战略变革	战略设计	全渠道数字化	2016年提出"数字化转型战略",以"虹领巾"APP为核心,通过商品、服务、营销、供应链等的数字化,实现全渠道转型
	战略落地	全渠道引流布局	天虹商场实现全渠道多入口的引流布局,在线下转型"百货+购物中心+便利店"多业态,在线上完成"网上天虹+微店+微信"端口的构建
商业模式变革	模式设计	全渠道平台共享	天虹这几年最重要的核心就是构建新的模式,而不是用原来的模式去开那么多店……用平台模式,搭建全渠道平台,以合作模式共享服务
	数字孪生	铺设线上渠道	从销售环节入手,开发微信服务号、天虹微店、"天虹APP",将线下商业逻辑复制到线上,并沉淀用户数据
	应用数据驱动	数据驱动选品决策	结合自身的销售数据、顾客理解能力,共同挖掘消费者需求,指导选品、产品开发、营销等业务逻辑
	模式重构	打通线上销售服务	通过"天虹到家"业务实现标准化操作流程,包括线上接单、线下拣货、打包发运与配送,跑通电商销售模式,实现多渠道销售模式

续表

一级代码	二级代码	标签化	事实证据举例
组织变革	组织匹配	扁平化组织模式	致力于组织扁平化,拆分成若干小的单元,提升效率,打破科层制和企业内部壁垒
		组织架构调整	2016年,天虹在原有的组织架构上新设数字化运营中心,协助管理层进行数字化的相关决策,指导公司数字化的实施
		内部痛点解决	优化信息系统,推进财务、人力的共享中心建设,推广痛点解决经验
		高管支持	董事长在产品上线不好用时也坚持投入,给予机会完善;企业高层早期会参加每一次的数字化会议,让员工积极重视

第三阶段:多业务整合打通

2016年,天虹基本完成了线上渠道的搭建,积累了一批通过线上商城消费的用户会员。但是,新渠道的拓展也带来一系列的问题。例如,通过线上商城消费的用户投诉反映物流速度太慢,常常遇到缺货、断货等情况。这说明,虽然线上业务已经打通,但用户消费体验较差,配套服务没有跟上。此外,天虹积累的用户数据仍处于闲置状态,尚未与其他业务活动打通,利用率低。已有的数据仅在线上小部分客户留存的过程中起到作用。如何转化、留存线下门店用户,也是天虹这一阶段不得不考虑的问题。

为解决上述问题,天虹的战略设计是将多个已经实现数字化的业务数据系统进行整合,实现全链路数字化,获取数据耦合价值,其主要实现的目标有以下两个:转化线下流量,与线上流量打通,打造更具潜力的"双流量池";将已进行数字化的不同业务环节进行数据整合。

(1) 线下门店数字化转型,提高线上线下获客能力。从2016年下半年开始,天虹对其线下实体门店进行改造,先后推出了智慧停车、自助买单等措施。这些线下实体门店改造均布局在关键的用户触点上,提高用户的消费体验和运营效率,更重要的是将线下用户转变为天虹的数字会员,从而形成与线上流量实现整合打通的双流量池,将单栖用户转为复购更高、数据更丰富的双栖用户。

(2) 不同业务进行数据打通,进一步提升业务效率,获取数据耦合价值。天虹致力于数字化中台的发展,将顾客、营销、服务、销售、供应链等相关业务进行整合打通,实现全链路数字化,提高配套拣货、配送系统对于前端业务的支持。

在组织架构上,天虹也配合业务活动的需要进行适应性的调整,包括更好地应用网络化的组织结构以及优化约束激励机制,设计数字化相关的KPI考核指标。较多企业在推进数字化过程中,忽略将已有数据用于其他业务活动环节升级,导致"数字孤岛"的形成。时刻盘点自己数字化进程中积累的新资源能力,寻求资源能力输出、复用是数字化转型的必经之路。

第四阶段:生态互联

2018年,天虹基本完成了销售、营销、供应链等公司内部业务活动环节的整合打通,实现了全链路数字化。但品牌商与天虹百货商场之间为入驻关系,天虹并没有掌握百货商场内品牌商的货品数据以及顾客数据。此外,百货商场内的导购等员工隶属品牌商,天虹对商场内部的控制较弱,主营百货业态的数字化势必要联合品牌商等利益相关者共同转型。此时,百货商场内的品牌商也面临数字化转型的迫切挑战,亟须外部赋能。例如,服装品牌企业森马尝试与IBM合作打通其各业务线数据,红蜻蜓尝试与阿里合作构建数据中台,但这些品牌商均缺少线下的数字化合作场景。

为解决上述问题,天虹的战略设计为融入生态、发展生态,利用前期各业务链条的数字化积累,赋能生态系统并与之价值共创,享受生态连接带来的增量收益。商业模式变革是这一阶段的重点,其对品牌商输出数字化资源能力(流量资源和技术资源),构建以天虹为核心的数字化生态系统(见表2-11)。

表2-11 多业务整合打通阶段编码范畴及事实证据举例

一级代码	二级代码	标签化	事实证据举例
战略变革	战略设计	全链路数字化	从零售端到品牌方—供应端—物流端—生产端,层层递进、倒逼改革,直到生产智能化,运输可视化,渠道透明化,全链路数字化
	战略落地	全业务链条经营改造	形成系列技术应用产品,实现顾客数字化、商品数字化、服务数字化、营销数字化、供应链数字化、经营管理数字化等
商业模式变革	模式设计	业务模式整合	第一步是在供应链上整合,在2020年上半年完成;第二步是服务平台上的整合;第三步是O2O的整合
	数字孪生	门店数字化改造	线下实体门店改造,先后推出了智慧停车、自助买单等改造措施
		打造供应链管理平台	天虹超市推出供应链合作平台,推出的供应商引进新入口,开启了天虹超市的"智慧供应链"体系建设
		数字化中台	完成平台搭建,并通过载体设计作为接入口,组建项目团队实施。便利店商品信息及服务项目接入天虹APP,通过共享会员资源实现积分消费

续表

一级代码	二级代码	标签化	事实证据举例
商业模式变革	应用数字驱动	提高供应链效率	为超市建立采购平台,很多供应商想要提供商品,但是在原有模式下效率很低,采购平台的建立,让任何供应商觉得有合适的商品可以迅速与公司建立起对接
		运营双流量池	其运营的本质是打造"线上流量池"和"线下流量池",通过数以千万计的数据画像进行经营的引导、规划,以及场内流量的腾挪与分发
	模式重构	供应链流程再造	深化百货运营,与源头供应商、外部贸易商、生产工厂合作,共同改造供应链流程,精准供应商品,缩短供应时间
		业务协同	提升各个业务之间的协同效应,以及业务内部的协同效应,通过流程、各事业部分权手册的方式进行管控
		用户触达运营	围绕传统线下空间和微信的线上流量阵地,天虹打造了"双流量池"并建立互通互联,将单栖用户转为双栖用户
组织变革	组织匹配	网格化组织结构	现代的灵活创新更要求去运用好网格化的组织结构
		设计激励制度	优化约束激励机制,KPI上设计数字化会员的比例、会员活跃度、在线销售的占比等指标对不同员工进行考核

(1)基于前期数字化积累,打造服务品牌商的数字化工具。从2019年开始,天虹开发插件式的数字化工具,包括直播、门店信息化管理等近100项功能,对品牌商免费开放,助力品牌商盘活现有实体资源。天虹借由赋能生态系统一方面获取生态经营好转的增量价值;另一方面,与品牌商实现数据层面的深度捆绑,获取数据耦合价值。

表2-12 生态互联阶段编码范畴及事实证据举例

一级代码	二级代码	标签化	事实证据举例
战略变革	战略设计	发展生态	融入生态、发展生态也正成为天虹越来越重要的战略思想
	战略落地	融入外部生态	积极融入外部生态系统,为更广泛的商户提供销售服务平台,为供应链上游和同行提供数字化技术服务

续 表

一级代码	二级代码	标签化	事实证据举例
商业模式变革	模式设计	与生态合作共赢	希望积极地开展与品牌商、同行友商、互联网公司、用户的合作,让资源能力优势互补,在行业转型的关键时期实现双赢,共创未来
	数字孪生	构建共享流量平台	构建一个开放的共享流量平台,一方面,整合更强的能力为顾客提供服务;另一方面,向本地化商户开放,构建双赢的合作生态
		数字化营销平台	"千人千面"小程序电商令每个导购都有自己的小程序,相当于都有一个自己的店铺。流量入口、支付、售后环节都在天虹的平台上
	应用数据驱动	数据驱动运营管理	在商品编辑、精准供应、联营管理模式的运营效率提升等方面进一步优化,提高运营效率及经营业绩
		数据指导品牌决策	通过对于会员数据的记录实现了对会员轨迹、会员偏好与需求的数据分析,从而更好地指导品牌商进行选址、选品、导购等业务
	模式重构	输出流量共享	目前共享流量平台集合了2 000个品牌,10 000多个专柜都在做流量共享,流量共享已经覆盖600多万的会员
		输出技术资源	将这些经过实践的前台工具和中台的模块放到微信生态里面,面向品牌商以及同行共享输出,让零售商都能低成本地快速接入使用
		焦点企业流程再造	实现了数据和会员的全面互通互享,帮助品牌建立生态私域流量,打造了千人千面的小程序电商,帮助很多品牌做了各种各样的百万级直播
组织变革	组织匹配	扁平化组织结构	面对疫情,企业在垂直管理模式下做决策,决策速度就很慢,企业必须快速反应,这决定企业需要更加扁平化的机制

(2)基于用户数据对品牌商进行决策指导,加强数字化资源输出。传统商业综合体更多仅限于提供优质的线下服务,包括场地租赁、匹配商场优质品牌引入、商场服务品类规划等,但销售运营等全靠商家自身。而天虹实现了对会员轨迹、偏好与需求的数据分析,并作为"二房东"与品牌商深度捆绑,引导门店更好地进行招商选择与品类规划,并赋能品牌配合线上商场的优惠活动调节品牌流量,带动品牌销量。虽然这个数据量没有达到电商巨头的规模,但比单一品牌商的数据更全面。此外,为适应疫情下环境的快速变化,天虹也再次重申了更加灵活的扁平化组织结构(见表2-12)。天

虹从2014年便开始积累数字化技术能力,使得其面对企业数字化需求的响应速度大大提高。比如,一方面,在疫情期间两天时间便上线了赋能内部员工的移动APP拣货系统;另一方面,可以通过技术输出,提升生态主体对自己的依赖程度。

四、天虹股份数字化转型经验总结

基于天虹数字化转型过程的阶段实践与编码结果可发现,其同时存在战略、商业模式、组织三个方面的行为。其中,商业模式的解构是天虹数字化路径的重点,一方面,承接了战略落地的具体实施;另一方面,也驱动了组织的适应性调整。接下来首先围绕"商业模式变革"维度分析两大问题,即数字化转型的路径与阶段和商业模式视角的数字化转型评价。然后,将视角放宽到战略变革、商业模式变革、组织变革三个维度,回答第三个研究问题,即数字化转型涉及的维度及相互关系,特别是商业模式维度与另两个维度的关系。

(一)数字化转型的路径与阶段

通过对天虹数字化转型经验的分析可以发现,这一过程可以分为单点突破、多业务环节整合打通、生态互联三个阶段。阶段的发展伴随着数字化转型所覆盖的业务活动增加而展开,即从单业务到多业务,从焦点企业自身业务到生态企业业务的数字化延伸。

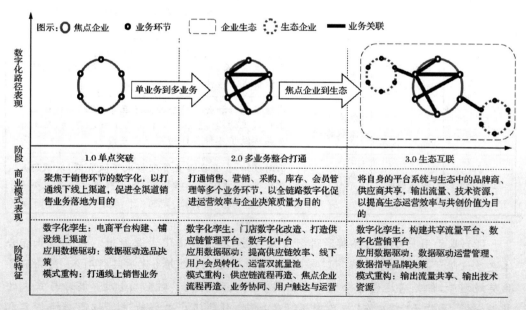

图 2-11 天虹股份数字化转型阶段

第一,单点突破,即首先选取单一业务活动,打造数字化基础设施,并应用数据资源促进业务重构。这要求企业综合评估数字化投入成本、风险、回报以及自身资源能力,考虑选取某个关键业务活动优先投入。企业在单点实现从数据到决策、到模式重构的闭环,一方面,可以提高该业务活动的经营效率,增强企业数字化转型的信心;另一方面,可以积累数字化经验和能力,进而扩展到其他业务活动。

第二,多业务整合打通,即企业从单点突破的业务活动进行延伸,与多业务活动的数据整合,进而获取数据耦合价值,解决企业数字化的"数据孤岛"问题。多业务活动数据打通后,可以全面提升公司数字化决策能力,实现跨业务环节的决策支持,为企业创造更大价值。多业务活动整合打通要求企业设立相应部门进行整体统筹规划。

第三,生态互联,即企业不仅关注本身业务活动的数字化转型,还要从产业生态系统角度,对外输出数字化能力,对生态系统进行赋能与决策支持;同时,扩大数字化边界和网络外部性,进一步提升数据耦合价值。生态互联有助于提升生态系统其他利益相关者对焦点企业的数字化依赖,巩固和提高企业数字化能力的壁垒。在此过程中,焦点企业需要挖掘双方资源能力,寻找双方的合作空间与增长机会。在百货零售等与利益相关者耦合程度比较高的业态,焦点企业应该从生态系统角度,考虑以焦点企业为核心的全局数字化转型,促进生态系统中价值创造的稳定性和增长潜力。

(二)商业模式视角的数字化转型

商业模式方面,天虹在数字化销售、采购与营销等环节重塑了与利益相关者新的交易内容与业务分工,将其数字化行为按实现的效果分为三类,分别是投入搭建数字化的基础设施,由企业自身业务线上化形成的"数字孪生";更好地指导原有业务,或改善原有利益相关者交易的"应用数据驱动";以及创造了新的交易或改变了业务流程与分工的"商业模式重构"。

第一,数字孪生,即企业通过自身或引入外部技术手段,提升相应的业务活动和管理活动效率,积累运营过程中产生的数据并实现数据收集与分析,使得原有业务线上化,是构建应用数据驱动的基础。2015年前,天虹在探索阶段时仍停留在构建数字平台与渠道的"数字孪生"层次,难以在短期内看到数字化的实际效果;而从2015年后实现小闭环的模式跑通、快速变现与资源积累。大多数企业的数字化转型停留在此阶段,尚未发掘积累数据的深层次价值。

第二,应用数据驱动,即企业基于数据指导、驱动相关业务决策。在此过程中,积累的数据是前提,客户的洞察是基础,人工智能等技术是辅助手段。应用数据驱动的关键,在于利用数据更好地指导焦点企业与利益相关者原有业务的经营决策。

第三,模式重构,即指企业在应用数据决策的基础上,发掘相应业务重构或升级的可能性,重构原业务活动中的利益相关者的交易。以天虹供应链数字化为例,原超市百货与供应商之间的交易方式为供应商通过邮件等与天虹建立联系,天虹依据需求进行采购。2019年,天虹建立了供应链管理平台,向供应商展示天虹对相应产品的需求情况,供应商可以据此动态规划生产供应。重构原商业模式涉及的业务主体和业务活动之间的匹配关系,各利益相关者也能从中获取更大的价值。

天虹的数字化实践表明,为实现数字化转型落地,除了组织变革外,还需要相应变革商业模式。例如,2018年以来,天虹多次提及融入生态、发展生态的战略设计,同时其在商业模式设计上计划更多地开展与品牌商、同行友商、用户的合作,促进资源优势互补。此外,除了一以贯之地强调企业战略外,从时间上看,天虹在数字化进程的前半段更加侧重于组织变革,而在后半段更加侧重于商业模式变革,尤其是对外部利益相关者的模式设计。在组织变革维度,2013—2017年,天虹主要强调组织结构调整,以及管理和文化层面的适应性变化。2015年至今,天虹侧重于寻找数字化的深化场景,强调利益相关者的扩充与利益相关者的交易结构改变、打通上下游、发展生态等商业模式变革维度。天虹董事长认为:"数字化技术应用会从顾客体验端越来越走向企业营运端,再往下走应该要走到零售企业和上游之间的集成。"天虹则从中实现数据规模与数据分析能力的正反馈,发挥数字化潜能。

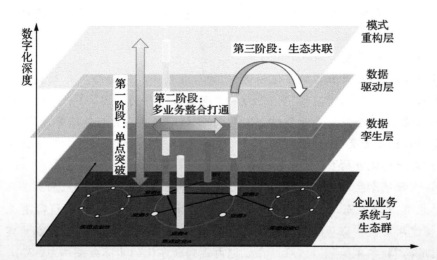

图2-12 企业数字化转型深度与路径设计

为了剖析清楚各维度间的关系,将天虹数字化转型的内容整合为战略设计、战略落地、模式设计、模式构建、模式运营与组织匹配等六个方面,从而将数字化过程中企业战略管理、商业模式管理与组织管理划分阶段。从天虹的管理实践可看出,其各阶段的战略性目标均是通过商业模式的具体设计、构建与运营实现落地的;而模式构建过程中需要大量业务活动与业务分工的转变,这直接驱动了各阶段组织的适应性变化;组织承接商业模式的转型活动并帮助模式实现重构,新模式的运营最终体现为战略落地。

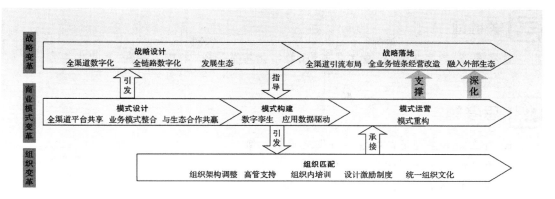

图 2-13　战略、商业模式以及组织的协同关系

天虹的数字化转型是从商业模式变革的设计入手的,这提供了看待企业商业模式与企业战略的关系的新视角,即商业模式设计不是单纯的滞后于企业战略规划,企业可能率先拥有商业模式的构想,并借由商业模式设计引发企业的宏观战略规划,进而在长期的转型过程中耦合迭代、相互协同。基于天虹的管理实践,在数字化转型的具体场景中,由商业模式设计引导战略设计更为有效。主要原因在于:第一,商业模式与战略所关注的侧重点不同,战略关注的是企业业务选择、企业增长与行业竞争等层面的问题;而商业模式关注的是企业业务活动、交易结构设计与利益相关者规划层面的问题;第二,商业模式具有更加结果导向的思维优势,其从企业具体的经营方式入手描述,具有更加具象化、精细化与整体化的特点;第三,商业模式能够更有效地检验战略落地的可行性,提前设想未来的盈利模式、自身资源能力的匹配性以及组织新生态的难度等,故其对于战略落地的可行性拥有较强的预判。

(资料来源:王子阳,魏炜,朱武祥,廖静秋.商业模式视角下的天虹数字化转型路径探索[J].管理学报,2020,17(12):1739-1750.)

本章小结

从 20 世纪 90 年代开始,世界各国都在大力发展数字技术以及数字化转型能力,纷纷出台各种促进数字经济发展的政策,数字经济成为新时代国家竞争优势的重要来源之一。企业数字化转型是数字经济发展的主要推动力,但是,企业数字化转型是一项高度复杂的系统工程,需要从战略层次进行规划和稳步推进,既包括现有技术的改造升级,也包括现有业务的数字化,但是,数字化转型的最终目标是提高消费者价值。零售行业以及零售企业是数字化转型的重点领域和参与者,数字化能力是零售企业获得竞争优势的核心能力之一,涵盖了企业经营的各个层次和各个方面,并形成了完整的评价指标体系,最终落脚点仍然是零售的"人、货、场"三要素的数字化。

关键词

数字经济、数字化转型、数字化能力、数字化转型阶段、零售三要素、数智化能力

思考题

1. 什么是数字经济?数字经济发展现状如何?
2. 企业数字化转型的定义是什么?
3. 企业数字化转型的主要特征有哪些?
4. 企业数字化转型模型包括哪些要素?
5. 企业数字化转型过程中的四个关键行动是什么?
6. 零售企业数字化转型包括哪几个阶段?
7. 什么是零售数字化能力?其指标体系包括具体内容?

参考文献

[1] 国务院发展研究中心.传统产业数字化转型的模式和路径[R].2018.

[2] BCG. 2018 BCG Global Challengers: Digital Leapfrogs[R].2019.

[3] 戚聿东,杜博,温馨.国有企业数字化战略变革:使命嵌入与模式选择[J].管理世界,2021(11).

[4] 全国信息技术标准化技术委员会大数据标准工作组.中国电子技术标准化研究院,企业数字化转型白皮书(2021版)[R].2021.

[5] GUPTA M., GEORGE J. F., Toward the Development of a Big Data Analytics Capability[J]. Information & Management, 2016, 53(8): 1049-1064.

[6] Ritter T., Pedersen C. L. Digitization Capability and the Digitalization of Business Models in Business-to-business Firms: Past, Present, and Future[J]. Industrial Marketing Management, 2019(86): 180-190.

[7] Constantinides P., Henfridsson O., Parker G. G. Introduction-platforms and Infrastructures in the Digital Age[J]. Information Systems Research, 2018, 29(2): 381-400.

[8] 华为技术有限公司.行业数字化转型方法论白皮书[R].2019.

[9] 王文倩.数字经济背景下移动互联网产业价值转移研究[D].北京邮电大学,2021.

[10] 王强,王超,刘玉奇.数字化能力和价值创造能力视角下零售数字化转型机制——新零售的多案例研究[J].研究与发展管理,2020,32(6):50-65.

[11] 中国连锁经营协会,毕马威中国有限公司.重塑增长:2019中国零售数字化力量[R].2019.

[12] 北京易数科技有限公司,艾瑞咨询有限公司.中国零售数字化转型研究报告——用户数据化价值及企业数智化升级[R].2021.

[13] 天虹数科商业股份有限公司.上市公司财务报告(2020年).2021.

[14] 王子阳,魏炜,朱武祥,廖静秋.商业模式视角下的天虹数字化转型路径探索[J].管理学报,2020,17(12):1739-1750.

[15] 刘向东,汤培青.实体零售商数字化转型过程的实践与经验——基于天虹股份的案例分析[J].北京工商大学学报(社会科学版),2018,33(4):12-21.

[16] 蔡春花,刘伟,江积海.商业模式场景化对价值创造的影响——天虹股份2007—2018年数字化转型纵向案例研究[J].南开管理评论,2020(3):98-108.

[17] 任同莲.数字贸易、制造业服务化与制造业国际竞争力提升[D].天津财经大学,2020.

[18] 陈收,蒲石,方颖等.数字经济的新规律[J].管理科学学报,2021,24(08):36-47.

[19] 刘昭洁.数字经济背景下的产业融合研究——基于制造业的视角[D].对外经济贸易大学,2018.

[20] 杜庆昊.中国数字经济协同治理研究[D].国家行政学院,2019.

[21] 黄丽华,朱海林,刘伟华等.企业数字化转型和管理:研究框架与展望[J].管理科学学报,2021,24(8):26-35.

第三章 全渠道零售

学习要点

- ◆ 全渠道零售概念的含义
- ◆ 全渠道零售的来源与发展过程
- ◆ 全渠道零售的成因
- ◆ 全渠道零售与传统零售的区别和联系
- ◆ 全渠道零售的管理模式创新
- ◆ 全渠道零售的协调一体化的措施

随着信息技术的快速发展,特别是移动互联网的快速发展,消费者的生活方式、信息沟通方式以及购买行为方式发生了巨大变化,这些变化导致传统的零售渠道模式越来越无法匹配新的消费需求。消费者从定期购物转变为全天候购物,从定点购物转变为全空间(任何地点)购物,从被动参与购物转变为主动参与购物,从大众化购物转变为个性化购物,从被动接受商家单维度信息转变为主动搜寻商家多维立体信息。消费者开始不再忠诚于单一渠道,而是交替出现在地面实体店、PC网店、社交商店、移动商店等渠道中,并希望渠道之间无缝衔接,也希望能够在不同渠道获得一致的购物体验。对于全渠道零售的理解,可以是全社会的视角,也可以是企业决策的视角,本章关注的是后者,包括生产企业的零售渠道决策,也包括零售企业自身的零售渠道决策。

第一节 全渠道零售概述

一、全渠道零售的来源

2011年,全渠道零售(omni channel retailing,也有人将其译为泛渠道零售)一词在美国媒体出现，2012年其出现率大大增加，这是一个体现营销和零售巨大变革的新词汇，美国的梅西百货和中国的银泰网等诸多零售企业开始了全渠道零售战略的变革。"omni channel retailing"，起源于何时，还有待进一步考证，大约时间是在2009年，但是引起各咨询公司和零售公司更多关注和讨论则是在2011年。贝恩全球创新和零售业务负责人达雷尔·里格比(Darrell Rigby)在2011年第12期《哈佛商业评论》发表了"The Future of Shopping"一文，指出："随着形势的演变，数字化零售正在迅速地脱胎换骨，我们有必要赋予它一个新名称'omni channel retailing'。这意味着零售商将能通过多种渠道与顾客互动，包括网站、实体店、服务终端、直邮和目录、呼叫中心、社交媒体、移动设备、上门服务，等等。"

对于"omni channel retailing"一词的中文翻译，有不同的来源。中国台湾出版的2011年第12期《哈佛商业评论》繁体字中文版，将该文翻译为"全通路零售"。随后在中国内地出版的2012年第1期《商业评论》简体字中文版中，将该词组翻译为"全渠道零售"。在中国率先进行"全渠道零售"变革的银泰网CEO廖斌和《富基商业评论》编辑将其翻译为"泛渠道"，也有网友将其翻译为"全方位多渠道零售"。当然，被较多接受的翻译为"全渠道零售"。中文"全渠道"并不仅仅特指零售行业，在水利行业就有"全渠道控制"的说法。在分销和零售领域，早在2009年就已出现该词。当时，Convergys公司开始在中国为通信企业提供全渠道统一客户体验的咨询服务，但是当时没有给出全渠道的完整定义。山东大学的任占阁(2009)在有关"全渠道"的论文中给出了相应的定义："全渠道"是指产品从生产端到客户端之间所有形态的流通环节的总称，从形态上包括实体渠道、电子渠道和直销渠道；从归属上分为自有渠道和合作渠道；从级别上包含卖场、批发商、专营店、便利店等；从职能上包括宣传、发展和服务。

二、全渠道零售定义

为了给出全渠道零售相对准确的定义，需要对该词进行拆解，即分别讨论"全""渠道"和"零售"三个词的独立含义，然后再进行意义组合。

"全"，翻译自英文"omni"，原义是"全、总、多"的意思。《购物的未来》的译者将"omni"翻译为"全"，没有译为"多"，可能是为了与"multi-channel retailing"相区别。实际上，这里的"全"应该不是"所有"的意思，而是"较多"的意思。从这个意义上看，将"omni"翻译为"泛"具有一定的合理性。

"渠道"，翻译自英文"channel"，原义指"渠道"，在营销学当中通常是指分销渠道或营销渠道。对于渠道的定义，目前还存在着一定的分歧。主要有两种流行的观点：一是组织机构说，二是路径过程说。前者认为，渠道是产品从生产者手中向消费者手中转移所经过的组织机构，没有经过组织机构（如批发商、零售商等）的直销或直效营销（网络营销、电话销售等）就不被视为渠道（或分销），因此今天比较权威的营销管理学教材仍然将直销或直效营销放在传播或沟通组合的内容之中。后者认为，渠道是产品从生产者手中向消费者手中转移所经过的路径或过程，没有经过组织机构的直销或直效营销也被视为渠道。显然，我们所说的多渠道或者全渠道，无疑包括自有或他人所有的直销、网上销售、Email营销、手机营销、微博营销、微信营销等渠道方式。因此,随着渠道变化的复杂性,以及企业管理渠道的便利性,路径或过程说更加符合逻辑,应该是我们采纳的定义,原有渠道的组织机构说定义过时了。

"零售",翻译自英文"retailing",中英文没有明显的内容差异。在传统上,一直被定义为:零售商向个人或社会集团销售他们用于最终消费的非生产性产品和服务的行为,一般为零散销售(不像工业品那样批量销售)。但是,近些年来传统零售定义受到挑战。从主体看,从事零售行为的不一定是专业零售商,也可以是制造商、批发商,甚至消费者个人,例如网络交易出现了 B2B、B2C、C2C、C2B 等现象;从行为看,零售行为和批发行为不仅常常交织在一起,而且有时也不太容易辨别,例如仓储商店就是批量销售的零售商;从范围看,一次大规模零售活动可能是全社会多个部门协同作用的结果,例如天猫或淘宝网的光棍节促销活动,之所以能取得惊人的销售业绩,是网商、零售商、制造商、金融部门、物流公司协同作用的结果。另外,工业品销售核心也是与人打交道,本质上包含着诸多零售交易的特征。因此,今天零售的含义大大扩展了,几乎涵盖了一切交易行为。

法国管理软件公司 Cegid(施易得)产品零售主任 Thierry Burdin(2013)认为,全渠道零售是从单渠道(mono-channel)到多渠道(multi-channel),再到交叉渠道(cross-channel),最后到全渠道的演化结果,四个阶段分别对应"砖头+水泥"(brick and mortar)阶段、"鼠标+水泥"(click and mortar)阶段、"砖头+鼠标+移动"(brick,click and mobile)阶段和"鼠标+砖头+移动"(lick,brick and mobile)阶段。根据 Burdin 的观点,实体店为单渠道,实体店和网店并存是多渠道,实体店加网店和移动商店是跨渠道,而全渠道是网店的重要性超过实体店的跨渠道状态。这意味着渠道划分的标志仅为空间维度,这与已有的渠道理论划分方法不同。可见,全渠道与单渠道、多渠道、跨渠道有着天然的联系,又有着一定的差别,并与实体店、网店和移动商店息息相关。不过,这些问题在理论上还缺乏清晰的界定和严格的定义。现回归到渠道的基本分类理论,对这几个相关概念进行梳理,最后归纳出全渠道零售的定义。

三、全渠道零售发展历程

零售渠道是指产品或服务从某一经营主体手中向另外一个主体(个人或组织)转移所经过的路径,这些产品和服务主要用于最终消费,单次交易批量较小。完成一次交易的完整路径,被视为一条零售渠道,例如蔬菜通过超市卖给顾客,图书通过网站卖给网友,各自都是一条完整的零售渠道。衡量渠道的数量规模,包括长度、宽度和广度等维度。长度是指产品从生产者手中转向消费者手中纵向经过的环节(中间商)数量多少,多意味着渠道长,否则为短;宽度是指在一个地区同一渠道环节选择的中间商数量多少,多意味着渠道宽,否则为窄;广度是指应用或选择渠道条数多少,多意味着渠道广,否则为狭。这些维度组合构成渠道网络或分销网络,因此它们既可以作为企业进行渠道决策时考虑的内容,也可以作为全社会渠道发展和评价的维度。零售渠道经历了从单渠道、多渠道、跨渠道到全渠道的发展过程。

(一)单渠道零售

单渠道零售时代大致为 1990—1999 年。巨型实体店连锁时代到来,多品牌化实体店数量减少。这是砖头加水泥的实体店铺时代。单渠道模式经营的企业困境在于渠道单一,实体店仅仅覆盖周边的顾客,近年来商铺租金上涨,人力成本上升,收入没有变,成本增加,利润微薄,生存岌岌可危。根据一些咨询公司专家的观点,应把"实体店铺"整体视为单一零售渠道,那么,单渠道零售时代就是实体店铺的时代。但是,从学术角度看,单渠道零售,是渠道宽度问题,它是指选择一条渠道,将产品和服务从某一销售者手中转移到顾客或者消费者手中的行为。单渠道策略通常被认为是窄渠道策略,而不管这一条渠道是实体店,还是邮购,还是网店。例如在古代,自给自足的农民常常通过集市贸易单一渠道销售自己剩余的农副产品;在计划经济情境下,日常生活用品也是遵循着"工厂——一级批发商——二级批发商——三级批发商——零售店——顾客"的单一渠道方式;在互联网时代,通过一家网店进行零售,也属于单渠道零售。

(二)多渠道零售

多渠道零售时代大致为2000—2009年。网上商店时代到来,零售商采取了线上和线下双重渠道。这是鼠标加水泥的零售时代。多渠道相比单渠道的路径更丰富,但也面临着瓶颈:分散渠道,几套人马,管理成本上升;内部恶性竞争,抢夺资源、团队内耗、资源浪费;外部价格不同、促销不同、服务不同,顾客体验冰火两重天;左手打右手,效率下降,投资回报下降,亟须改变。诸多咨询公司的专家是把实体店加网店的分销视为多渠道。但是,从渠道分类的学术视角看,它是指企业采用两条及以上完整的零售渠道进行销售活动的行为,但顾客一般要在一条渠道完成全部的购买过程或活动。例如,汽车厂商对于团购的出租汽车公司采取直销渠道的方式,对于零散顾客采取4S店铺的渠道方式,每条渠道都完成销售的所有功能,其间不进行交叉。其实,多渠道零售并非2000年之后才出现的行为,例如,美国西尔斯公司在20世纪初期就开始了店铺和邮购相结合的零售方式,一些化妆品供应商不仅在百货商店零售产品,也在化妆品专卖店或超市零售。

(三)跨渠道零售

跨渠道零售时代大致为2010—2011年。实体店铺和虚拟店铺交织,虚拟店铺显得重要。这是砖头加鼠标加移动网络的零售时代。依据前述咨询公司专家的观点,有形店铺、虚拟店铺和移动商店的结合,就是跨渠道零售。根据已有的渠道管理理论,这还是多渠道,而跨渠道是指企业采用多条非完整的零售渠道进行销售活动的行为,每条渠道仅完成零售的部分功能。例如,利用电话与顾客进行商品介绍,通过实体店完成交易,通过呼叫中心进行售后服务等。多渠道零售表现为多渠道零售的组合,每条渠道完成渠道的全部而非部分功能;跨渠道则表现为多渠道零售整合,整合意味着每条渠道完成渠道的部分而非全部功能。

(四)全渠道零售

从2012年开始,企业关注顾客体验,有形店铺地位弱化。这是鼠标加水泥加移动网络的全渠道零售时代。它是指企业采取尽可能多的零售渠道类型进行组合和整合(跨渠道)销售的行为,以满足顾客购物、娱乐和社交的综合体验需求,这些渠道类型包括有形店铺(实体店铺、服务网点)和无形店铺(上门直销、直邮和目录、电话购物、电视商场、网店、手机商店),以及信息媒体(网站、呼叫中心、社交媒体、Email、微博、微信)等。在今天,几乎一种媒体就是一种零售渠道。随着新媒体类型像雨后春笋般地不断涌现,跨渠道进入了全渠道的时代。当然,这里的全渠道,不是指企业选择所有渠道进行销售的意思,而是指面临着更多渠道类型的选择和组合、整合。如果从更准确的另外一个交易方看,全渠道零售实际上是顾客的全渠道购物。

四、全渠道零售的价值

全渠道零售具有三大特征:全程、全面、全线。全程,即一个消费者从接触一个品牌到最后购买的过程中,全程会有五个关键环节:搜寻、比较、下单、体验、分享,企业必须在这些关键节点保持与消费者的全程、零距离接触。全面,即企业可以跟踪和积累消费者的购物全过程的数据,在这个过程中与消费者及时互动,掌握消费者在购买过程中的决策变化,给消费者个性化建议,提升购物体验。全线,即渠道的发展经历了单一渠道时代即单渠道、分散渠道时代即多渠道的发展阶段,到达了渠道全线覆盖即线上线下全渠道阶段。这个全渠道覆盖就包括了实体渠道、电子商务渠道、移动商务渠道的线上与线下的融合。

顾客购买过程包括:(1)产生购买动机;(2)搜集相关信息进行比较选择;(3)选择零售商后再进行产品选择;(4)决定购买后交款、收货;(5)接受售后服务。在传统实体店铺情境下,这五项内容几乎都在一家有形店铺里完成,而今天这五项内容都面临着多种渠道选择方式,其排列组合将异常繁杂。从这个意义上说,企业的全渠道零售就是顾客的全渠道购买。从社会角度来看,目前已经进入全渠道时代,但是企业是否采取全渠道策略,还需要根据行业特征、顾客需求和竞争对手情况进行确定。

零售商行为过程包括:(1)与顾客信息沟通;(2)向顾客展示、陈列商品并说服顾客购买;(3)顾客决定购买后,零售商收款,包装商品,送顾客离去;(4)进行售后服务等等。如果仅仅选择推销员、或是零售店、或是网店、或是手机等一条渠道完成零售过程的所有活动,就是单渠道零售;如果选择其中两条及以上的渠道且每条渠道都各自完成零售过程的所有活动,就是多渠道零售;如果选择其中多条渠道且每条渠道各自完成零售过程的部分功能,就是跨渠道零售。如果为了满足顾客综合体验的需求和提高渠道运行效率,采取多种跨渠道整合方式,或者跨渠道整合和多渠道组合并存,就属于全渠道零售。

全渠道理念带给企业三大价值。第一,全渠道是消费领域的革命,具体的表现是全渠道消费者的崛起,他们的生活主张和购物方式不同于以往,他们的消费主张是:我的消费我做主,具体的表现是他们在任何时候如早上、下午或晚间,任何地点如在地铁站、在商业街、在家中、在办公室,采用任何方式:电脑、电视、手机、ipad,都可以购买到他们想要的商品或服务。第二,全渠道正在掀起企业或商家的革命,理念上从以前的"终端为王"转变为"消费者为王",企业的定位、渠道建立、终端建设、服务流程、商品规划、物流配送、生产采购、组织结构全部以消费者的需求和习惯为核心。以渠道建设为例,企业必须由以往的实体渠道向全渠道转型,建立电子商务渠道和移动电子商务渠道,相应的流程建设要建立电子商务和移动电子商务的建设、营销、营运、物流配送流程,要建立经营电商和移商渠道的团队、储备适应于全渠道系统的人才。第三,全渠道给商家拓展了除实体商圈之外的线上虚拟商圈,让企业或商家的商品、服务可以跨地域延伸,甚至开拓国际市场,也可以不受时间的限制24小时进行交易;实体渠道、电商渠道、移商渠道的整合不仅给企业打开千万条全新的销路,同时能将企业的资源进行深度的优化,让原有的渠道资源不必再投入成本而能承担新的功能,如给实体店增加配送点的功能;又如通过线上线下会员管理体系的一体化,让会员只使用一个 ID 就可以在所有的渠道内通行,享受积分累计、增值优惠、打折促销、客服。

第二节 全渠道零售的成因

无论是从全社会角度,还是从企业决策角度看,目前我们都进入了一个全渠道零售的时代。信息技术对零售的影响远远超过了人们的学习速度,伴随着信息传递类型的不断增加,零售渠道也等量地在增长,"多"和"跨"已经无法说明这种变化,因此媒体选择了"全"字,其实还是"多"和"跨"二字的结合和拓展,不是所有渠道的意思。新媒体类型几乎每年都在涌现,在一个时点采取所有渠道策略是不必要,也是不可能的,但是多渠道和跨渠道成为了一种必然。达雷尔·里格比也将"全渠道零售"视为"数字化零售"。为什么大数据和全渠道两者如影随形呢?一个根本的原因是零售业已经成为信息业,或者说是新信息技术应用最为广泛和深入的行业之一,大数据是全渠道的催化剂,两者像连体婴儿一样伴生着成长。当然,技术对零售变革的推动是一个历史现象,只不过过去的轨迹是"技术变革—生产变革—零售变革—顾客变化",而今天的轨迹变为"技术变革—顾客变化—零售变革—生产变革"。为了说明全渠道零售产生的原因,现回顾一下技术(包括生产技术、信息技术、物流技术、资金流技术等)与零售渠道发展的历史。

一、手工技术进步带来的生产变革催生了独立的零售商

手工生产力的时代,包括石器、铜器和铁器三个发展阶段。人类社会进入铜器时代,发生了农业和畜牧业的第一次社会大分工,交换为产品交换,交换的是剩余产品(不是为了交换而进行生产),产生了一般价值形态,但是货币还没有产生。随着手工生产力的不断发展,铁器出现了,发生了农业和手工业的第二次社会大分工,出现了为交换而进行的产品生产,以及相应的货币价值形态。随着铁器技术的进一步发展,交换活动变得日趋频繁,在铁器时代的后半期发生了第三次社会大分工——商人独立出来。这标志着零售业开始出现。

在手工生产力的时代,生产技术是手工操作的,信息流通过口碑和信函的方式传递,资金流通过一手交钱、一手交货的现场方式完成,物流通过人力和畜力的方式进行转移,因此零售渠道一般表现为生产者到集市贸易直销,或是零售商走街串巷叫卖,或是街头小店铺销售。数据统计通过手工记账和算盘的方式完成,商家一般不关注顾客需求的变化,顾客信息对于零售业经营来说可有可无。这是一个无数据的时代,商家数据无非是进货和销货的简单统计,通过加减乘除的手工运算即可完成。

二、工业技术进步带来的交通通信变革催生了新型零售渠道

18世纪开始的工业革命,将手工生产力带进机器生产力时代。一方面,带来了机械化

生产,使商品极大地丰富起来,最终导致百货商店的产生,这被称为人类历史上的第一次零售革命;另一个更为重要的方面是,工业技术改变了传统的交通(商品运输)和通信(信息传递)方式,形成高效率、专业化的交通运输网络和通信网络,零售商不必亲力亲为地做这些物流和信息流的事情了,进而催生了新型的、无店铺形态的零售渠道。伴随着邮政系统的网络化,催生了直达信函和目录零售;伴随着电话的普及,出现了电话零售;伴随着电视走进家庭,出现了电视购物渠道等。伴随着信息传递方式而产生的零售渠道带来多渠道的萌芽,顾客数据库变得异常重要,因为直达信函和邮购目录寄送需要顾客地址,电话零售需要顾客的电话号码,顾客数据和信息开始受到关注。

在机器生产力的时代,生产技术是机器操作的,信息流通过电话、电报、海报、书籍等方式传递,资金流催生了信用卡、储蓄卡、现金卡等刷卡方式,物流通过汽车、轮船、火车、飞机等电力和电气工具方式进行转移,因此零售渠道一般表现为大商场与目录销售并存的状态。数据统计可以通过计算器来完成,商家关注顾客需求的变化,顾客信息对于零售业经营来说变得重要。这是一个小数据的时代,除了购销运存数据之外,商家还积累了一些顾客的人口统计特征数据,大多不是购买行为的数据。

从全社会角度看,已经出现了多渠道零售的形态,但是从制造商和零售商角度看,还是单渠道零售主导的时代,顾客购买仍然以单渠道购买为特征。即顾客在购买某一种产品时备选的渠道很少,因为这个时代的企业将一种产品常常仅仅通过一种渠道零售。直到20世纪80年代,中国主妇们要想买全日常生活用品,还需要跑遍十来家店铺,去菜店买菜,去肉店买肉,去粮店买粮,去副食店买油盐酱醋,去日杂店买锅铲,去五金店买日用五金等。从商品信息的获得,到商品选择,再到交款提货,几乎都是在实体店铺里完成的。

三、信息技术革命带来的顾客变化最终催生了全渠道零售

如果说手工生产力的发展使零售商人产生,机器生产力的发展使大型百货商店零售和目录零售、广播零售、电视零售并存起来,那么,信息技术革命的进一步深化就使全渠道零售得以出现。其基本逻辑是信息技术发展—信息传播路径大大增加—顾客全渠道购买—公司全渠道零售——公司适应全渠道零售的生产(见表3-1)。

表3-1 技术对零售渠道的影响

生产力	技术原因	零售媒介	零售渠道
手工生产力	铜器时代	农业和畜牧业大分工:一般价值形态	没有零售商,有经常的交换
	铁器时代(前半期)	农业和手工业大分工:货币价值形态	没有零售商,有为交换进行的生产
	铁器时代(后半期)	商人从农业和手工业中分离:商人媒介	零售商出现,集市贸易、行商和小店铺渠道

续表

生产力	技术原因	零售媒介	零售渠道
机器生产力	蒸汽时代	零售企业出现	百货商店产生、邮购目录、直达信函、上门推销
	电气时代	零售公司出现	连锁商店、电报销售、电话销售
信息生产力	非互联时代	大型商业公司	自动售货机零售
	Web 1.0 时代	电子商务公司	网上商店零售
	Web 2.0 时代	社交网站公司	社交网站零售
	Web 3.0 时代	大数据采集、分析、应用公司；云计算	目录营销、信函营销、报刊营销、电话营销、电视营销、电台营销、自动售货机、网上商店、手机营销、Email营销、短信营销、QQ营销、微博营销、微信营销、社交网站等，以及各种各样的实体店铺并存

资料来源：李飞.全渠道零售的含义、成因及对策——再论迎接中国多渠道零售革命风暴[J].北京工商大学学报（社会科学版），2013,28(2)：1-11.

（一）信息传播路径大大增加

在顾客的购买过程中，绝大多数活动是信息的采集、加工、比较和发出指令等行为，因此零售渠道越来越接近于信息渠道，信息传播路径的拓展必然催生大量的零售渠道。20世纪50年代开始的信息变革，其标志是电子计算机的普及应用及计算机与现代通信技术的有机结合。在20世纪90年代之后，单一的计算机很快发展成计算机联网，实现了计算机之间的数据通信、数据共享。在单一计算机时代，出现了电子技术控制的自动售货机。在第一代互联网Web 1.0时代，是把人和计算机联系在一起了；在第二代互联网Web 2.0时代，是把人和人联系在一起了，形成了一个社交的网络；在第三代互联网Web 3.0时代，有海量的数据，又有云计算工具将其转化为数字化信息，信息规模巨大且传递速度更快，还可以使用多种接收装置收集信息，如计算机、手机、电视、收音机、谷歌眼镜等，实现信息传递移动和随身化、24小时全天候化以及文字和图像的多元化。因此，从2012年开始，人类进入了大数据时代。迈尔-舍恩伯格(Mayer-Schnberger)和库克耶(Cukier)在《大数据时代》一书中提出了大数据时代的特征，认为大数据的核心就是预测，这个核心代表着分析信息时的三个转变。一是在数据采集规模方面，在大数据时代可以采集和分析更多的数据，甚至可以处理和某个特别现象相关的所有数据，而不再依赖于随机采样。二是在数据分析准确性方面，研究数据如此之多，以至于不再热衷于追求精确度，因为大数据的简单算法比小数据的复杂算法要准确得多。三是在数据分析的目的方面，不再热衷于寻找因果关系，而是相关关系。大数据意味着"大信息的传递"。这表明，伴随着大数据时代的到来，人类也自然地进入了全渠道的信息传递时代。

（二）全渠道购物者崛起

顾客购物过程中大量活动是信息的传递过程，或者说是顾客搜集、分析、比较、接受和反馈信息的过程，只有物流不是信息传递，但这项活动对于购买过程来说可有可无，即它是可以游离于购买过程之外的购买后的行为，因此信息渠道就是购物渠道，二者归一了，自然地，全渠道信息传递时代的来临必然导致顾客全渠道购物者群体的崛起。他们同时利用包括商店、产品名录、呼叫中心、网站和移动终端在内的所有渠道，随时随地浏览、购买、接收产品，期待着能够贯穿所有的零售渠道和接触点的一屏式、一店式的购物体验。还有一点需要强调的是，这不仅意味着全渠道购物者通过尽可能多的渠道完成购买过程，更重要的变化是他们的生活方式与购物过程融合在一起，人们已经把越来越多的工作时间和休闲时间放在互联网和手机微博上。换句话说，现代人在互联网和手机上工作、休闲，信息的搜索、浏览、分析、传递成为人们生活方式越来越重要的、不可缺少的一部分，而购物则简化为信息流转的过程，自然可以轻易地完成。

（三）全渠道零售时代来临

由于人们所有生活几乎都通过互联网和手机等信息媒体，同时决定购买时不必看到实物，付款时不必现场支付现金，付款后也不必立即自提货物，因此谁拥有与顾客交流的信息接触点，谁就可以向顾客卖东西，零售简单化和社会化了，进入了一个新的"全民经商"时代，准确地说是"全民零售"的时代。近几年网商优胜劣汰，逐渐规范，催生了一大批电子商务组群，寄生于社交网站、网店、手机、电视、谷歌眼镜、户外、报刊等媒体，采用文章、谈话、聊天、直播、微信、Email、博客等形式，向寄生在这些媒体的顾客零售产品和服务，取得了不错的业绩。在买方市场的市场环境下，实体零售店必须迎合顾客全渠道购物的挑战，一方面赢得顾客的"芳心"，另一方面应对电子商务公司的蚕食。对策是增加有形店铺的现场体验，以及进入电子商务零售领域。

总之，全渠道零售时代来临了，这是无人能阻挡的历史潮流，也是历史发展的必然。

第三节 全渠道零售与传统零售的区别

在全渠道购物者崛起的时代，不发展新媒体零售，极容易被新型的年轻顾客所抛弃。因此，有专家说，全渠道零售对于传统零售商来说是一场严重的灾难，顾客正在离他们而去，走进网络商家的大门，尽管目前诸多网商远没有盈利。实际上，全渠道零售，不是对实体零售业的彻底否定，也不是对新型网商的全盘接受。而是实体零售业和新型网商都面临着新的机遇和挑战，都需要进行转型和调整。因此，必须知道，需要改变的是什么，需要保留的是什么。

全渠道零售的革命，很可能会使原地踏步的传统零售企业被"革了命"。原因在于：（1）传统零售企业大多把互联网仅视为信息传递的路径，殊不知信息传递路径已经成为零售的路径，仅仅把新媒体视为信息传递的路径而非零售路径，将会被顾客边缘化或抛弃。（2）网商的盈利模式还不十分清晰，他们的知名度远远高于其盈利能力，但是他们对传统零售业的冲击十分明显,甚至是致命的。传统零售业面临发展新媒体零售是"找死",不发展是"等死"的尴尬境地。(3)传统零售商的突破创新缺乏重大成功的经验,自身没有能力或不容易找到传统零售业与新媒体零售业融合的路径和方法。

一、零售的本质不变

回顾零售业的发展历史,可以发现:无论是手工生产力,还是机器生产力,抑或信息生产力,每次零售业变革都是为了更好地提供三个基本功能,即售卖、娱乐和社交。集市贸易、百货商店、购物中心、步行商业街、网上商店、移动商店,都是如此。这三个基本功能应该是零售业永远不变的本质。因此,无论是厂商还是零售商零售渠道的策略选择,必须突出零售的这个本质。只不过,由于市场供求情境不同,产品品牌不同,所处行业特征及定位不同,售卖、娱乐和社交这三种功能所占比例不同。例如,旅游、演出等以娱乐和社交功能为主,购物为辅;超市和百货店等以售卖为主,娱乐和社交为辅。对于顾客而言,娱乐有时比购买商品还重要。人们常常购买了许多以后没有用过的东西,但并不后悔,因为人们有时购买的是购买过程,是娱乐。约上朋友和家人一起去购物,也夹杂着社交的功能,这就是社交网站容易兼有零售功能的重要原因之一。根据零售业不变的本质,全渠道零售规划的核心,就是选择品牌和店牌的定位,就是选择售卖、娱乐和社交这三个基本功能的实现比例和程度。

在分析零售业的发展历史过程中,不仅发现各种零售渠道的三个本质不变,而且发现这三个本质是通过"零售流"实现的。零售流包括顾客流(买者的移动)、信息流、资金流、物流和商店流(商店的移动),这也是永远不变的。离开了任何一个"流",零售活动就会终止,因为这五个流是完成一次最简单交易的必备条件,因此在各种传统和现代零售渠道中,这五个流的数量构成都是不变的。换句话说,这五个流是与顾客直接接触的点,是顾客感知品牌和店牌形象定位的关键要素,因此实现零售业的本质,说到底是这五个流的规划和结构调整,以实现与定位相匹配的流程效率。

二、零售"四流"变化

实体店铺大多是以商品的采购、运输、储存、陈列展示等为主要活动内容,即商品本身的移动成为零售业的现象形态,顾客也更重视得到什么商品。但是,随着互联网和移动技术的发展,现代零售业更多的是以信息的采集、传递、加工、展示等为主要活动内容,即信息的移动成为零售业的现象形态,顾客也更多地重视得到什么信息,因为信息决定着商品质量和价格等他们关注的影响购买的重要因素,而商品的移动成为零售的隐性行为。这种变化,改变了零售五流的内容和行进路线,使零售业发生了革命性的变化。

(一)顾客流

在传统零售情境下,商店在建设之前可以通过选址实现移动,但是建成后不能移动,固定在一个有限的空间之内,进入这个有形店铺之内的顾客被称为"客流",典型特征是"客流""店不流",顾客找店铺。但是,在现代零售情境下,零售店铺已经无形化,以及二维化(类似于广告牌),手机商店还实现了移动化,像人的影子一样与顾客伴随(可以称其为影子商店),随时随地都可以完成购买行为。这说明,人们不进有形店铺也可以成为客流,突破了原有的时空限制;商店也随着顾客移动起来。因此其典型特征是"客流""店也流"。

（二）信息流

在传统零售情境下,尽管逛店之前可能了解一些商品信息,但是顾客一般到有形商店后才能获得准确、真实和可信的商品信息,有数据表明,大约40%—50%的购买为冲动性购买,这意味着顾客在现场看过、试过才下决心完成购买,有价值的信息主要来源于实体店铺。在现代零售的情境下,由于信息传递路径丰富和多元化,顾客随时随地可以通过移动网络了解商品,比较价格信息,也可以通过社交网络了解朋友们对备选商品的评价。信息流由店内拓展至店外,由单向拓展至多向。

（三）资金流

在传统零售情境下,顾客购买商品后,要在商店内完成付款,大多为现金付款和信用卡付款,通过付款后的小票提取商品,即通常所说的"一手交钱,一手交货"。在现代零售环境下,购买、付款和提货可以是分离的,一方面,可以购买后实施货到付款,另一方面,可以通过手机或网银付款,然后等待着商家送货上门。付款过程可以通过信息传递来完成,因此随时随地都可以完成付款。

（四）物流

在传统零售情境下,顾客一般采取货物自提的方式,即在有形商店完成购买后,自己在商店里拿取货物并携带回家,可能要走很远的距离。在现代零售情境下,顾客一般不负责货物的长距离运输,随时随地完成购买和付款后,只要告知商家送货地址,商家会将货物在约定的时间送到顾客家中或办公室,或者最方便顾客领取的物流驿站。

三、全渠道零售的对策

在全零售时代,制造商和零售商必须进行渠道功能的整合,即发挥各种零售渠道的优势,避开其劣势,形成新的多渠道零售的组合或整合模式。

制造商和零售商面对着前述零售"四流"的巨大变化,必须进行适应性调整。第一,商店已由有形店铺向无形店铺转移,由三维立体空间向二维平面空间或虚拟空间发展,加之有形店铺建设和租赁成本飞速上涨,大大抬高了商品零售价格,使本来就缺乏价格优势的有形店铺变得更加困难。因此需要慎重鼓励大型商业设施的建设,特别是大型城市商业综合体的建设,反之应该筹划无形店铺的发展与建设。第二,零售已由商品的传递向信息传递转移,其零售专业化水准的体现不是商品管理,而是信息管理;商品管理主要不是由零售商负责,而是由物流商负责,物流商成为与顾客直接接触的最重要的"前沿"。因此应该鼓励物流连锁驿站的发展和整合,同时根据物流配送的商品类别,形成奢侈品物流驿站或送货员(白领),生鲜食品物流驿站或送货员(蓝领),就像今天有不同的零售业态一样。

全渠道零售的对策选择,与多渠道零售相似。总之,对于有形商品销售的有形店铺模式

（如百货店、超市、便利店等），店铺会转型为展示厅或体验厅，由物流快递连锁驿站进行配送。这会催生连锁驿站的发展，同时会使实体零售店铺规模变小。对于无形商品销售的有形店铺模式（如银行、电子书店、不卖手机的移动服务厅等），因为没有物流，店铺有可能消失，或转化为体验店。

具体的对策有：（1）确定目标顾客的购买偏好或关注要素；（2）重温商家品牌或店牌的营销定位；（3）设计目标顾客的购物程序或路径；（4）列出全部备选的零售渠道（包括实体店和虚拟店）；（5）根据各零售渠道的特征和目标顾客偏好，将渠道所需要完成的功能匹配至购物路径的每一个环节上。在关注数字化零售渠道的同时，决不能忽视实体店的作用。实体店具有的一些优势仍然会长期存在下去，诸如可使顾客面对面地感知商品，享受到个性化的人员服务，体验到购物现场的气氛等。

第四节　全渠道零售管理模式转型

全渠道零售是企业为了满足消费者任何时候、任何地点、任何方式购买的需求，采取实体渠道、电子商务渠道和移动电子商务渠道整合的方式销售商品或服务，提供给顾客无差别的购买体验。因此，全渠道零售与传统零售模式相比，在运营理念、措施、关键要素等方面都面临转型。

一、全渠道零售运营理念的转变

（一）以消费者为中心

渠道其实是在不断地变革，从开始的单一线下渠道门店模式，后来随着互联网的兴起，就有了崭新的线上电商渠道，随着移动互联网时代的发展才会有手机端的兴起，接下来就是交叉渠道模式，相互之间有不同的渠道模式，之后到全渠道零售，全渠道零售跟交叉渠道零售相比最大的不同点在于它的东西都是打通的，都是以消费者为中心，特别是现在以手机号码为唯一的识别码，在各渠道之间都是打通的。单渠道零售阶段、多渠道零售阶段、跨渠道零售阶段是以品牌为中心：单渠道零售阶段是企业通过单一零售渠道来进行销售活动；多渠道零售阶段是企业通过两条及以上独立完整的零售渠道进行销售活动。跨渠道零售阶段是企业通过多条非完整的零售渠道进行销售活动，每条渠道仅完成零售的部分功能。全渠道零售阶段是以消费者为中心：全渠道零售阶段是企业通过尽可能多的零售渠道类型进行组合或整合，以满足顾客随时随地购物、娱乐和社交的综合体验需求，提供渠道间无缝穿梭的购物体验。以前是以品牌为中心的渠道布局，是如何便利品牌更好地触达消费者，其实也是为了更好地让消费者基于当时的环境，有门店体验、官网体验、呼叫中心体验。目前的全渠道综合购物体验是时代的变化，现在是一个产品极大丰富的时代，主动权掌握在消费者手中，消费者想买谁的产品，这个是由消费者决定的。这个时候作为品牌方，处于相对弱势的位置，要为消费者提供消费体验的适应期。渠道发展变化最终还是因为产品的极大丰富，在这个情况下以货为中心,已经变成以消费者为中心。这个阶段之后需求比较明确,决策周期比较长,但是随着新时代移动互联网的兴起,很多时候消费者在买东西的时候是即时的需求,比如说在APP上或者在某个内容网站看到了某篇文章,有兴趣之后马上到购物平台购买,在过去这一点是根本做不到的,就是当消费者看到了广告,只能去线下的门店去购买。但是现在线上5秒钟就能完成购物流程。

(二)融合消费者购物渠道

随着消费者需求的变化及行业的发展,消费者已经不再单纯地采用单一的线上或者线下方式来进行消费,而是根据自己的需求,选择当前最合适的方式。消费场景多元化,消费选择更加多样化、便利化,用户体验也越来越好。

现在消费者的购物渠道从割裂走向融合,消费者可以随时随地全天候无缝地在任何地方进行购物和消费。这在以往是根本做不到的。以前在农村的话要去买东西必须到乡镇的供销社,要买更丰富的东西必须到省城或者大城市。但现在就算是在最偏远的农村,通过一部手机也可以买到很丰富的产品,通过快递能够快速地满足购买需求。这是社会技术的进步,在这样的情况下,品牌就必须跟上发展趋势,不能拘泥于以往传统的渠道模式。

(三)线上与线下互补

过去十年是电商极大发展的过程。随着电商不断地深化发展,如果跟线下割裂,其实两者都会存在很大的弊端。线上有优势,也有劣势,优势在于有巨大的流量,不受地理位置、空间限制,然后有庞大的用户消费数据,通过各种技术能够快速掌握消费者画像。但是它的劣势也非常明显,它只是一个购买平台,消费者能看到,但是摸不到,隔着电脑屏幕在交流,没有体验感,不能保证所见即所得。电商刚兴起的时候,线下门店成为很多消费者试穿、试用产品的地方。这样线上和线下之间就存在巨大的矛盾,同样,线下有优势,也有劣势,优势在于所见即所得,即到即买,能跟消费者进行面对面的交流,能够形成感情,消费者对商品品质更有信赖。举个例子,经过调研发现,消费者在关于吃的方面比较喜欢在线下门店进行购买。关于穿的东西会更偏向于线上购买。根本原因是线下的门店让他们觉得更加信任,吃在肚子里的东西更加注重安全性,当然它的劣势也非常明显,线下门店最多覆盖方圆三千米,受地理位置及空间限制,覆盖范围有限,所以缺乏过程数据,缺乏商品详细介绍,所以在这样的情况下,线上线下之间必然存在巨大的竞争关系,线上会蚕食线下,线下的商家为了生存会不断地扩大自己的经营范围,在线上开设店铺进行互补。所以对于品牌最好的方式是线上线下一盘棋,不要线上做线上的,线下做线下的,这样会存在巨大的资源浪费。行业走向融合以满足消费者多元化需求。消费者的购物流程可以分为需求产生、寻找商品、选择商品、下单、支付、提货或收货、使用、反馈等过程。随着消费者年龄、收入以及生活方式等多方面变化的影响,消费者购物的全流程需求都发生了变化,个性化、品质化、方便快捷等成为消费者的核心诉求。为满足消费者多元化的购物需求,零售商开始走向线上线下融合的全渠道零售,使得消费者能够随时、随地、随心、方便快捷地购买到自己所需要的商品和服务(如图3-1)。

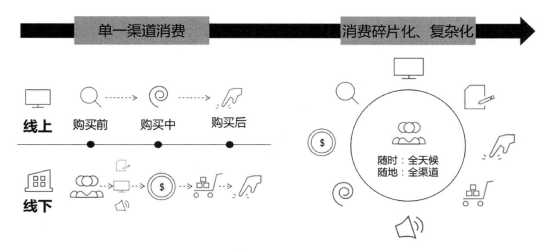

图 3-1　消费者购物渠道从割裂走向融合

资料来源：https：//www.sohu.com/a/446179842_120163343,2021-01-22.

二、全渠道零售措施与关键要素

一旦线上线下融合,对品牌也是非常好的助力,因为它能够更好地了解消费者,根据消费者的行为路径更好地进行营销。例如将消费者的消费过程分为多个阶段：需求产生→寻找商品→选择商品→下单→支付→提货/收货→使用→反馈。如果这条线打通就会有完整的消费者画像,在比较核心的关键阶段,就能够向消费者推送商品的信息。这也是为什么电商的算法可以了解消费者想要的东西,例如消费者搜索了某款商品,那它会推送相应的商品,为的是让消费者更便捷地购买。但是在线下,这点做起来相对比较困难,必须要借助销售人员,才可以完成这个过程。

（一）全渠道零售措施

全渠道零售措施可分为三个阶段：到店前、到店期间、购买/离店后。到店前包括线下广告投放,商场展览展示,SEM/SEO,线上/移动/APP展示广告,产品发布会（线上线下直播）,付费/自有媒介渠道内容营销,社会化营销活动,粉丝社群推广,在线咨询服务,门店、官方商城、电商协同推广,线上下单预约、门店体验。到店期间包括商品陈列,促销活动和路演,销售顾问推荐,产品讲座培训,数字化内容演示,产品互动展示,个性化智能推荐,数字化购买体验,数字化快捷支付,线下体验线上下单。购买/离店后包括产品使用反馈调研,新品推荐（短信、EDM等）,呼叫中心,个性化产品和优惠推荐,智能在线咨询,数字化会员管理体系,在线用户社群,售后支持,这涉及全渠道融合来迎合消费趋势变化。消费者购买东西只会有三个需求：一是优惠,买到便宜、性价比高的东西；二是优选能够快速地提供消费者想要的东西；三是体验感比较好,所以,全渠道能融合迎合消费者的趋势变化,从单一的"物质"满足到"商品＋体验"的双满足。

单一的线上能够满足消费者买到比较便宜、便利的东西。线下只能满足消费者比较快速地买到商品。因为周围的门店所见即所得,但是很难满足消费者更大范围地选择产品的可能性。因为毕竟门店的面积、产品的种类是有限的。所以说两者不兼得,如果进行融合,既能满足对便利性体验的感受,同时也能够使顾客有更多的选择余地,买到更好的产品。电商随互联网快速增长的10年,以抢走线下的利润作为代价。以前线上线下是割裂的、打架的。线下的生意被线上抢走,此消彼长。如今互联网人口增长红利消失,实体店面临线上和房租的双重压力,无论线上还是线下,均面临很大的增长瓶颈。快速崛起的主流消费人群"90后""00后"对新兴事物接受能力强,更加适应移动互联消费模式,同时更注重互动式的购物体验。网络购物仅占社会消费品零售总额的15%左右,传统的线下零售行业仍然占据着市场份额的大部分。线上线下各自为政的结果就是中间有很大的鸿沟和效率提升空间。整合碎片化的媒介渠道,提供一体化的购物体验大势所趋,既能够满足消费者对便利性的要求,同时还可以满足更多的消费者对优选优惠的体验。

(二) 全渠道零售关键要素

1. 线上线下同款同价

传统零售面临着渠道分散、客户体验不一、成本上升、利润空间压缩等多个困局。全渠道零售将从单向销售转向双向互动,从线上或线下,转向线上线下融合。例如,对于厨房电器品牌,它在线下卖的价格比较高,因为商家要承担房租、人力成本等,那线上的商品价格如果相对比较低一点怎么办?线上线下同款同价,对于很多平台来说其实是一个必须要跨越的门槛。

2. 定制化服务

全渠道零售从原来的规模和标准化驱动,走向个性化灵活定制。消费者不管是在线上还是线下,都希望能够高效且愉悦地买到所需要的优质产品。例如,孩子王的店铺一般开在购物广场里,可以为广场带来的流量大概是15%,为什么能做到这一点呢?孩子王的门店不仅仅只卖商品,它有很多的娱乐空间与社交空间,这样能够极大地让消费者提升消费体验,享受亲子生活。

3. 全渠道数据打通

实体门店、电商(自建官方商城或入驻平台)、社交自媒体内容平台、CRM会员系统打通,通过融合线上线下,实现商品、会员、交易、营销等数据的共融互通,向消费者提供跨渠道、无缝化体验。线上线下结合要实现门店网店互通,不仅需要小程序,还需要与之互通的线下收银系统,这样才是真正所谓的线上线下结合。流量是整个商业的基础,之前门店最重要的一个因素就是地段,因为地段决定了门店到底能来多少流量。现在虽然电商已普及化,但是电商流量也越来越贵。在这样的情况下,如果还持续地在公域购买流量,有可能流量成本会越来越高。那如何拥有自己的私域流量呢?就是线上线下打通。必须掌握基本运作方法,线上线下相互导流,最终把流量沉淀到自己的平台。这就是中国的消费品牌崛起的最大的秘密,如说完美日记、花西子等,都是通过把公域流量通过内容种草的方式,导入自己的私域流量。有了流量、会员基础再到线下开店,那这个店的成活率会提高很多。

三、全渠道零售环境下传统实体企业转型的常见模式

2015年,我国在政府工作报告中提出制定"互联网+"行动计划后,线下实体店开始大规模在网上开店,加速了全渠道零售的进程。全渠道零售环境下传统实体企业转型的常见模式主要有以下四种。

第一,在第三方购物平台上开网店。传统实体企业借助已经成熟的第三方购物平台(如天猫、京东商城)销售自己的产品,可增加销售额,培养网店运营人才,为企业的进一步拓展打下基础。这比较适合较少涉足零售业的传统生产企业和刚刚起步的零售商,不管是代理品牌还是自有品牌,均可以通过投入有限的资源来拓展网上零售。

第二,利用传统连锁店的品牌优势建立独立网购平台。传统实体企业利用传统连锁店的品牌优势建立一个属于自己的独立电商平台,在平台上为目标客户提供尽可能丰富的品类或某一个品类的众多品种。独立电商平台的虚拟渠道品牌可以和实体渠道品牌名称一致,也可以是一个新品牌,如苏宁电器的"苏宁易购"和国美电器的"国美网上商城"。

第三,利用手机应用程序做移动电商。传统企业可通过手机应用程序打通现有资源,结合线下实体店,帮助企业走上线上线下一体化模式,提高企业服务水平和品牌知名度。同时,手机应用程序具有完善的会员管理系统,通过相关数据,能够对用户行为进行分析,进而精准地为用户推送信息,适时组织一些客户喜欢的优惠活动,提高用户黏着度。目前,手机应用程序已逐渐发展为"信息传播+销售渠道+品牌推广+会员管理+社交平台"的移动应用程序。

第四,自有品牌商组建虚拟渠道。自有品牌商组建虚拟渠道的目的不仅是建立品牌在虚拟空间的销售渠道,还包括建立品牌在虚拟空间的品牌影响力,从而建立品牌与消费者互动的通道。品牌商既可以通过第三方的通用平台销售产品(如通过天猫、京东商城、当当网等销售),又可以自建官方商城以提供产品和服务,还可以通过网络分销,借助外力快速占领市场。

第五节 全渠道零售协调一体化

全渠道零售协调一体化是以消费者体验为中心,进行人、货、场三要素的重构,真正发挥"线上+线下+数据+物流"的系统化优势,以达到满足消费升级的需求,提升行业效率的目标。

一、全渠道零售协调一体化的内涵

(一)全渠道零售协调一体化的推动因素

一是线上零售获客成本越来越高。电商经过多年的高速增长后,线上增量空间开始收缩,增速减慢,电商平台的获客成本越来越高,流量红利越来越小,线上企业纷纷转到线下寻

求新的利润增长空间,这导致线上线下进一步融合。

二是传统线下零售企业利润空间不断压缩。首先是经营模式同质化。传统零售品牌缺乏个性化建设,导致企业同质化经营,日趋严重的同质化竞争极大地压缩了企业的利润空间。其次是经营成本不断升高。传统零售企业人力成本和房租成本等不断攀升,导致企业利润空间不断压缩。再次是受线上零售企业冲击严重。线上零售企业中间环节减少,一方面可以有效地降低交易成本,提高交易效率;另一方面可以与终端市场紧密连接,更加全面地掌握终端市场的消费需求。电子商务的出现,使产品性能、类别、价格上的透明度越来越高,市场竞争越来越激烈。很多电商企业建立了从生产领域直接到终端市场的供应链体系,在这种"短平快"的销售模式下,传统实体企业的利润空间进一步被压缩。

三是新技术的应用开拓了线下场景智能终端市场。新技术的不断涌现和成熟应用,成为推动零售变革的核心力量,大数据、虚拟现实等技术革新,进一步开拓了线下场景和消费社交。科技领域的高速发展为零售市场的创新提供了可能,而技术不断革新的背后是企业对数据化的不断探索与不懈追求。

四是移动支付的普及是推动全渠道零售协调一体化发展的重要因素。移动支付越来越普及,并与消费者的日常生活紧密相连,成为人们的一种生活习惯。支付越来越便捷和高效是推动全渠道零售协调一体化发展的重要因素。

(二)全渠道零售协调一体化的表现

全渠道零售协调一体化的本质是对人、货、场三者关系的重构。人对应消费者画像、数据;货对应供应链组织关系与品牌的关系;场是场景,对应商场表现形式。场是全渠道零售前端表象,人、货是后端实质变化。线上线下关联紧密,优势互补、合作共赢。消费者的购买行为呈现线上线下融合的明显趋势,线上了解线下购买、线下体验线上购买的行为十分常见。电商的优势在于数据,体验却是其软肋,而实体店的优势恰恰在于体验,数据却是实体店的弱项。在线上流量红利结束、消费升级的大背景下,线上企业比拼的不再是低价,而是服务和体验,因此阿里等线上巨头纷纷拥抱线下企业,致力于打造线上线下消费闭环。线下实体店作为流量新入口,弥补了传统电商业务高端用户群体数据的缺失,可助力线上企业描绘多维清晰的消费者画像。线下门店依托线上数据,有利于提高营销精准率和经营效率。

全渠道零售协调一体化的"协调"主要表现为五个方面。一是角色协调。角色协调是指全渠道零售平台在下游洞悉消费者需求的同时,也向上游供应商提供消费者需求大数据资源,进而成为供应商的生产研发活动和市场推广活动的服务者。二是内容协调。内容协调是指全渠道零售平台从商品销售者向"商品和服务"的提供者转变,如天猫等平台利用商品数字化、会员数字化为生产企业、供应商提供新型的数据服务。三是形态协调。形态协调是指全渠道零售平台通过清晰洞察消费者痛点,对零售业态的各要素再次进行边际调整,组成新型经营业态。四是关系协调。关系协调是指电商平台(如天猫等)为供应商赋能,与消费者实现互动和交流,构建平台与消费者之间深度互动的社群关系。五是理念协调。理念协调指全渠道零售平台通过适应消费者主权时代的新理念、新模式,通过零售变革更精准地满足消费者需求,为消费者不断创造价值。

（三）全渠道零售协调一体化的特征

全渠道零售协调一体化的特征包括四个方面。一是渠道一体化。真正的全渠道零售是 PC 网店、移动 App、微信商城、直营门店、加盟门店等多种线上线下渠道的全面打通与深度融合，商品、库存、会员、服务等环节皆贯穿为一个整体。零售商不仅要打造多种形态的销售场所，还必须实现多渠道销售场景的深度融合，才能满足消费者的需求。二是经营数字化。商业变革的目标是通过数字化把各种行为和场景搬到线上去，然后再实现线上线下的融合。零售行业的数字化是依托 IT 技术实现顾客数字化、商品数字化、营销数字化、交易数字化、管理数字化等经营数字化。其中，顾客数字化是经营数字化的基础和前提。三是门店智能化。大数据时代，"一切皆智能"成为可能。门店以物联网等新兴技术进行智能化改造，应用智能货架与智能硬件延展店铺时空，构建丰富多样的全新零售场景。门店智能化可以提升顾客互动体验和购物效率，可以增加多维度的零售数据，可以很好地把大数据分析结果应用到实际零售场景中。对于零售行业，在商家数字化改造之后，门店的智能化进程会逐步加快，但脱离数字化基础去追求智能化，可能只会打造出"花瓶工程"。四是物流智能化。全渠道零售要求顾客可以全天候、全渠道、全时段都能买到商品，并能实现到店自提、同城配送、快递配送等，这就需要对接第三方智能配送、物流体系，以此缩短配送周期、实现去库存化。全渠道零售能够实现库存共享，改变传统门店大量铺陈与囤积商品的现状，引导顾客线下体验，线上购买，实现门店去库存化。全渠道零售从消费需求出发，倒推至商品生产，零售企业按需备货，供应链按需生产，真正实现零售去库存化。

二、全渠道零售协调一体化的框架

全渠道零售协调一体化的框架可以从前台、中台、后台三个维度来阐述。

（一）前台：重构"人、货、场"

第一，人：消费者画像。传统零售条件下，对消费者画像是一件非常困难的事情，各种调研只能完成模糊的画像，而在数据处理技术（Data Technology，DT）条件下，商家可以对消费者进行更清晰的画像，对其性别、年龄、收入、特征都可以进行画像，直至完成全息清晰的画像，对品牌商而言，消费者的形象跃然纸上。

第二，货：消费者需求过渡到"商品＋服务＋内容"。消费者的需求从单纯的"商品＋服务"，过渡到"商品＋服务＋内容＋其他"，消费者不光关心商品的性价比、功能、耐用性、零售服务等指标，更关心商品的个性化专业功能，以及商品背后的社交体验、价值认同和参与感，甚至在服务方面，基于数字技术的定向折扣、个性化服务、无缝融合的不同场景，都将给消费者带来全新的体验。

第三，场：消费场景无处不在。全渠道零售协调一体化将带来"无处不在"的消费场景，无论百货公司、购物中心、大卖场、便利店，还是线上的网店、各种文娱活动、直播活动，都将成为消费的绝佳场景，这其中，各种移动设备、智能终端、VR 设备等将发挥重要的作用。

第四，全渠道零售协调一体化中人、货、场的重构。在传统零售条件下，品牌商按照经验进行供货；线上线下割裂；对消费者的画像是模糊的。全渠道零售条件下，消费者实现了数字化和网状互联,可以被清晰地辨识;最优供应链+智能制造使企业实现了按需智能供货;无所不在的消费场景实现了人、货、场的重构。

(二)中台:营销、市场、流通链、生产模式变革

第一,全域营销。全渠道零售的营销模式,是以消费者为核心的全域营销:数据打通消费者认知、兴趣、购买、忠诚及分享反馈的全链路;数据可视、可追踪、可优化;为品牌运营提供全方位精细支撑。

第二,新市场。全渠道零售基于数字经济的统一市场,具有全球化、全渗透、全渠道等特征。

第三,新流通链。全渠道零售服务商重塑了高效流通链:新生产服务(数字化生产、数字化转型咨询、智能制造)—新金融服务(供应链新金融)—新供应链综合服务(智能物流、数字化供应链、电商服务商)—新门店经营服务(数字化服务培训、门店数字化陈列)。

第四,新生产模式。全渠道零售真正实现了消费方式逆向牵引生产方式,是一种由C2B催生的高效企业模式,是一种以消费者为中心,个性化的定制模式。全渠道零售通过线上店铺或线下店铺收集"消费者的声音",企业甄别这些信息后反馈到生产链条的不同部门。由于数据的流动,就会产生定向牵引的过程,真正实现由消费方式逆向牵引生产变革。

(三)后台:基础环境、新兴技术赋能发展

第一,基础环境。全渠道零售的基础环境主要包括流量、物流、支付、物业和技术等,它们共同促进了全渠道零售的发展。流量表现为线上网店与线下门店结合为双方均带来新的流量入口,促进线上线下零售结合。物流模式创新(如前置仓)可以有效降低物流成本,也给零售旧有的物流模式带来冲击,为全渠道零售提供更多想象空间。支付表现为移动支付迅速普及与移动支付习惯的养成促进了全渠道零售的发展。技术表现为技术积累赋能全渠道零售的发展,为零售业态演化提供了更多可能性。物业选址表现为与对物业选址要求极高的传统零售业态相比,线上线下结合的全渠道零售模式使得各门店物业选址的灵活度明显提高。

全渠道零售基础环境的提供者主要是各个互联网巨头,它们为全渠道零售的良性可持续发展提供了技术支持和平台建设保证。全渠道零售基础环境的变化会导致某些要素成本下降,许多原有的行业壁垒也不再是壁垒,在提升传统零售的运作效率和产品销售的基础上,也为新业态的孵化提供了新的机会。

第二,VR/AR虚实结合的消费体验。VR即虚拟现实(virtual reality)技术,是通过计算机技术生成一种模拟环境,使用户沉浸到创建出的三维动态实景,并同时通过多种传感器设备提供给用户关于视觉、听觉、触觉等感官的虚拟,让使用者仿佛身临其境一般。我们可以将其理解为一种对现实世界的仿真系统。人们在家里就可以直接"穿越"到商场、购物街、超市、美食店、体验店等任何场景,选择心仪的商品,眨眨眼、动一下手指就可以下单,所见即所得,如亲临购物现场一般,能省下不少精力和时间。VR的全渠道零售应用领域主要有购物、汽车试驾、旅游体验等。

AR即增强现实(augmented reality)技术,是一种全新的人机交互技术,它将真实世界

信息和虚拟世界信息"无缝"进行集成。通过计算机图像技术,将虚拟的信息应用到真实世界,被人类感官所感知,从而达到"增强"现实的感官体验。AR 购物体验能让用户将商品的虚拟形象覆盖到真实世界的环境中,从而看到商品的真实效果。例如在购买家具时,AR 能让用户在购买商品前就感受到其安装到家中的实际效果。

第三,传感器和物联网提升门店消费体验。物联网是指通过传感设备,按约定协议将任何物品通过物联网域名建立连接,进行信息交换和通信,即将互联网络延伸和扩展到任何物品与物品之间。信息传感设备主要包括射频识别(RFD)、红外感应器、定位系统、激光扫描器等。利用物联网和传感设备可以实现以下五项功能:一是自动结账,消费者走出商店时自动结账;二是布局优化,基于店内消费者数据全面分析,以便合理布局店内商品;三是消费者追踪,实时追踪店内消费者行为数据,以改进消费者体验;四是实施个性化促销,根据消费者特点、过往消费记录定向推送;五是库存优化,基于自动货架和库存监控补货。

第四,人工智能贯穿于全渠道零售全过程。人工智能(AI)是用计算机科学对人的意识、思维的信息过程进行模拟的技术。人工智能的三大基石是数据、计算和算法。人工智能能够帮助零售业预测需求、实现自动化操作。国内外大型电商平台均已开始应用人工智能,如在促销、商品分类、配货等环节减少手工操作,自动预测客户订单、优化仓储和物流、设置价格、制订个性化促销手段等。

三、全渠道零售协调一体化的基本模式

线上线下一体化是全渠道零售协调一体化的核心。O2O(Online to Offline)模式为线上线下一体化的主要模式。O2O 是指将线下的商务机会与互联网结合,让互联网成为线下交易的前台。O2O 涵盖的范围非常广泛,只要产业链既可以涉及线上又可以涉及线下,就可通称为 O2O。从用户需求的角度出发,O2O 线上线下一体化模式可以进一步分解为导流类 O2O 模式、体验类 O2O 模式和整合类 O2O 模式。

(一)导流类 O2O 模式

导流类 O2O 模式的核心是流量引导。这也是目前 O2O 模式中最主流的模式。导流类 O2O 模式以门店为核心,O2O 平台主要用来为线下门店导流,提高线下门店的销量。使用该模式的企业旨在利用 O2O 平台吸引更多的新客户到门店消费,建立一套线上和线下的会员互动互通机制。

首先,利用地图导航来导流。地图导航是基于地理位置服务的一种引流方式,主要软件有高德地图、百度地图和腾讯地图等。地图导航产品利用其在 O2O 和基于位置服务方面的优势,提供地图服务和导航服务,并进一步扩展到了餐饮、景点、酒店等的预订服务,并专门开发了独立的手机软件来满足用户需求,帮商家引流。例如,高德地图在用户、流量和渠道等方面的优势明显,消费者通过高德地图可以进行景点门票预订、机票预订、美食查找等。通过手机上的高德购物导航,消费者可以就近找到品牌门店进行消费,再回到网上完成下单支付。线上的卖家也因此可以吸引更多地理位置上与实体店邻近的买家。百度地图集聚了众多 O2O 领域的伙伴,如糯米网等,可基本满足用户的需求,进一步利用用户原创内容和商

家生产内容方式共建基于位置服务的生态圈。

其次,利用手机应用程序入口来导流。门店里放置手机应用程序的标志,鼓励用户关注、下载和登录。手机应用程序有具体门店的优惠信息和优惠券,可吸引用户到店消费。该模式适用于品牌号召力较强,且以门店体验和服务拉动为主的品牌。例如,优衣库的O2O引流是以强化线下体验为基础的,通过线上互动营销及手机应用程序为线下导流,并注重线下向线上回流,从而形成良性循环。应用优衣库的手机应用程序可以查找最近门店的信息、电话号码、营业时间及在售产品等实时信息,消费者可以在手机应用程序上直接下单;此外,为线下门店提供位置指导,线下门店通过手机应用程序可以了解下单的客户在哪里。优衣库也积极强化线下门店体验,并以促销或发放优惠券的形式向客户推荐手机应用程序(扫二维码有优惠,但只能用优衣库手机应用程序才能扫描),实现线下向线上的回流。

(二)体验类O2O模式

体验类O2O模式的核心是使消费者能享受到良好的服务和感受到生活的便利。在网上寻找消费品,然后再到线下门店中体验和消费,是最典型的O2O模式。如钻石小鸟(Zbird)将线上销售与线下体验店相结合。钻石小鸟网上销售的商品包括钻戒、婚戒、配饰等,为满足消费者的需求,2004年钻石小鸟开始采用线上销售与线下体验店结合的营销模式,体验店开张当月商品销量就增加了五倍。其体验店只是网店的一个补充,商品展示还是以网络为主。类似家具这种家居商品,实物给顾客的直观感受很重要。部分网店开设了家居体验馆,顾客在家居体验馆现场体验后,可在实体店购买,也可在网店购买,如宜家家居网上商城和宜家家居线下体验馆即是这种模式。

(三)整合类O2O模式

整合类O2O模式的核心是全渠道的业务整合,即线上、线下全渠道的业务整合。

首先,先线上后线下。所谓先线上后线下,就是企业先搭建一个线上平台,再以这个平台为依托和入口,将线下商业流导入线上进行营销和交易,同时,用户又可到线下门店享受相应的服务体验。这个线上平台是O2O运转的基础,应具有强大的资源流转化能力和促使其线上线下互动的能力。在现实中,很多本土生活服务性的企业都采用了这种模式。例如,腾讯凭借其积累的流量资源和转化能力构建的O2O平台生态系统即采用了这种模式。

其次,先线下后线上。所谓先线下后线上,就是指企业先搭建起线下平台,以这个平台为依托进行线下营销,让用户享受相应的服务体验,同时将线下商业流导入线上平台,在线上进行交易,以此促使线上线下互动并形成闭环。在这种O2O模式中,企业需自建两个平台,即线下实体平台和线上互联网平台。其基本结构是:先开实体店铺,后自建网店,再实现线下实体店铺与线上网络商城的同步运行。在现实中,采用这种O2O模式的实体化企业居多,苏宁云商构建的O2O平台即采用了这种模式。

四、O2O与全渠道零售

线上与线下融合(O2O,Online to Offline)是全渠道零售的必要条件之一,全渠道零售是O2O模式的进化。全渠道零售不只是两种渠道的融合,而是全渠道融通,实现商品、会员、交易、营销等数据的共融互通,为顾客提供跨渠道、无缝式体验。通常把全渠道融通总结为"六通",即商品通、会员通、服务通、数据通、分销通、区域通。

(一)商品通、会员通、服务通

商品通意味着线下零售和线上零售高度融合,全渠道零售的商品更多在于线上线下同步销售的能力。线上线下库存无缝打通,支持线上下单、线下提货,提升顾客转化率和库存周转率。全渠道零售的发展,在于其强大的商品销售能力,需要强化商品的价格同步、库存同步、促销同步等,这样,线上线下的商品销售才能并驾齐驱。

会员通指线上线下账号融合。商家利用线上快速和精准获取的大量会员信息,然后通过CRM(客户关系管理)系统解决方案,打通会员数据,让消费者体验到线下和线上完全一致的无缝式会员权益和服务(如线上线下积分通用等)。甚至通过数据分析,提供更加有针对性的服务,从而提高消费者对品牌的黏着度和忠诚度。

服务通指线上服务和线下服务的通达。随着国内商业的发展,多数企业已经从单纯的商品销售过渡到了"商品+服务"并重的时代,服务的通达包括售前、售中、售后的服务通。门店与线上导购融合(售前);锁定消费者,方便社群服务(售中);退换货服务,线上线下皆可办理(售后)。服务通是全渠道零售运作的核心环节之一,服务通强化了线上终端和线下终端的互联互通,充分发挥了各自价值。

(二)数据通、分销通、区域通

数据通不仅依赖于系统内数据中心、会员数据管理等技术模块的落地实现,更加依赖于线下实体店的场景对接、活动核销对接和用户数据同步等。数据通是全渠道零售的"情报站",海量的数据汇总是全渠道发展的巨大推动力之一。

分销通既让用户有产品消费的愉悦感,又可以获得一定的积分奖励或佣金收益,其让用户乐于去传播,也乐于去分销。全渠道零售中,用户不仅是消费者,也可以成为分销商,他们既消费产品,又分享产品。全渠道零售的分销通强调的是意见领袖、分享达人等群体的影响力,其影响力可以帮助商家提升销售额,也提升用户的价值。

区域通就是要立足于区域服务,强化区域的扶植,精耕区域以挖掘服务互通、终端互联等价值。区域通的价值就在于强化区域的互联互通,让用户真正发挥自己的口碑效应,让分销商拥有自己的社群影响力,让各区域终端能相互配合,创造更多价值。

专栏　全渠道零售案例

一、孩子王公司简介

孩子王儿童用品股份有限公司(以下简称孩子王)从2009年成立的第1家门店到2019年的365家门店,10年间平均每10天开出1家新店。截至目前,孩子王已进驻16个省、3个直辖市、151个城市,覆盖全国70%人口达到50万人以上的城市。孩子王全渠道用户产值,是纯线下母婴渠道用户产值的4倍,是纯线上母婴渠道用户产值的 7 倍。孩子王以全渠道发展战略为核心,通过官方 APP、微购商城、B2C 商城、全球购及实体门店渠道,为消费者提供随时、随地、实名、贴切的全渠道服务。基于强大的用户管理体系和完善的数据管理系统,消费者的需求变得可识别、可洞察、可触达、可服务。用数据做载体,不仅能反向为产品研发提供创新灵感,也可为产品的零售推广提供丰富且精准的营销指引。

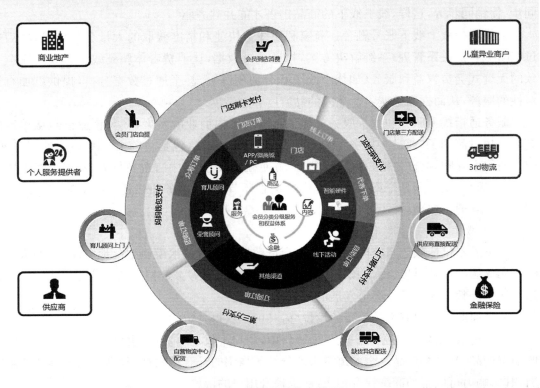

图 3-2 孩子王的业务模型

从孩子王业务的模型可以看出,它会做很多门店的线下活动,让门店成为一个体验中心,在线上还有育儿顾问服务销售者,有 APP、微商城还有各种渠道,保证消费者随时随地买到想要的东西,同时育儿顾问还提供上门送货服务。在目前产品极大丰富的时代,消费者掌握了消费主权,作为企业只有更好地服务消费者,才能够取得竞争的胜利。

孩子王秉承一切以客户为中心的理念。围绕客户进行价值配置:价值链由哪些构成?哪项业务会创造最大的价值?商品数字化、互动数字化、员工数字化、用户数字化都围绕客户进行组织配置。在孩子王总部,颇具创意地将职能部门划分为:顾客研究部、顾客支持部和顾客经营部。围绕客户进行资源配置:给最接近客户的人赋能,孩子王所有员工都有一个称为人客合一的工具。通过它,员工可看到所管理顾客的购买情况,并得到大数据推送的一些分析。围绕客户设计业务逻辑:客户全生命周期完全围绕着客户进行设计。孕早期、孕中期、孕晚期、0—6月、7—12月、1—2岁、2—3岁、4—6岁、7—14岁。围绕客户进行利益激励。为客户创造价值的人获得最大利益,育儿顾问是会员的直接管理者、服务者,其业绩指标奖金收入等与服务会员数量、活跃度、消费额等直接挂钩。

二、孩子王公司的系统整体架构

孩子王的系统为基于SAP HANA的SAP CRM和Hybris全渠道业务平台的组合。Hybris全渠道业务平台能够帮助零售企业搭建全渠道业务中台,整合端到端业务流程,使企业在不同渠道都能获取统一客户视图、统一库存视图、统一商品视图、统一订单视图,支撑消费者营销与服务管理、商品运营与订单管理、整合供应链、门店与渠道拓展等各个业务环节。基于Hybris全渠道业务平台打造的电子商务前台,可帮助零售企业构建适应移动互联网环境下的多平台消费者交互渠道。与此同时,基于SAP HANA的SAP CRM解决方案具备内存计算分析、预测分析和精准营销等强大功能,可帮助企业充分利用完整、实时的客户洞察,提高会员管理、销售、服务和营销工作成效,在多个渠道上为消费者带来卓越的个性化体验。

第一,前台:满足用户全场景需求

前台包括POS产品,诸如移动POS、双屏POS、POS办会员卡、PADPOS等。社区:意见领袖和孩子王育儿顾问、合作伙伴为主体的用户进行精神消费的一个场所。身边本地生活圈:以孩子王会员为中心的七八千米范围内的为家庭提供基于地理位置的本地生活服务平台。人客合一工具:它能够支持客户服务、促销、下单、在线客服、知识库等。线上商城:新的购物体验平台如APP、WX、官网等,为客户拓展更宽的购物渠道。合作伙伴平台:准备把库存、销量、商品整套东西放到这个平台,让联营商家、供应商等外部合作伙伴能实时数据查询、库存管理等。金融理财:以保险和理财为核心的、以中国新家庭宝宝诞生后的保险和理财需求为重点的、针对性深度定制的产品。

第二,中台:资源数据化、电子化

中台又可以分为商品、商品池、用户、订单、库存、触达、支付、账户系统、积分系统、领券、发券、促销、红包等这些系统的研发,中台的宗旨就是把整个孩子王的资源线上化或电子化。中台整个系统都是服务化的,就是我们常说的分布式互联网架构,每个系统都是解耦的。在业务结构上,孩子王所有系统的设计都遵循了大平台的原则。所谓大平台,就是对所有东西的描述必须考虑足够的盈余和扩展。

第三,后台:梳理、打通订单交互环节

首先,订单调度的系统,涉及仓库管理系统、触控管理系统、客服系统、售后系统、发票管理系统,还有诸多运营工具,比如比价、跟价、活动管理工具等。其次,数据分析平台，孩子王有一个 API 对接的平台，在后续与商家对接时，会通过这个地方提供标准的 API 给他们。

三、孩子王公司的精准营销

孩子王通过大数据分析，精准有效地向会员推送满足其所处阶段需求的、包含类别及数量等内容的产品信息，并推送相适合的互动活动，以更好地满足不同年龄段会员对商品、服务、互动等多样化与个性化的需求，做到预见性、创造性地满足会员需求，从而提高单客价值。公司还研发了 RFM 模型，对不同类型会员进行价值分类，从而开展精准营销。

通过对大数据进行分析能够更好地了解消费者，掌握消费者的需求，提炼消费者的需求，甚至是预判消费者的需求，这样的大数据才是有作用的。如果不对大数据进行分析的话，那它只是一块矿石，只有进行开采冶炼，才能产生价值。目前，孩子王已收录用户画像标签 221 个。大数据团队对会员打标签，包括消费额度、模拟的感性标签，比如是不是疑似二胎，宝宝多大，是不是时尚辣妈型。经过分析掌握了很多用户画像的标签：常规的 68 个、消费相关 112 个、消费习惯偏好 41 个。

具体营销策略：首先，基于大数据的情景化推送。孩子王利用大数据技术，结合业务特点、会员特征，开展精准营销。公司积极收集、整理、挖掘会员标签、消费记录等数据资料，预测会员需求，精准推送相关商品与服务，促进会员消费。公司通过商城、APP 等多渠道收集、分析会员消费行为数据，向供应商反馈顾客消费行为偏好、趋势，实现上游供应链的反向定制，向会员提供整体需求解决方案。其次，基于大数据，提供千人千面服务。数据是相通的，用户是相通的，服务是随时在线的。顾客进入门店，她的专属顾问就能及时知悉；顾客在门店扫码商品，可进一步了解详细信息；顾客在门店进行了消费，会收到提醒，在 APP 上对商品和服务进行评价。

（资料来源：https://www.sohu.com/a/446655677100258568）。

本章小结

全渠道零售是近几年随着信息技术发展与消费者行为的改变而出现的全新概念，是零售业经历了单渠道、多渠道、跨渠道等多个阶段而形成的一种新的零售业态。生产方式变革、交通与通信技术变革以及顾客购物行为的改变共同促进了全零售时代的到来。与传统零售比较，全渠道零售在资金流、信息流和顾客流等零售本质上保持不变，但具体的表现形式则发生了巨大变化，为应对这种变化，全渠道零售企业需要制定新的运营策略。其中最重要的几点策略包括以顾客为中心、线上线下以及移动等多渠道深度融合等，构建高效的零售前台、中台和后台。

关键词

全渠道零售、多渠道零售、跨渠道零售、零售本质、全渠道零售成因、全渠道零售经营理念、全渠道零售协调一体化

思考题

1. 全渠道零售概念的含义是什么？
2. 全渠道零售经过了哪几个发展阶段？
3. 决定全渠道零售发展的基本条件有哪些？
4. 与传统零售比较，全渠道零售有哪些相同点和不同点？
5. 全渠道零售的经营理念是什么？
6. 全渠道零售协调一体化有哪些具体措施？

参考文献

[1] Rigby D. The Future of Shopping[J]. Harvard Business Review，2011(12)：64-75.

[2] 达雷尔·里格比. 购物的未来[J]. 商业评论，2012(1)：73-85.

[3] 廖斌. 打通泛渠道零售[J]. IT经理世界，2012(21)：135-136.

[4] 王小燕. 梅西百货：多渠道融合的力量[J]. 富基商业评论，2012(1)：56-59.

[5] 沙烨. Convergys助运营商提供全渠道统一客户体验[J]. 通讯世界，2009(6)：68.

[6] 任占闯. 济南联通公司全渠道整合策略研究[D]. 山东大学，2009.

[7] 李飞. 分销渠道设计与管理[M]. 北京：清华大学出版社，2003.

[8] 菲利普·科特勒，凯文·凯勒. 营销管理[M]. 王永贵等译. 上海：格致出版社，2012.

[9] 李飞. 迎接中国多渠道零售革命风暴[J]. 北京工商大学学报：社会科学版，2012(3)：1-9.

[10] Burdin T. Omni-channel Retailing：the Brick，Click and Mobile Revolution[EB/OL]. http：//www.cegid.com/retail，2013-01-05.

[11] 迈尔-舍恩伯格，库克耶. 大数据时代生活、工作与思维的大变革[M]. 周涛译. 杭州：浙江人民出版社，2013.

[12] 珊娜·杜巴瑞. 全渠道购物者崛起[N]. 中华合作时报，2012-08-24.

[13] 欧赛斯. 全渠道零售和多渠道零售的区别具体在哪里？[EB/OL]. https：//www.zhihu.com/question/24480205/answer/1694103734.

[14] 李飞. 全渠道零售的含义、成因及对策——再论迎接中国多渠道零售革命风暴[J]. 北京工商大学学报(社会科学版)，2013，28(2)：1-11.

[15] 白东蕊,岳云康,成保梅,熊亚洲.电子商务概论(第4版)[M].北京:人民邮电出版社,2019.

[16] 营销策划人.品牌全渠道&OAO模式分析[EB/OL]https://www.sohu.com/a/446179842_120163343,2021-01-22.

[17] 何支涛.品牌全渠道&OAO机制的实战落地[EB/OL]https://www.sohu.com/a/446655677_100258568,2021-01-25.

[18] 齐永智、张梦霞.全渠道零售:演化、过程与实施[J].中国流通经济,2014(12).

第四章 零售需求链管理

学习要点

- 需求链管理概念
- 市场营销、供应链管理与需求链管理的区别与联系
- 消费者需求在需求链管理中的核心作用
- 消费者需求管理的含义
- 全渠道零售与需求链管理的联系
- 需求链管理的组织基础

传统供应链管理中的供应商、厂商、零售商、消费者是分离的,企业间并没有建立一种深度联系,这也带来了双重后果:一方面,零售企业对于商品的管理、选择、预测、补给、促销的过程倚靠自身精细化运营逐步探索,这就容易造成采购预测不准,从而积压库存、占用流动资金;另一方面,随着消费升级、新零售崛起,这种传统供应链无法适应消费者日益个性化的需求。而需求链管理思想更加强调消费者导向,把感知顾客需求和商品的分析研究作为管理起点,并且把供应链各个职能环节如库存、生产、采购、物流等与零售终端有机地串联在一起,形成了一个从需求开始到中间生产再到最后配送的一个流程闭环和数据闭环。在消费升级大环境下,传统零售企业的供应链优势逐渐被削弱,以满足顾客需求为导向的需求链管理正在加速重构。

第一节 需求链管理概论

一、需求链管理概念

最近十年,基于市场营销和供应链管理的整合,涌现出了一些新的管理实践和管理理

论,例如快速反应、敏捷供应链管理、需求链管理等。这些管理理论的基本观点是通过缩短供应链的响应时间,增加供应链的灵活性或者提供差异化消费者服务,填补了市场营销和供应链管理之间的"鸿沟"。其中,需求链管理是基于供应链管理思想,但更能适应以消费者为中心的新消费背景下快速变化的顾客需求而进行的管理创新。需求链管理强调企业的需求管理能够适应供应链活动中的环境不确定性、动态定价、品类管理和动态库存等。需求链管理的目标是摆脱同质化竞争,创造可持续的竞争优势。因此,以客户为中心的需求链管理被公认为是过去二十年以来最有价值的商业模式之一。

需求链就是以市场需求、顾客需求为本质基础,把感知顾客需求和商品的分析研究作为管理起点,形成与之相应的商品结构,并且把供应链各个职能环节如库存、生产、采购、物流等与前端需求和商品管理有机地串联在一起,形成了一个从需求开始,到中间生产,再到最后配送的流程闭环和数据闭环,并且坚持整个系统的实时动态化,以实时满足瞬息万变的顾客需求。供应链管理是以实现采购、制造和分销效率为目标,是从"工厂向外"设计的推动式供应链,而不是从"消费者向后"设计的拉动式供应链。需求链管理是通过市场感知获取相关需求信息,并通过多种业务决策实现感知到的需求。也有学者认为需求链管理的核心是界定和理解消费需求,并对其作出迅速反应。需求链管理是在供应链管理基础上,将市场营销和供应链管理能力相结合,将消费者需求转换为能让供应商采取行动的决策制定过程。需求链管理是一种根据当前和未来消费者的期望以及市场特征,通过优化业务流程来满足这些需求的一系列管理策略。

需求链管理的主要目的是结合营销和供应链管理的优势在市场中创造价值。从消费者需求开始,设计供应链去满足这些需求,从而建立了需求创造(市场营销)和需求实现(供应链管理)的连接。总的来说,需求链不仅仅是需求驱动,而是"需求感知+商品管理+供应链管理"的深度融合。因此,本章提出的需求链管理的定义是:以市场需求、消费者需求为基础,把消费者需求感知和分析作为管理起点,整合供应和需求管理,实现对需求感知、商品研发、供应链管理等活动的集成,以形成一个从需求开始,到中间生产、配送,最后到消费者购买的闭环型流程,并且确保整个需求链管理系统的实时动态化,以即时满足瞬息万变的消费者需求,最终实现企业整体层面的响应市场需求变化的能力的持续提升(如图4-1)。

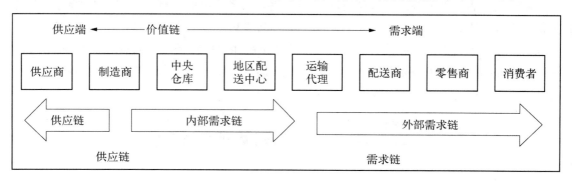

图4-1 需求链管理与供应链管理关系图

资料来源:Agrawal D. K., Agrawal D. P., Deshmukh S. G. Beyond Supply Chain:A Demand Chain Perspective for Superior Market Responsiveness[J]. Metamorphosis, 2006, 5(1):31-48.

二、需求链管理理念

需求链管理能够调动企业各个部门参与消费者需求管理,制定出统一、唯一且具有前瞻性的战略规划,实现资源的优化配置与消费者需求的快速响应等目标。首先,需求链管理是一项系统工程,是由许多供需子系统组成的超级系统,这些子系统包括需求规划、库存规划、财务规划及供应规划。其次,需求链管理能够调动所有部门,为了快速响应消费者需求,进行有效的供需集成,销售部门、企划部门、研发部门、供应链管理部门、财务部门,尤其是高层管理团队必须全部参与进来,否则,需求链管理的战略性目标是无法达成的。最后,需求链管理有助于制定出统一且具有前瞻性的计划并做出决策。

需求链管理与企业的销售计划、运营计划的差异表现在三个方面:

第一,销售计划、运营计划关注的是战术性层面。其关注的是短期内供需关系的平衡,通过供应链的调整以应对计划外的市场需求,时常处于"救火"的状态,各个部门争吵不断。企业疲于应对各种供不应求与供过于求的局面,无法感知消费者的真实需求以及市场未来的发展机遇。

第二,销售计划、运营计划的制定一般隶属于供应链管理等职能相关部门。大部分企业中,销售部门、市场部门、研发部门等并没有参与销售与运营计划的执行,这也是供应链管理职能部门面临的窘境。一方面是库存居高不下,成本飞速增加;另一方面是畅销品缺货,消费者大量流失,出现严重的供需不匹配。

第三,销售计划、运营计划是需求链管理系统的子系统。企业必须从系统管理的视角重新审视两者之间的关系,销售计划和运营计划是需求链管理系统的组成元素,必须与财务规划、供应规划等活动建立有效连接,才能够实现需求链管理系统的功能,实现资源的优化配置,建立有效的供需匹配。

需求链管理本质上是一个持续的供需匹配的过程,也是一个动态调整的过程。根据需求预测、企业内外部环境的变化适时调整需求计划、供应计划等,并将此调整计划与企业所有成员共享,让每一位员工知道达成目标的每一步应该怎么做。此外,需求链管理还必须具备人才、流程和工具三个要素。首先,人才方面,传统的供应链管理中,企业以其规模获取领导地位,而需求链管理的竞争优势则依靠对需求信息和知识的连续性学习积累以及企业自身的创新能力,人才就显得格外重要,必须注重外部专业人才引进、内部管理人才培养,并为人才成长营造公开透明、团结协作的工作氛围;其次,流程方面,必须借助数字化技术,实现各个环节的无缝有效衔接;再次,工具方面,必须借助信息技术工具,在对的时间将对的信息传递给对的人,实现信息的即时化共享。

第二节 需求链管理的动力

以消费者为中心的需求链管理需要有效消除企业价值链中所有的冗余环节,并借助有效的需求管理实现整个链条的资源整合和优化配置，提升供应链的运营效率与交付效率。由此可以看到，需求链管理的动力来源就是消费者需求。

一、消费者需求特征

新零售时代的消费者需求特征体现在以下三个方面。

第一，消费者追求品牌的自我表达。新零售时代消费者的消费观发生了很大的变化，逐步趋向心态年轻化，而在心态趋于年轻化的消费者群体当中，一些零售企业的品牌知名度已经逐渐下降。新零售时代消费者需要足够独特的品牌，大品牌已经不足以成为让产品大卖的保证，这给精品小品牌突围带来了机会。这促使企业必须以消费者为核心，围绕消费者需求做文章，通过多触点、多渠道与消费者持续互动，感知并把握消费者的生活方式、消费习惯及潜在需求，实现对消费者需求的可识别、可到达、可交互。

第二，消费者追求更高的生活品质。新零售时代消费者愿意为真正好的产品买单，可以接受更高的溢价。随着消费者对产品期待的潜在变化，单一的产品以及服务不能完全满足消费者对自我价值的认可，只有将产品和服务真真切切地融入消费者的生活中去，从而满足消费者在精神层面对品牌的认可，这样才会引起目标消费群体情感的共鸣。在过去的零售业中，销售是从消费者进入门店开始，到商品成交为止。在新零售模式下，当商品完成第一次交易，品牌和消费者的连接才刚刚开始。消费者渴望更多定制化产品和服务，而有时则是寻求满足特定使用要求的服务，例如短期租用商品或短期试用。品牌商可以通过试水性创新的服务模式，同时提供个性化定制能力，让自己从众多竞争对手当中脱颖而出。

第三，消费者追求自我时间价值。新零售时代消费者愿意花钱买时间，把自己从无聊、重复的事情中解脱出来，投身于自己的业余爱好和热爱的活动。他们从对"货"的注重转化为对提供专业化商品服务的追求，且商品需要可见，库存需要可见。消费者个性化、专业化的诉求将驱动更多的垂直领域细分需求持续涌现，而将"商品＋服务"的高度融合则是实现消费者价值最大化的最好选择。此外，企业需要打造线上线下融合的购物场景，通过营销手段实现线上、移动、线下实体店互通互联，最终形成消费者与渠道或品牌、以及消费者之间的互动，通过差异化经营为消费者打造极致的消费体验。同时，构建"圈"，即优化供应链，协同创造价值，形成"商业共享经济"的形态。通过零售商之间的普遍合作实现优势互补和资源共享，从而打造和谐、共赢的商业生态，以及时响应消费者需求。

二、消费者价值维度

消费者价值是指消费者对于企业提供的所有产出物，包括产品、服务和其他无形资产的感知以及从消费中获得的一系列利益。也有观点认为，消费者价值是顾客期望从某一特定产品或服务中获得一组利益与花费的总成本之间的差额，其中期望价值包括产品价值、人员价值、服务价值与形象价值四个方面，花费的总成本包括经济成本、精力成本、心理成本与时间成本四个方面。感知价值又可以划分为获取价值、交易价值、使用价值与赎回价值四种类型。在零售领域，消费者价值可以划分为情感价值、功能价值（价格/经济价值）、功能价值

(结果/质量)和社会价值的四种维度。在新零售时代,消费者价值可以体现在以下三个方面:供应与需求的一致性、供需匹配以及价格与品牌策略。

(一)供应与需求的一致性

新零售时代出现了一些新的消费形态,新人群、新品牌、新场景和新运营展现出全新的消费形态,这些新消费形态体现的是消费者认知、需求和决策特征的变化。消费者越来越愿意为内容、信任与主张买单,以电竞圈、国风圈、二次元圈和硬核科技圈为代表的圈层消费者拥有不俗的消费能力。因此,企业需要围绕消费者需求变化培育提供消费者所需产品的能力,并实现快速有效的供需匹配。

1. 提供消费者所需产品的能力

消费者的需求往往是多方面的、不确定的,需要我们去分析和引导,很少有消费者(尤其是快速消费品的购买者)对所要购买的产品有非常精确的描述。也就是说,当一位消费者站在我们的面前时,他对我们的产品表现出极大的兴趣,但仍然不知道自己将要购买的是什么样的产品。在这种情况下,企业需要增强与消费者的沟通,并对消费者的需求做出定义。消费者需求定义就是指通过买卖双方的长期沟通,对消费者购买产品的欲望、用途、功能、款式进行逐渐发掘,将消费者心里模糊的认识以精确的方式描述并展示出来的过程。

消费者需求定义需要遵循以下四个基本原则。

第一,全面性原则。对于任何现有的或潜在的消费需求,企业需要定义其几乎所有的需求,包括在工作、生活、学习、娱乐、社交等情境中对于各种产品的需求强度与满足状况,全面了解消费者的需求,而且根据消费者需求,全面分析其生活习惯、消费偏好、购买能力等相关因素,更为重要的是,这种"以全概偏"的分析往往会"迷惑"消费者,表现出企业关心消费者、爱护消费者的经典形象。

第二,突出性原则。时刻不要忘记消费者是企业的"上帝",突出产品和消费者需求的结合点,清晰定义出消费者的需求,要让消费者对企业产品形成独特认知。例如,飞鹤奶粉一直专注于对中国宝宝体质特点及需求的研究,开创多种提升中国宝宝体质的技术、配方与工艺,被贴上了"更适合中国宝宝体质的奶粉"的标签。

第三,深入性原则。企业对消费者需求的挖掘必须深入。如果把消费者需求的定义认为是简单的购买欲望或者是单纯的购买过程,则明显失之偏颇,只有深入了解消费者的生活、工作、交往的各个环节,你才会发现其真正需求。换言之,要对消费者的需求做出清晰的定义,事前工作的深入性是必不可少的。

第四,广泛性原则。对消费者需求定义时,要尽可能多地了解接触消费者的需求状况,并进行对比与关联分析,做到差异化营销。例如,在对购物过程进行分析时就会发现,有的人是给自己买的,有的人不一定是给自己买的,因此需要明确甄别,然后向消费者推送最相关的产品,甚至继续挖掘她为谁购买,例如女性为其男朋友或者丈夫购物,那就继续完善她男朋友或者丈夫的个人信息,这实际上是从商品来挖掘和判断用户需求。

2. 供需匹配

供需匹配不仅包括供给要匹配需求,还包括需求匹配供给,前者是供给创造需求,后者是需求牵引供给,最终实现高水平动态平衡。需求能否牵引供给的关键是企业能否准确预测消费者需求,而供给能否创造需求的关键是企业的供应链的柔性程度。

(1) 消费需求预测。

消费者对品牌产品的要求从"能用"到"好用",再到"更好的体验",还要求与品牌有持续的互动,甚至对品牌产生依赖与情感投入,找到属于自己的意义与认同感。这无疑对企业在消费者洞察和消费者需求预测方面提出了极高的要求。传统消费者需求调研中,通过问卷调研或人工收集反馈等方法的准确率和效率较低,无法及时还原当下快速变化的消费者痛点与市场机遇。但是,海量的电商评论和客服会话,以及社交媒体的舆情讨论,蕴含着大量的需求信息,是企业亟待开发的数据宝库,但往往大多数企业依然停留在人工客服筛选、差评优先回复"灭火"的阶段,消费者反馈的大量意见和建议无法得到科学的分析、整理、归类,并对产品、运营、客服等职能部门的工作提出改进建议。通过数据洞察了解预测消费者行为,并指导产品与服务的创新,提升品牌客户体验,已成为新消费时代品牌的核心竞争力。企业可以通过以下三个方面提升需求预测能力。

第一,借助智能与科学化的需求预测解决方案。在数字时代,通过专业的解决方案来准确预知市场需求已是许多领先企业的首选。通过科学的预测模型和协同、智能的预测和决策流程,能帮助企业从以经验为主的预测模式转变为智能化系统预测。这不仅实现了更精准、高效的需求预测管理,同时建立起以需求为主导的智能化、数字化的供应链管理模式,更能提高业务的效率与效益。

第二,高层支持是关键。即使企业有了系统和流程作为支撑,但更重要的是人的参与,特别是从首席执行官视角下追求的供应链结果是不同的。首席执行官更加注重投资回报率,这就对供应链管理提出了更高的要求。因此如果高层管理者从战略上重视需求预测,将取得事半功倍的效果。

第三,自上而下、中心开发与自下而上相结合开展需求预测。自上而下是根据企业目标与战略规划在区域、商场、商品、年/季/月等要素的最高层面做需求预测,然后根据同比、环比与自定义份额等方法往下分解到品牌、SKU、周/天、配送中心等。其优势在于在较高层次做出的需求预测精度较高,适合用在销售情况比较平稳的商品中;自下而上的方法是从SKU层级的需求预测做起,然后逐渐向上汇聚;而零售行业比较盛行的方法则是中心开花,即在中心层级(如商品品种)开始预测,上可以汇聚到品牌、大类、总公司层面,下可以分化到SKU层面,这样既可以运用高层次预测精确性,又不至于在最底层SKU层面消耗太多时间和精力。

(2) 供应链柔性。

供应链管理柔性是指供应链对于需求变化的敏捷反应的程度,是迅速而经济地应对需求变化的能力。订单处理或环境变化引起的不确定性都可能导致需求变化,这是供应链上的企业与企业之间或者企业与消费者之间的各个节点客观存在的现象。供应链柔性的主要影响因素有原材料与产品供应的可靠性与提前期长短、企业处理订单的流程时间、产品储运输与配送效率、库存成本与周转天数等。供应链柔性一般由缓冲、适应和创新三种能力构成。缓冲能力是供应链以不变应万变,抵御环境变化的一种能力;适应能力是供应链在不改变其基本特征的前提下,通过适当调整以应对环境变化的能力;创新能力是指供应链采用新行为、新举措,影响外部环境和改变内部条件的能力。

如果企业的供应链柔性较好,销售、市场、研发职能部门能与供应链管理团队有充分的沟通,能够准确地预测企业产品/服务的需求数量与品类,提前做好供应链计划;供应商能够提前参与到企业产品的设计与研发中来,可以根据需要灵活调整产能安排,尽可能地缩短生产与运输时间;企业能够快速地将消费者需求转化为采购订单,并通过团队的高效运作,尽可能地提高企业内部的订单流转速度。建立柔性供应链的关键是与供应商建立战略合作伙伴关系,通过信息共享和项目参与,提高供应商快速响应能力。例如,宜家有一套供应改善流程,宜家会和供应商一起去查看供应商目前的状态,分析优劣和强弱的环节,然后和供应商一起去寻找资源与方法,改善劣势或弱项。在整个项目的进行过程中,涉及的生产人员、技术人员、供应链人员等都要参与进来,确保方案的可行性。总之,柔性供应链的有效运营必须具备小批量的高效生产能力、提供丰富多样的产品类型、产能柔性(适应不同级别需求量的产能)与提前期柔性四种能力。

(二)品类选择策略

企业的产品决策,单品类策略和多品类策略哪一种更能实现消费者价值?怎样做才更好?从商业角度看,只要渠道硬、流量足、不差钱,企业可以拓展多个品类,形成品牌生态圈。一般来说,企业有三种品类选择策略。

1. 单品类策略

对于同质化程度较高的中低端市场,单品牌、单品类的战略往往能帮助一个品牌快速地找准定位、切入市场。品牌是什么?是消费者心中某一个品类的代表,是在同品类的万千选择中依旧非你不可。比如,说起咖啡,大家都会想到星巴克,它是单品类经营的佼佼者。星巴克为全球知名的连锁咖啡企业,除售卖精品现制咖啡外,也通过店内和店外销售袋装咖啡豆、咖啡冷热饮料、糕点食品以及咖啡机、咖啡杯等。如果一直遵循快餐模式,星巴克品牌将无法获得作为一个受人尊敬和喜爱的品牌的增长和发展潜力,而成为一个交易性品牌,则会降低其自身价值。于是,星巴克探索咖啡全球文化背后的故事,咖啡在一天的不同时段、不同的社交场合、不同的个人情绪和需求状态中扮演着多种角色,而这些角色都不是通过模仿大量生产的快餐或快餐环境来实现的,喝咖啡的时候体验平静的心情,而不仅仅是解渴。通过揭示咖啡的历史和作用,他们学会了如何建立一个独特的品牌桥梁故事,以触达咖啡消费者。通过这个过程,星巴克在其商业模式和理想的消费者体验之间建立了一座富有弹性的品牌桥梁。实践证明,这些做法效果明显。

2. 多品类一站式策略

所谓一站式策略,就是只要客户有需求,一旦进入某个服务站点,所有的问题都可以解决,没有必要再找第二家。商家为赢得消费者,不断扩大经营规模和商品种类,尽最大努力满足消费者的购物所需而不需东奔西跑。零售商提供充足的货源,消费者在一个商店里就可以买到全部所需的商品。同时还包含了一站式搬运服务、前端打包、运输、还原等,实质就是服务的集成与整合。比如,沃尔玛推行的一站式购物,消费者可以在最短的时间内以最快的速度购齐所有需要的商品,正是这种快捷便利的购物方式吸引了大量消费者。沃尔玛比一般的超市面积略大一些,超市门店平均占地 4 000 多平方米,经营的商品品种齐全,一个家庭所需要的商品在这里都能买到,从服饰、布匹、药品、玩具、各种生活用品、家用电器、珠宝化妆品,到汽车配件、小型游艇等,一应俱全,也称"家庭一次购物"。其全品类一站式策略,使得沃尔玛成为普通家庭在周末的一站式休闲购物场所。

3. 专业店策略

专业店是指以经营某一大类商品为主,并且具备丰富专业知识的销售人员和提供适当售后服务的零售业态。一般选址多样化,多数设在繁华商业区、商店街或百货店、购物中心内;营业面积根据主营商品特点而定;体现专业性、深度性,品种丰富,选择余地大,主营商品占经营商品的 90%;经营的商品、品牌具有自己的特色;采取定价销售和开架面售;从业人员需具备丰富的专业知识。专业店一般有办公用品专业店、玩具专业店、家电专业店、药品专业店、服饰店等各种不同形态。例如,自成立以来,苏宁电器就以经营家用电器为主,围绕市场需求,按照专业化、标准化的原则,形成了旗舰店、社区店、专业店、专门店等 4 大类,18 种形态,其旗舰店已发展到第六代。

(三)品牌与价格策略

第一,从消费者角度,品牌的本质是品牌拥有者的产品、服务等综合的表现超过竞争对手的优势,并能为目标顾客提供相同或高于竞争对手的价值,包括功能性价值与情感性价值。从品牌商角度,品牌是给拥有者带来溢价、产生增值的一种无形的资产,它的载体是用于和其他竞争者的产品或服务相区分的名称、术语、象征、记号或者设计及其组合,增值的源泉来自消费者心智中形成的关于其载体的印象。品牌承载的是一部分人对其产品以及服务的认可,是品牌商与顾客购买行为之间相互磨合并衍生出的产物。

品牌信任度是消费者购买意愿的决定因素之一,表现为两层含义:首先,品牌可靠度与品牌承诺。品牌可靠度是品牌拥有足够的能力去影响消费者的需求,而品牌的能力体现为品牌竞争力、品牌声誉等。一个品牌要拥有自己的市场地位,成为消费者心目中的强势品牌,必须在同行业中有自己的竞争优势。其次,品牌信任是品牌商对消费者的承诺,从品牌的外在形象到内在质量都应表现出对消费者负责的态度,若企业认为可以欺骗顾客,借此破坏对消费者的一贯承诺(如虚假的品质宣传、夸大其词的广告、缺乏诚意的服务等),就会使消费者利益受损,由此带来的后果就是品牌声誉的下降和品牌偏好的转移。因此,品牌作为一种承诺,应建立在企业不会采取投机行为而故意损害消费者的利益的基础上。

第二,价格是商品的交换价值在流通过程中所取得的转化形式。在现代市场经济学中,价格是由供给与需求之间的互相影响、平衡产生的;在古典经济学以及马克思主义经济学中,价格是商品的内在价值的外在体现。事实上,这两种说法辩证地存在,共同在生产活动中起作用。一般来说,在消费水平一定的情况下,市场上某种商品的价格越高,消费者对这种商品的需求量就越小;反之,商品价格越低,消费者对它的需求量也就越大。当市场上这种商品的价格过高时,消费者也就可能做出少买或不买这种商品,或者购买其他商品替代这种商品的决定。因此,价格水平的变动起着改变消费者需求量、需求方向,以及需求结构的作用。"天天低价"是美国沃尔玛首先提出来的促销口号,但已广泛被各商家使用,是指折扣零售业者(例如综合超市)所采取的价格策略,亦即每天都保持较低的价格及毛利来运作,目的是吸引大量客流前来消费。

三、消费者需求管理

供应链管理是基于统计分布假设进行需求管理,比如,某女装销售量服从正态分布;而需求链管理则从产品所处生命周期、零售店铺类型、产品品类、天气状况、促销策略等多个维度进行需求管理,并通过对消费者行为与消费者画像的深入分析,挖掘和塑造潜在的消费者需求,最终设计出合理的需求战略与需求计划。

需求管理是包括数据搜集、需求分析、需求判断、需求预测等活动的集合,而需求管理水平则取决于上述活动链条中各主体信息管理和经验判断能力及其整合的效果。企业需要连续不断地通过"跟踪"消费者,对已经发生的需求数据进行统计分析,探究影响消费者需求的因素。在这个过程中各个部门的紧密配合和信息的共享至关重要,如一线零售人员的经验判断、终端 POS 的销售信息、市场营销部门的促销信息、研发部门的新品规划等。需求管理部门需要集成所有的信息并对其进行处理和分配,并设计有助于部门协同的关键绩效指标。

需求管理既是需求链管理的目的,也是需求链管理的途径。通过有计划的市场营销和销售活动的集成,需求管理能最大限度地提升企业战略计划成功实施的可能性。有效的需求管理可以促进资源的分配和使用,需求预测准确率每提高 2%,能减少 5% 的营运成本,降低 3% 的加急费用,增加 1% 的订单交付率。除此之外,需求管理还可以减少安全库存,降低运费,提高消费者满意度,减少预测误差等。

(一)需求管理的四个要素

第一,影响需求。一般从企业目标愿景开始,在哪里竞争,怎样竞争,竞争成功所需的组织能力(承载组织能力的人员、系统、资源配置等)等,缩小现实情况与目标愿景之间的差距。企业可以先设定假设条件,再依据假设条件决定具体的行动策略,反过来,又为下一次的假设条件提供了信息,以此类推,用假设条件来塑造未来。假设条件一般包括经济和工业增长率等指标、消费者和市场需求数据、竞争对手的活动、组织资源、业绩变化与改善率等。在设定假设条件的过程中,建立数据之间的连接(孤立的数据是无效的),指出每一种假设可能面临的风险与机遇,并制定配套计划来规避风险和利用机会。

设定假设条件还必须匹配相应的供应链管理策略。针对需求不确定性低、可预测性高、产品生命周期长、库存成本低、利润空间低、产品品种少或数量大、缺货成本低等相对稳定的功能性产品,企业可以匹配低成本、高效率的精益供应链管理策略;针对需求不确定性高、预测难度大或需求变化大、产品生命周期短、库存成本高、高利润、多品种、小批量、缺货成本高等环境相对动态的创新型产品,企业可以匹配快速响应的敏捷性供应链管理策略。

第二,计划需求。计划需求需要企业关注不确定性,在不确定性中获得市场机遇。在这一环节,企业需要应对"锚定"陷阱(这也是人类与生俱来的认知偏差,即对于单一特征或者片面信息有偏听偏信的趋势),最初的印象、认知、预测以及信息等会"锚定"我们的思维过程,把一些毫无关联的现象连接起来。对于此,企业必须有意识地规避这种陷阱,要集思广益,从市场信息、产品信息、数据分析、策略和业务计划、销售信息、消费者信息等不同的角度看待与分析问题。

制定需求计划之前,企业必须基于内外部环境,明确需求计划要用来做什么,时间跨度多长,更新计划的频率是多少等,这样才能制定出科学的、合理的、定期更新的需求计划。具体步骤为:历史数据的准备与清理;选择与维护统计预测模型;设定历史数据的统计基线;洞察并纳入消费者与市场信息;考虑促销计划与新产品创新计划的影响;完善预测结果;核实与预算的差距;执行计划;关键绩效指标(KPI)审查并提出改进意见。

统计预测不是解决所有问题的万能药。其实预测非常复杂,统计数据有帮助,但是不是唯一有帮助的东西,预测也是一个漫长的过程。预测方法包含定量与定性两种类型,其中,定性预测方法主要有德尔菲方法、类推与市场调研方法等;定量预测方法主要为时间序列预测模型与因果模型。定量预测的主要组成部分为基线、趋势、季节性模式、循环模式与随机误差。在做定量预测的时候,历史数据清理是一个必不可少的步骤。

第三,沟通需求。沟通需求贯彻于需求管理的全过程。目标、计划和预测是三个截然不同的事情,企业在需求管理的过程中必须正视差距,并通过需求会议及时沟通需求,修正行动,让计划趋于完善。需求会议一般需要销售或市场营销主管,或需求计划经理组织,供应链管理、财务、售后服务、研发等部门都需要深度参与,基于市场假设、历史数据、统计预测、市场预测、销售计划、促销计划及新产品变化等,各部门深入沟通交流,达成一致的需求计划。

需求沟通的过程中,企业需要重点关注需求管理过程中的重大变化、风险与机遇,以及与目标的差距。比如沟通中的典型问题有:上次审查后有哪些变化?为什么要改变?需要哪些行动来应对这种变化?产品结构是否已经改变或者正在改变?对此我们是否需要调整经营方针?计划是否与之前确定的或者前期计划有明显的不同?是否已经表现出了差异?我们应该如何利用当下的机会和降低风险?相较于商业/战略规划,是否做足了行动来缩小差距?确定怎样的供应以满足计划?

需求管理经理需要通过对需求团队(销售和市场营销)数据的收集和评价,协调每月的需求计划流程;与财务、产品管理和研发等部门建立沟通渠道,对于每天的问题与供应链管理部门建立联系;领导需求会议流程,推动需求计划的发展;监控计划的实际表现并且进行适当的沟通或干预;对于计划外需求的管理拟定解决方案;与销售、售后服务和供应计划进行紧密联系以保证计划处于受控制状态;对于业绩评估以及流程评估的改进,要给予重点关注与维护等。

第四,需求优先级划分。企业需要在控制需求适应供应与调整供应满足需求之间寻找平衡,通过需求控制、需求计划、订单交付等与供应链协同企业对消费者需求进行引导。虽然前面制定了详细、科学的需求计划,但还是有一部分需求会发生在计划以外。为保持和销售的一致,供应链必须首先增加产出以满足促销销量,之后再降低产出,以减少供应链中的牛鞭效应。针对计划外需求,企业需要设定需求容差,在不牺牲产品质量和服务水平的前提下可以供应多少,当发货不能满足订单要求时,需进行优先级划分,并寻找企业重新夺回市场份额的方法,通过需求与供应的紧密的合作与协同,提高需求链管理效率。

(二)需求预测的十个准则

第一,预测几乎总是错的。预测只是对将来的可能性估计,情况和想法会随着时间的推移而发生变化,如牛鞭效应。所以,无论企业使用多少数据、统计分析和人工干预,预测误差在某种程度上是不可避免的。预测准确度受预测模式的性质影响更大,而不是由预测方法所唯一决定的。如果预测误差的增长超出可接受范围,需要修正与改善预测流程。

第二,品类比品项更加准确。产品族群越大,预测的准确度越高,该品类内的低准确性品项会被高准确度品项所抵消。例如,比起预测可乐的销售额,预测碳酸饮料的准确性会更高。此外,品项配比的总和一定要等于品类。

第三,只做必要的预测。只预测独立需求,并在此基础上计算相关需求。对于可预测性强、供应相对稳定的推拉边界点以内的品项进行预测,并通过缩短供应周期、提高供应链灵活性、快速采购、生产和运输来削弱对品项预测的误差。

第四,近期预测比远期预测更准。越早预测,越不可知,计划变化的可能性越大。需要定期复查需求计划,不断更新预测结果。市场与消费者需求变化得越快,复查和更新需求计划的频率就要越高。

第五,一个预测,多种视角。企业需要提倡各部门停止各自为政,进行深度合作,共同协商达成确定、唯一、清晰的需求计划,各部门各取所需。如果未来需求和供应计划不平衡,那么,实际的需求和供应也将无法平衡。

第六,好的排产、生产、采购流程有助于产生好的预测。有效的跨部门沟通,库存记录和物料清单的准确度,以及主生产计划的稳定性等可以保证订单交付的稳定性。生产线、库存规划、物流规划与采购规划,这些越与市场或产品规划一致,越能够缩短备货周期,提高对市场的响应程度。

第七,偏差是最差预测错误,争取零偏差。预测偏差往往会导致订单交付不及时、消费者抱怨、非计划的紧急加班、产能过剩、库存过剩等结果。其实,偏差是一种有意义的错误预测,预测偏差多是由预测流程之外的因素造成的。通常企业的激励机制和个人利益是造成偏差的主要原因。企业需要量化偏差,并采取纠正偏差的行为。

第八,设定适当的预测目标。预测目标必须基于需求的可预测性而定。合理的目标是为了不断减少预测的随机波动幅度,并持续改进需求管理流程。过低的目标只会产生差的业绩;不切实际的高目标则会挫伤预测团队士气,滋生欺骗行为。此外,也不要过分追求不切实际的准确率目标,否则只能造成公司资源的浪费,毫无价值可言。

第九,流程好,则预测好。企业需要建立符合自身发展需要的需求管理流程,进行实践,反复重复并不断迭代,探究有效需求管理的规则和方法。

第十,销售或市场对销售预测负责。销售或市场需要组织、计划并执行需求管理流程,关注并管理变化,找出需求计划与实际需求之间的差距,并制定收窄差距的行动方案,周而复始地进行需求管理,为各部门提供确定、唯一和清晰的需求计划。

第三节　全渠道零售需求链管理

高效率的需求链管理是建立在全渠道零售信息化的基础上。全渠道零售可以通过就近发货、就近服务提升客户体验,解决分销商库存压力,控制风险并确保整个分销体系的健康运作,同时也解决电商库存深度问题,提升电商业绩,实现了线上与线下的双赢。因此,需求链管理的支撑是全渠道零售。

企业要想构建全渠道零售,必须打通零售渠道、整合会员资源、盘活货品资源。其核心是以需求为驱动对供应链进行重组。

一、从需求角度整合供应链前端,细分渠道消费者

在互联网时代,渠道的界限日趋模糊,消费者的重要性愈加凸显。以国美为例,为全面协同库存计划、采购计划及供应商的生产计划等,在分销海尔家电产品时,同时对线上与线下门店的海尔忠实消费者信息进行了整合与细分。这对于国美确立消费者需求驱动战略具有重要意义:一方面,有利于挖掘潜在消费者;另一方面,可以更好地维系与现有消费者的关系。在与消费者互动的过程中,更好地了解消费者需求,并以此来进行相关品类的拓展。从国美电商用户群体属性来看,大部分为家庭用户,具有较高的购买力。这也决定了国美电商在品类拓展过程中,需要把大家电的供应链优势复制到关联性更大的周围相关品类,例如家居家纺、汽车用品、黄金等。从国美电商目前的品类结构来看,这些具有供应链优势的关联品类的销售占比显然要更高。

二、细分品类,整合供应链运营

不管是电商还是传统零售,成功的品牌和平台本质上是以细分品类为核心进行的驱动,全渠道模式下供应链运营整合的核心在品类。国际供应链研究机构指出,未来的供应链是以品类为核心进行细分,拆分到多个单元组,最终实现扁平化驱动的供应链驱动模式。

三、多渠道库存共享

全渠道的供应链运营体系中,任何一个渠道的信息都能够实现实时、可视的共享。也就是当线上消费者有需求的时候,如果物流中心无库存,某个可调拨区域的末端门店存在库存,末端门店根据订单信息会快速执行订单处理,并进行物流配送。但中国地域辽阔,特别是线下零售的网店,各地的价格差异、物流服务差异、末端门店的管理能力差异、信息系统协同能力、内部绩效的结算问题等都会影响全零售渠道的库存共享效果。

归根究底,对于国内大多数零售商而言,要想在全渠道零售模式下实现库存充分共享,必须依赖于企业线上线下的高度协同能力。强大的信息化系统是整个协同的基础,同时还

需要业务体系的支撑。例如,国美目前拥有全球领先的 ATG 信息化系统作为支撑,并完全打通线下 1 600 多家门店,实现了商品信息协同、商品库存共享。同时还借助海尔、格力等上游产业链的支撑,在全国部分地区推出异地异价,即针对特定区域消费者推出特别的定价机制,只有在特定区域的消费者才可以享受特价优惠。

要想实现全渠道库存的共享,既要依存于渠道商自身,也离不开产业链的支持。在电子商务时代,只有供应链与渠道结合得更加无缝化,才能实现大制造数据与大流通数据的真正共享,进而促进需求链的高效运转。需求链其实是数字化、全渠道与灵活供应链的高效统一(如图 4-2)。

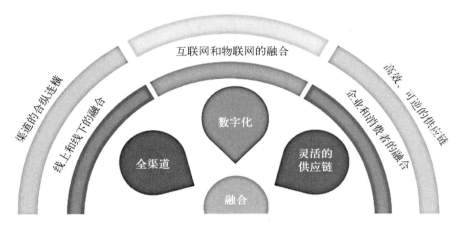

图 4-2　全渠道、数字化、供应链与需求链的关系

第四节　需求链管理的组织基础

新零售背景下的需求链管理需要商品管理、需求管理与供应链管理的深度融合,因此,需要借助产销协同机制来实现数字化;借助协同规划、预测与补货将需求链管理拓展至大数据;借助供应链运作参考中的绩效指标体系,实现各环节的联动和全局优化。此外,还需要建立促进需求链管理有效执行的文化氛围,并积极调动与消费者密切接触的"前线"终端销售人员的积极性和参与感。

一、需求链管理流程

第一,产销协同机制(Sales and Operations Planning,S&OP),是一个综合考虑和平衡市场销售计划、供应能力计划、消费者的需求和财务目标及制约因素而制定的一个具有共识、可执行的流程,尽量使前后端在产品需求与规划上形成一致,提高供应链计划的准确性。经典 S&OP 流程需要涵盖目标、流程和参与者,具体包括产品规划会议、需求计划会议、供应计划会议、S&OP 预会议和 S&OP 决策会议。

第二,协同规划、预测与补货(Collaborative Planning Forecasting and Replenishment,CPFR),最早是1995年由零售业巨头Wal-Mart及其供应商Warner-Lambert等5家公司所推动的开源合作项目,并由北美行业间商业标准化委员会(VICS)建立了CPFR国际标准,颁布了CPFR指导手册。CPFR包括建立合作关系的基本准则和规划、协同完成需求预测及相应的供给计划、执行以及监控与分析计划与执行间的差异,并进行持续改善等环节。企业内部推行订单处理流程化、模块化与信息化改革,尽量压缩订单处理周期,实现高效快速的订单处理,并通过CPFR与供应商建立协同式供应链库存管理。CPFR是一种协同式的供应链库存管理技术,有助于优化库存管理,建立一定的缓冲能力。

第三,供应链运作参考(Supply Chain Operations Reference,SCOR),是指将业务流程再造、绩效对标、最佳实践分析和组织设计有机整合到一起,既能够捕捉现状和设计未来流程、量化供应链绩效,又能识别实现高绩效的最佳实践,并调整员工技能以满足目标。SCOR最早由SCC(国际供应链理事会)提出,是供应链管理领域广泛认可的供应链运作参考模型,用于评估诊断和比较供应链活动和绩效表现。SCOR模型使用一套普遍接受的定义,用于描述简单或复杂的供应链。

二、需求链管理文化氛围

第一,高层管理者支持。需求链管理的发起、参与或支持方一定要包含高层管理者,其实很多失败的供需关系都来源于销售、市场或研发部门的不参与。这就需要动用高层管理者力量,安排相关部门的直属领导投入时间、精力和资源,参与整个需求链管理过程。此外,高层一定要给予一定人力、物力和资源的支撑,克服需求链管理过程遇到的障碍和阻力,助力需求管理过程,实现持续动态的供需匹配。需求管理需要企业高层将需求链模式的实施提升到战略角度,并用其来构建企业的核心竞争力,尤其是核心企业,作为这个链条的"需求领导",必须能够承担对消费者需求进行分析和预测,并将需求信息及时与其他成员共享的责任,核心企业的高层管理者更是需要担负起需求链模式构建、需求链运作流程设计和需求链协调机制规划的指导与督促的职责。

第二,打造学习型组织。需求链管理既是战略层面规划,也是充满各种会议与流程的过程,它是实时变动的,这就需要将企业打造成一个学习型组织,每位成员都要树立正确的学习理念。除了学习需求链管理过程的各个环节,谁负责管理,谁就承担责任,还需要了解和掌握当下的信息技术、消费者需求的变化、同行业的优秀做法、竞争对手的发展策略等。企业只有在持续的学习过程中才能开展有效的需求链管理。

企业要想打造成学习型组织,首先,必须具备感知、获取与分析需求信息的杰出能力,这就要求企业对市场和消费者变化具有非常敏锐的洞察力;其次,需要具备对链条上各个关键节点的协同与运作能力,具备对信息流、物流、资金流等的管理能力。在变化莫测的市场中发现机会,并通过营销与供应链等部门的深入融合,实现从新产品研发到供应的顺畅管理;再次,企业必须打造成一个开放、融合的组织,构建直达消费者需求的"一体型"需求链,将消费者的需求信息实时共享给链条上的各个节点,促使需求链管理做出科学敏捷的管理决策。

第三，企业文化转变。需求链管理过程涉及多个参与方、多个环节，企业首要的任务就是建立彼此之间的信任。每个参与人都必须具备公开透明、齐心协力及跨部门协作的价值观。针对需求链管理过程制定一系列标准化、清晰的业务流程，并通过信息技术的应用打造干净的数据与信息共享平台，提高工作效率，打造物尽其用、人尽其才的需求链管理系统。

此外，企业要提升服务意识。在供应链向需求链转型的过程中，链条上各个节点都需要来自核心企业的需求信息，并在此信息的驱动下进行决策和执行决策，需求信息越真实、传递的速度越快，整个链条就越能够以消费者期望的形式交付产品或服务。企业需要打造轻盈的需求链，通过柔性流程的打造，以更好地应对消费者小批量、多批次和个性化的需求，在提升消费者服务水平的同时，避免缺货损失，进而实现企业利润的提升。

三、需求链管理的人员基础

终端销售人员是需求信息获取的最直接和最好来源，他们对信息搜集、分析和判断是需求链模式实施的现实基础。终端销售人员是企业听得到"炮火"的最前沿"战士"，他们往往对消费者和市场需求的变化有比较深刻的认识和理解，拥有一些独到的看法与判断。企业需要针对一线销售人员设计合理的薪酬与激励制度，并提供需求链管理理论与管理工具和方法使用的培训，让一线销售人员充分认识到其在需求管理过程中的重要性，充分调动其参与需求链管理的使命感和责任感，为需求链管理收集和提供消费者基本信息，以及一些关于服务和产品优化的好的创意和想法。终端销售人员是需求链管理的现实基础。

7-Eleven便利店是需求链管理模式的佼佼者。消费者在便利店购买物品结账时，店员必须按下POS机上的女性或男性、学生、主妇与单身男性等消费者分类按钮后，POS机抽屉才会打开。店员输入的消费者基本信息会存储进终端控制机，并实时汇总到总部，以便更好地进行零售门店品类规划指导。门店搜集的信息不仅体现出商品售卖情况，还可以体现出消费者的大致分布、同类消费者的消费画像、消费者人员的变动等信息。这些信息对一个企业需求链模式的开展往往是至关重要的，甚至是战胜竞争对手的有力法宝。所以，一线销售人员是需求链管理模式成功的现实基础。

专栏 零售企业需求链管理案例

一、引言

2017年中国零售创新峰会上，上海盒马网络科技有限公司（以下简称"盒马"）的"线上线下一体化模式下的多业态新零售平台"荣膺中国CCFA十大创新业态等在内的4个奖项，被业界誉为"线上和线下的双栖生物"。

本案例回顾了盒马鲜生作为新零售的领跑者，围绕"吃"的场景，通过全流程全要素数字化，重构人、货、场这三大零售要素，打造集餐饮、生鲜超市、APP电商和物流于一体的新零售平台，并以买手制为抓手进行需求链转型的过程，展示新零售时代消费升级背后的需求变化、生鲜电商以全数字化为内核的应对思路,并以此向需求链和新零售模式转型的构建流程。2016年侯毅敏锐并独到地选择从生鲜品类进行电商模式突破,逐渐成就了盒马初步探索的成功,成为生鲜电商零售的领跑者。

盒马模式通过构建"线上线下一体化模式下的多业态新零售平台",常被业界誉为需求驱动的"线上和线下的双栖生物"。这份华丽成绩单的背后,生鲜电商的消费市场格局究竟经历了怎样的变化?新零售时代下的生鲜电商新零售模式具有哪些特点?侯毅如何以数字化为内核构建新零售模式并朝需求链转型?盒马模式对传统企业新零售的转型又有哪些启发?

二、消费升级,生鲜电商风云再起

随着消费升级和电商竞争日趋白热化,生鲜电商成为新零售角逐的主要战场之一。2014年,时任京东首席物流规划师和O2O事业部总经理的侯毅,已经觉察到中国网络购物市场正悄然发生一些变化。艾瑞咨询的统计数据显示,2014年中国网络购物交易规模达到2.8万亿元,同比增长47.4%,在社会消费品零售总额中年度渗透率首次突破10%。同时,我国网络购物用户规模达到3.6亿人,在网民中的渗透率为55.7%;移动购物交易规模为9 406.6亿元,在网络购物市场中占比达到33.7%,较2013年提升19.2个百分点。但网购市场的交易规模增速减缓,电商市场正逐渐趋于饱和。

就网购品类而言,据《2014年中国网络购物用户调研报告》显示,服装、鞋帽、箱包、户外用品类(67.9%)、手机话费充值(67.2%)和小家电(53.6%)仍占据网购的主流。而作为日常生活中的刚需,生鲜产品是一个高频消费的品类,仅占32.3%。2014年,我国生鲜市场交易规模达到1.48亿元,但消费者的网购习惯仍处在培养期,生鲜电商的市场渗透率不到2%,用户黏性明显不足。因此,尽管电商竞争白热化加剧,生鲜电商层出不穷,但都昙花一现,发展一直举步维艰。

随着一米鲜、爱鲜蜂、每日优鲜等电商平台相继成立,天猫、1号店等综合性电商平台也开始布局生鲜领域,B2C生鲜电商和社区团购成为当前的主流模式。侯毅对生鲜电商的发展形态有着自己深刻的理解:相较菜市场的脏、乱、差,B2C电商为消费者选购海外精品生鲜水果提供了更多元、便捷的选择。但其获客成本和客户维持成本都很高,在供应链和物流配送等后端能力不强的情况下,配送效率低、成本始终居高不下,"次日达""隔日达"是当时B2C电商的服务常态;由于生鲜产品标准化程度低、泡货和重货多、易腐坏,其对冷链的要求极高,但冷链物流基础设施落后且规模不足,加上生产环节信息不对称,B2C模式很难建立消费者对产品的信赖感和依赖感。尽管社区团购为消费者提供了一种折中的选择,但生鲜品质不稳定,一直为消费者诟病。卡券等团购价格战虽然在初期吸引了大量消费者,但并没有帮助消费者形成高频次的购买习惯,受低标准化程度和低客单价的负面影响,社区团购模式利润微薄。

与此同时,中国消费需求的特征也在发生微妙的变化。随着电商的快速发展和持续渗透,10—40岁的网购消费者占到75%。高品质产品和高效服务开始成为他们的重要诉求,他们希望通过品牌表达个性、展示自我,除了像"双十一"这样的大众消费节日,他们还喜欢走到线下,注重极致的技术和场景体验,和朋友们分享人生中的特别时刻,享受吃逛一体带来的乐趣。物流出身的侯毅觉得在消费需求朝着"小""美""快"升级的过程中,渠道的辐射范围深刻影响了消费者的选择,其中一定暗藏着模式升级的机会,"互联网人口红利消失,电商空间收窄,线上获客成本攀升,但企业基于门店和生态的红利期刚刚开始,商业模式升级的时代已经到来。而新模式制胜的关键就在于,如何比供应商和品牌商更懂消费者,如何比消费者更懂自己,实现产品与消费者的神经连接。"侯毅坚信,生鲜电商经过前期的摸索,正步入快速发展期,只要在市场快速洗牌的过程中找准切入点和盈利点,站稳脚跟,生鲜行业一定会成为电商抢存量用户的武器。因此,他把目光聚焦到"吃"这个消费升级原点背后距离消费者3公里的生鲜市场。

表 4-1　盒马鲜生主要业态及特征(截至 2019 年 5 月)

业　态	进　展	场景和模式	品　类
盒马鲜生	2016 年 1 月 一代店:盒马鲜生的主力店	● 主要门店形态 ● 满足社区家庭"吃"的消费场景 ● 单店面积 4 000—6 000 平方米 ● 生鲜食品超市+餐饮+电商+O2O	● 海鲜+现场烹饪
盒马集市	2016 年 12 月 二代店:北京十里堡店和上海上海湾店	● 餐饮占比提高到 50% 以上 ● 满足家庭生活逛吃的休闲场景 ● 单店面积 10 000 平方米以上 ● 内部小店更多,品类更丰富	● 海鲜+现场烹饪 ● 花店 ● 天猫超市
盒马 f2 便利店	2017 年 12 月 上海北外滩	● 满足办公人群早午餐和下午茶的消费场景 ● 单店面积 800 平方米,堂食或外带 ● 采用 APP 下单+现吃现做/到店自提,不支持外卖 ● 便利店+茶饮店+水果店	● 现煮早餐 ● 下午茶咖啡、鲜榨果汁、果切等
无人店	2018 年 2 月 机器人餐厅(上海南翔店)	● 机器人元素餐饮业态全面采用机器人布局的餐厅和超市 ● 启用自动化设备,通过智能送餐系统(AGV)送餐	● 海鲜+现场烹饪
盒马云超	2018 年 4 月 北京	● SKU 达 2 万 ● 配送时效延长为次日达 ● 在订单量集约到一定数量,再启动仓库作业降低配送成本	● 全品类

续表

业态	进展	场景和模式	品类
盒小马	2018年6月 上海	● 单店面积800平方米 ● 盒马和大润发共同打造 ● 主打低线级市场 ● 生鲜面积超过50% ● 线上线下一体化运营	● 精选品类
盒马菜市	2019年3月 上海	● 城市郊区 ● 整装、散装均有 ● 无现场餐饮加工点 ● 兼顾精品超市和大众定位	● 蔬菜、肉类占比较大

资料来源：盒马公开资料、实地调研。

三、鲜生夺人，紧抓需求诞生盒马模式

（一）萌生想法，瞄准市场招兵买马

2015年初，侯毅与张勇形成探索一种线上线下一体化的电商新模式的想法，并达成了一致：大方向确定为超市、餐饮和物流的复合体，以生鲜为特色，线下重体验，线上做交易。张勇特别提出，用户体验是第一位的，把消费心智做出来，形成消费黏性，并明确了新模式的四个刚性标准：一是门店3公里范围内，线上订单量必须大于线下；二是门店单日单店订单量大于5 000笔；三是线下流量要有效转化为线上流量，即APP不需要其他流量支持，能够实现独立生存；四是物流冷链成本控制在盈亏平衡点以下的同时，实现可控范围内30分钟送到消费者手中。侯毅趁热打铁，随即回去招兵买马组建团队，9个月之后在上海金桥国际广场开出第一家线下门店，APP也正式上线，侯毅和盒马鲜生正式进入大众视线。

（二）舍命狂奔，全国布局势如破竹

盒马金桥店的业绩一开始并不惊艳，第一天只有5 300人进店，仅带来十余万元的销售额。久经沙场的侯毅对此显得从容自若：一开始做的时候，消费者不了解线上线下一体化的商业价值，但是随着盒马持续稳定地按照顶层设计，提供消费者所需要的商品和服务，习惯是会慢慢养成的。经过4月，金桥店已经有近8 000的人流量，周末的销售额也达到了开业时的近10倍。通过金桥店，盒马满足了现代年轻人的消费需求，并逐渐建立起消费者的品牌心智，帝王蟹、波士顿龙虾成为盒马的金字招牌，开始为各大媒体争相报道。此后的盒马势如破竹，在重构线下生鲜超市的蓝海上舍命狂奔，踏出自己的全国布局。2017年6月9日，北京的第一家门店十里堡店开业；2017年7月15日，盒马鲜生正式承认系阿里巴巴旗下公司……截至2018年9月，盒马已进入16个城市，开出87家门店。

四、人、货、场重构,全数字化新零售精准赋能消费者

侯毅心中的生鲜电商,是一个以消费者为中心的、线上线下运营的完整闭环。"我们把盒马定位为餐饮+生鲜超市+APP电商+物流的生鲜电商新业态,将线下门店顾客导入线上平台,在进行线上数字化运营的同时,将线上客户导入线下合作门店,打造线下门店全新体验,去迭代和优化消费者服务体验"。侯毅认为,盒马要做的就是这样一个重构线下超市和线上生鲜电商的全新业态。

(一)大数据布局:用数字化读懂消费者

侯毅爱把数字化比作新零售的"引擎",而大数据便是新零售的核心资产。因此,相较于传统商超现金、支付宝和微信等多种支付手段,盒马另辟蹊径地将盒马APP作为线下会员店唯一的支付入口,消费者要想完成支付必须下载盒马APP会员并注册,才能使用支付宝账户支付。

这种倒逼消费者使用APP并支付的方式一开始显得有些不可理喻。"虽然这个环节的确很麻烦,不少消费者都在抱怨,"侯毅坦言,"我们最后还是坚持,因为我们始终想为消费者提供一个全渠道的消费体验。消费者不仅能在线下门店消费,也能在线上下单。消费者在门店体验过后,他们会发现在很多场合往往没有时间或并不需要来到线下,此时使用盒马APP是最方便的。同时,盒马用户所有的消费都在APP里产生,便于我们追踪记录他们所有消费的过程,帮助盒马逐步实现用户大数据的积累,并搭建线上线下消费闭环,来更好地服务消费者。我们觉得这无论是对以数据驱动的盒马还是消费者而言,都是一个至关重要的环节。"因此,盒马对线上线下的消费大数据进行深度挖掘,打通会员、营销、支付、运营和管理系统的全数字化,让零售更有效率。

针对线下门店,通过对客群年龄、性别以及熟客与否等维度的分析,店铺管理者可以掌握重要的用户行为转化数据,同时通过监控各货架各产品的用户关注时长,判断商品的受欢迎程度。便于门店对产品摆放进行优化,餐饮区也通过数字化技术创新,监控每道菜品各个工序的加工时间和消费者的等餐与排队时间,为后续流程优化、提升消费者体验打下数据基础。针对线上用户,首先根据全数字化积淀的数据对用户进行多维度的标签分析,对用户的消费习惯、消费任务和消费价值观进行深度解析,再结合阿里平台的全网数据进行全面融合,还原用户消费全貌,在盒马APP、公众号等粉丝运营平台对有不同消费需求的客群进行个性化营销,让消费者由主动搜索商品信息,转变为盒马深度触达用户、为用户精准推荐所需商品,"比消费者更懂自己"。例如,针对夜间海鲜消费频繁的用户,盒马会把该类商品的优惠券直接发放进入APP,也会在该用户频繁消费的时段,及时推送同类新品的上新消息,以有效提升复购率,也打通了目标客群与盒马"吃"这一定位的强神经连接。

(二)商品再优化:打造多、快、好、省

新零售的本源是商品,消费者需求最终还是要以商品的形式去呈现。因此盒马努

力打造全渠道模式下的1+1＞2,让消费者享受"新鲜每一刻"的高品质生活,以实现数字化"引擎"与商品精准连接的使命必达。

1. "家庭厨房"概念下的品类结构优化

侯毅一直强调放弃客单价理论,意味着盒马的业绩主要依靠提升消费频次来实现,类似于日本7-11的成为"消费者代理"的愿景,盒马致力于打造一切以消费者为中心、提供消费者所需商品的经营理念。"客单价都是诱惑性的,多买一个送一个,就可以便宜,我们认为这个对消费者是不好的,买了一大堆,当天也吃不了,过几天又扔掉,其实很浪费。虽然高客单价对盒马的经营很有帮助,但只要把商品做好,不用担心消费者的客单价。"

盒马在品类选择上下足了功夫,围绕"家庭厨房",将品质打造为引流利器,改变了传统超市、卖场的品类组合原则,重构出以"吃"为核心场景的全品类商品结构,使整体的品类组合更浅、更扁平化:目前盒马涵盖了海鲜水产、蔬菜水果、肉禽蛋品等11个品类,其选品数量甚至高于沃尔玛等大型连锁商超。侯毅还特别将生鲜占比提高到50%以上,远高于沃尔玛。盒马坚持不做长尾,只做头牌精选,整体商品结构特点体现为:中高端进口商品多,大众商品全。

盒马的精品路线吸引了大量中高收入群体,尽管盒马不重视客单价,但中高收入消费群体的流量,在增加了整体消费频次的同时,也将盒马的客单价提到了90元左右的较高水平。盒马还会根据不同城市地区消费者的需求和供应季节,动态调整店内商品结构。例如,水培菜和小火锅是盒马在北京的专属菜品,并为上海的用户特别上架了龙虾小月饼和叮叮菜等产品。此外,盒马还专门制作了大量的半成品、成品及加热就可以吃的商品,将其首次命名为3R商品(Ready to Cook、Ready to Heat和Ready to Eat),同时推出了"生熟联动"和"熟生联动"两种模式。消费者选购海鲜后,可以到加工柜台称重,选择加工方式和口味,稍作等待后就可以吃到刚刚下单的生猛海鲜了。如果口味满意,消费者二次购买时,可以选择购买盒马鲜生自行配制好的制作调料,配合APP的视频教学,即可自己回家加工。自己动手加工,在社群内进行的交流共享,进一步刺激了消费。

盒马将消费大数据不断沉淀为对消费者的具体诉求变化的深度理解,利用前端的销售数据进行更为精准的需求预测,并影响产品的迭代式研发设计和商品结构调整等供应链后端,打造绝对异质性的"千人千面"和"人货合一"。

一方面,盒马在阿里团队的技术支撑下自行研发需求预测模型及系统。短期预测上,盒马将需求预测数据开放给供应商,在销售前一天对第二天的销量进行预测,并在第二天早晨对前一天预测结果进行修正,得到较为精准的预测数据,同时,盒马还向供应商开放中长期的预测数据,目前预测精度高达60%以上。

另一方面,将数据转化为高效的产品迭代和研发能力。相较以家乐福为代表的传统商超会员体系中数据收集粗糙,用户定位和产品研发体系混乱,推送信息无针对性,客户大量流失,或以全家为代表的社区便利店,在传统调研方法上做到极致,但仍采用普通顾客的大量问卷、访谈、焦点小组等传统漏斗式产品开发流程,盒马在产品的概念构思和创意阶段,就融入顾客的声音,通过社交网络的反馈决定新产品研发的决策,在开发实验产品之初,就精选种子顾客和产品开发人员共同进入产品开发群,全程参与新产品研发过程,邀请顾客详细描述消费习惯和痛点、参与品尝并给出具体建议,在反复迭代的基础上才进行大规模量产。在这种情况下,盒马在产品创新的概念、设计、测试、上市等阶段都融入了顾客需求、反馈及技术等重要信息。目前,盒马针对滞销品设立了标准的淘汰和压缩机制,每月都能迭代出近10个新菜品。这种基于深度顾客参与的迭代式开发过程,由顾客决定产品开发方向,盒马进行协助和补充,推出的新品才是受消费者喜欢、令消费者尖叫的,由此帮助盒马打造出消费者所见即所得、所推荐即所需的走心产品。基于此,盒马逐渐构建自身的社区商业形式,通过粉丝社群互动营销,打造立体化销售的社交电商,提升客户黏性。3公里的配送范围,使得"盒区房"的概念应运而生。与此同时,盒马还在线下定期举办试吃、五星级名厨演示讲解三文鱼的烹饪方法、烘焙活动等亲朋好友共享家庭时光的DIY活动。

2. 数据驱动去中心化的新零售供应链

侯毅提出的"日日鲜"概念,在坚持买到的、吃到的商品都是新鲜的同时,也希望消费者一次只买一顿饭的量。琳琅满目的产品和被量化有温度的新鲜的背后,是盒马数据驱动的、去中心化的新零售供应链体系。侯毅认为,生鲜供应链能力主要依靠采购规模和整体采购体系。因此,他在盒马建立了三大直采模式。

第一,全球直采。盒马通过航班和货柜采购全球优质水产、肉制品、果蔬、乳制品等商品,或者直接到国内成熟基地做品控、采购,建立整批加工检查中心。具体而言,盒马的一部分产品整合了阿里内部资源进行联合采购,盒马的部分海鲜、水果和天猫超市相通,都由天猫在海外的采购团队来完成,也开始逐步自建供应链,对接海内外产地,深度直采。

第二,本地直采。盒马的蔬菜、肉类等商品基于与本地企业合作,早上采摘,下午送到门店售卖,必要时也从经销商和菜市场采购,满足小部分碎片化即时性需求。以崇明合作农场基地为例,每天下午4点,盒马根据当天的售卖数据,综合考虑其他因素,将次日的销售计划发给崇明合作农场基地,农户根据计划进行采摘和包装,冷链送到盒马门店。包装后变成标准化商品的蔬菜鲜肉,价格统一,消费者能拿起就走。

第三,自有品牌。从国外成熟经验来看,当超市企业之间供应链效率没有明显差距的情况下,依托渠道背书发展高毛利、强管控力的自有品牌是必然趋势。侯毅发现,我国本土超市和国外发达企业相比,自有品牌占比相对较低,基本不足10%。因此,盒马坚持推出"日日鲜""帝皇鲜""盒马工坊"等自有品牌,覆盖不同品类。未来目标是：盒马的自有品牌占比达50%以上。与此同时，盒马的供应商管理也尤为严格。盒马对供应商不收取进场费，但设置了一个严格的资格考察机制和末位淘汰机制，每两周就会下架不合格供应商的产品。品控上，盒马鲜生则是采用订单农业的形式，从蔬菜种植环节就开始介入和指导供应商生产，到基地采摘时实行严格的农残检测，在到盒马鲜生仓库后再次进行抽检。

加工检查中心则是盒马商品加工或储存地。除常温、低温仓库外，盒马的加工检查中心具备商品质量检验、包装、标准化功能，就连从国外购置的海鲜活物也会在加工检查中心中转或暂养。供应端、加工检查中心和门店，共同组成了盒马的供应链体系。

3. "3公里内30分钟送达"背后的物流系统

2017年4月，曾有一位记者向侯毅问道：如果将盒马已有的所有资产和优势全部去掉，只允许保留一项，你会选择保留哪个？侯毅果断地回复：必须也只能是30分钟即时配送。这是目前零售行业最快、最稳定的物流服务体验，其本质是以算法驱动的、以物流技术为基石的强大的配送体系。

相较传统电商线上下单、以仓做配送的商业形态，盒马的门店可谓别具特色，餐饮和生鲜超市占到了三分之二的门店面积，剩下的三分之一专门用作仓库和配送区，门店既是销售加餐饮的一体化互动式体验门店，又是线上销售的仓储和物流中心。APP下单和店内直接采购，意味着线上线下共享了货架上的商品，盒马的实体店实际上就兼顾了传统电商的前置仓作用，人员和场地都可以重复利用。与传统电商类似，盒马也在每个城市设有一个中心大仓，内设冷仓，部分产品先发到城市大仓，再从大仓采取班车制配送至门店，每天两配或三配。侯毅发挥个人专长，在提升门店运营效率和配送效率方面狠下功夫。

门店效率的提升，离不开一系列智能化系统和自动化设备。在盒马门店内，智能仓店系统帮助各大门店分析线上线下销售曲线，据此均衡店员数量，根据线上线下订单的状况智能安排店员的工作内容。智能订单库存分配系统紧接着依托盒马和阿里系零售大数据终端，预测不同区域门店的商品品类，预判消费者线上购买的趋势，以此实现商品分配。货架上标准化包装的产品经过PDA扫码，得以高效包装和分拣，经过门店顶部的悬挂链和传送带设备，实现吊装、运输和合流，最终快速配送到消费者手中。这一切不仅节约了大量人力成本，还充分利用了门店空间，共同打造出盒马引以为傲的"3公里30分钟送达"的履约流程。

高效补货也是门店运营的重要环节。在盒马电子价签的帮助下，一品一码，使用APP扫码就可以查看所有商品详情和评价，员工绑定商品和电子价签后，可以在后台修改价格，可以随时掌握库存信息和实现一键动态调价。一旦门店某个品类出现缺货，后仓拣货人员会根据PDA信息拣货，通过传送带输送到后仓合单区合单，补货员再根据PDA提示到合单区取货，到前场逐个品项补货，同时矫正货架上的真实商品数,补完后再次取货。

侯毅一天最紧张但又最享受的一个工作,就是每天清晨查看盒马各品类的库存和盒马商品的大数据分析报告。为了打造极致新鲜、小包装、小批量、高频次的供应链,后台算法为盒马的库存提供实时监控和管理,线上线下共享库存,对供应链进行敏锐的实时运算。当因为下雨导致堂吃订单量减少、外卖订单量增多,系统能敏锐传递给不同品类的供应商,并无缝进行调货补货。

为进一步提升配送效率,盒马打造了一套以智能算法和调度系统为支撑的全自动物流模式。在配送环节,后台将拣货袋装入专用的配送箱,由配送人员送货上门。波峰时段外,均由盒马内部团队配送,而在小波峰(每天 11—13 时)和大波峰(每天 17—19 时)时,由外包的配送团队和外卖的合作公司承担配送。值得一提的是,所有的配送标准、要求和流程都是完全相同的。盒马引入了智能履约集单算法和调度系统,不再以单个订单为中心进行作业,全部采用分布式算法,将大量的线上订单统一集合,根据商品的生鲜程度、冷热情况和订单的配送路线合理安排配送路径和时间,实现订单综合成本最低,最后根据订单、批次和包裹大小对配送员和配送次数进行智能调度,实现配送效率的最大化。

(三)场景全匹配:便捷、体验、高效

盒马围绕"吃饭"这个场景定位,通过数字化消费者和商品,体现了"零售+体验式"消费的新零售进化路径。但侯毅认为这还远远不够,在这场以数字化为内核的赛道上,已经不是单点数字化和消费端高速数字化的问题了,而是以消费者为中心,实现商品、消费者和场景之间的深度数字化融合。因此,盒马在形式上并不是简单地把餐饮搬进超市,而是集超市、餐饮、外卖和盒马 APP 于一体,门店既是体验店,也是加工中心,成功地把餐饮的劳动力释放出来,用于从事半成品的加工,有效增加获客能力。

盒马在门店布局设计上倾注了大量匠心,充分学习了宜家的动线设计,不仅充分利用空间的灵活性,凭借客动线增大空间感,还利用货动线便于消费者购买就餐。一横三纵的卅字形开放布局,将门店区块划分为体验区、超市区、招商区和服务区,消费者一进会员店入口,抬头便能看到各个品类布局标识,直接产生了购买欲望。区域细分时,主入口高频消费的食品、生鲜和肉类等品类,整洁、视觉冲击感强,以提高客人的停留时间。门店多出入口设计,顾客行动自由,直奔消费者需求。

盒马充分考虑不同场景下的客户需求,餐饮区和其他区域既相互独立又融为一体。盒马鲜生比传统生鲜超市,加大了餐饮占比,海鲜吧、中餐、水吧旁边都有一块就餐区。海鲜吧的用餐频率最高,面积最大,通过拉长顾客停留时间提高购买转化率。在盒马最大步行街市的动线设计下,消费者可以从头逛到尾,就餐时会经过所有品类的售卖区域,特别是其中面积最大的水产区:极具视觉冲击力的红毛蟹、大龙虾,加上特意调亮30%的灯光,进一步刺激了消费者的购买欲望。

同时,店铺面积、灯光、装修、桌椅板凳的高度和摆放、采购哪些货品,随处可见盒马人体工学设计:盒马所有的货架高度都不超过一米五,让消费者抬手就能取到商品;用餐区的桌椅高度和质地尤为舒服,既有满足家庭消费的四人餐桌,也有满足白领需求的吧台式餐桌;海鲜吧旁的用餐区靠近洗手间;餐区的婴儿椅充足,入口处有孩子的手推车;增加可供拍照的3D拍照背景墙……精妙的设计让每个消费者都能在这里找到归属感。

盒马会员店的收银员和导购员,相较于大卖场和生鲜超市更为年轻化。员工以85后的年轻人为主,颜值更高、更有活力。盒马在培训时重视服务顾客和互动能力的发展,主张用设备搬货,用更多的时间去服务消费者,和消费者展开互动。此外,盒马在场景布局时处处减少人工,提升效率,随处可见"餐具自助取用""调料盘自助取用"和"结账使用自助结账机"。如此一来,显著提升了消费者的购物效率,提高了消费者的购物效率,而年轻人更强的学习能力,使得盒马的新零售模式操作起来更为简单。

盒马的门店背书——以门店的动线设计、全品类供应和服务心智带给用户良好的购物体验,加上最快30分钟零门槛送达的服务,用户在现在会员店体验到优质的服务和品质,让用户更方便甚至无需到店就可以完成购买线下门店商品的工作,建立了用户信任和心智,逆向推动新用户在线上APP更敢下单了,线上线下一体化的消费闭环更为稳固,为盒马带来了高坪效的模式溢价。

五、需求链转型,买手制构建新零供关系

盒马通过人、货、场的全流程全要素数字化这一内核驱动力,构建了独特的生鲜电商新零售模式,使得各个品类能在销售环节快速响应消费者的需求。这一套看似简单舒适的线上线下全渠道打通的"盒马模式",却耗费了两年有余才得以验证、跑通。但与此同时,消费者对后端生产质量和数量的快速响应要求的压力扑面而来。换言之,现有的供应链模式仍然无法满足瞬息万变的消费需求,必须由供应链向需求链全面转型:通过供应和需求过程的整合,形成从需求开始到中间生产再到配送最后到消费者购买的流程闭环。

对于未来将要打造的需求链生鲜体系,侯毅雄心勃勃。"一家以数字化驱动的新零售一站式综合服务商,会是盒马的未来模样,"侯毅反复强调,现在盒马的核心就是买手制,以买手制为抓手,与供应商重塑零供关系,打造需求链新生态,最终将消费者价值诉求渗透到需求链的每一环节。

什么是买手制?盒马拥有一支各几十名的国际和国内买手团队,买手平均年龄仅为35岁,大部分买手拥有7—10年采购工作经验。在侯毅看来,买手制的核心思路就是"买进来,卖出去",让零售商主动走出去,了解消费者,了解市场,选购畅销且有足够获利空间的商品,让信息流从终端方向反向传导到供应端,供应端再根据信息将商品

流通到终端,将消费者需求放在了最重要的位置。由此,买手制串联了整个盒马零售环节。在采买前,买手负责分析销售数据、判断流行趋势,并制定采买计划。采买过程中,买手对货品进行监管,在现场采买完成后完成货品分配。最后,他们在销售终端搭配陈列商品,制定营销策略,以更好地服务消费者。侯毅强调,唯有买手制才能捕捉瞬息万变的消费者需求,最终实现盒马动态适应市场需求变化能力的持续提升。

对此,盒马采取了四个策略。第一是生鲜商品不收取任何渠道费用,包括进场费、堆头费、店庆费、促销费、新品费等与商品无关的费用,盒马也逐步取消了标准商品的年返利部分。第二是基地建设计划。盒马计划在政府的支持下,逐步完成全球和全国的农产品基地建设,力求让消费者享受到最好、最安全的农产品。由此建立以厂家直供为核心的供应链模式,支持盒马在全国门店的销售。第三是商品联合开发。盒马与品牌商、生产商联合开发盒马专供的定牌商品,计划在三年内定牌商品的销售额达到50%以上,并对品牌的新商品采取买断和独家经营模式。第四是杜绝腐败。盒马全权负责在门店所有的销售行为,承担经营中的全部责任,以此杜绝买手制各个环节中一切形式的腐败。

盒马打造需求链新生态的关键环节,在于构建新零供关系。在侯毅看来,新零供关系,就是使供应商和零售商以满足消费者需求为共同目标,盒马负责渠道建设、商品销售、用户体验,如果有商品滞销,盒马自行负责,供应商不再承担责任。供应商则专注商品生产研发,提供最具性价比的商品,不再缴纳任何进场费、促销费、新品费等渠道费用,也不需要管理陈列或派驻商品促销员。盒马通过基地建设和商品联合开发等手段,与供应商共同研发和成长,整合供应链资源,提升核心竞争力。因此,盒马致力于建立零供信息一体化系统。目前,盒马正在开发专属供应链系统,以实现与供应商之间数据共享和信息互通。让供应商了解消费者偏好和商品的销售信息,以消费者需求引导供应商的生产决策的同时,盒马也能实时了解供应商生产信息,更有利于调整门店的库存结构和商品结构。

正如盒马对买手制和新零供关系所期望的那样,建立新零售渠道体系,实实在在裸价让利给消费者,建立原产地和食品安全追溯体系,建立信息共享系统,确保上下游信息完全畅通,最终取消中间环节,提高供应效率,保证商品新鲜度。盒马重塑新零供关系的步伐有条不紊,向需求链全面转型的美好明天也指日可待。

六、迭代狂奔,生鲜电商路在何方?

(一)多元业态,协同输出新零售改造方法论

侯毅的探索,始于生鲜,但他对盒马的定位,却远不止于生鲜。2016年,盒马完成了从"一代店"盒马鲜生到"二代店"盒马集市的迭代。2017年,盒马积极布局,选择从办公市场景切入,尝试f2便利店。2018年,盒马的燎原战火继续升起,在深度和广度上全面发力,推出1 000平方米以内的盒小马门店,并大刀阔斧发展机器人主题餐厅、

盒马云超社区便利店等多元业态,基于自身"3公里30分钟配送"的核心能力,不仅在满足3公里范围内消费者更多需求,还有条不紊地扩大服务覆盖范围。2019年3月,盒马还瞄向了社区菜场,"盒马菜市"于2019年3月底在上海正式亮相。如今,盒马社区生活生态圈已经初具雏形。

2018年9月,经过两年多的模式验证,盒马在云栖大会上推出线上和线下无缝链接的操作系统ReXOS,包含了整个门店的生产系统、配送系统、销售系统、加工中心系统、后台作业系统等一整套完整的作业系统。正如侯毅所说,盒马正在积极输出新零售改造方法论。

与此同时,重甲骑兵的盒马开始走轻资产运营模式,在全国加速门店复制。随着越来越多业态和领域的跑通,盒马正在积极吸引传统零售企业加盟,通过联营模式,建立合资公司,盒马向其持续输出模式、技术、平台、供应链运营等一体化能力,由合作伙伴负责具体运营。

(二)展望未来:零售业的变与不变

回顾盒马之路,侯毅打趣地将其总结为"零售填坑之战"。但不管怎么"填坑",盒马始终都要回归零售业的本质。展望未来,侯毅计划通过新供应链、新物流技术和新信息技术,借助多业态发力,将盒马真正打造成"3公里理想社区生活区",借助线上线下大数据与未来应用场景的深度融合,深度重构新零售,朝需求链全面转型。新零售的道路上,盒马已鲜生夺人;未来,盒马还将继续迭代赋能,舍命狂奔。

阅读上述案例,回答问题:

(1)新零售时代消费者需求表现出哪些新特点?

(2)盒马鲜生是如何捕捉生鲜市场的消费需求特点的?

(3)新零售模式有哪些基本特征?请比较盒马鲜生模式与京东到家和沃尔玛的模式。

(4)新零售时代的数字化与传统信息化有哪些区别?盒马鲜生的数字化有哪些特点?

(5)需求链管理与供应链管理有哪些区别?盒马鲜生是如何以买手制为切入点全面向需求链管理转型的?

(6)新零售时代,传统零售企业应如何向新零售和需求链管理转型?

(资料来源:改编自中国管理案例共享中心——百优案例。)

本章小结

传统的以商品采购和供应为驱动力的供应链管理无法满足新消费、新零售背景下消费者个性化、即时性的购物需求。以顾客为中心、以消费者个性化需求为驱动力的需求链管理理论与实践应运而生,通过信息共享和数字化技术将营销、运营和供应等多个价值链活动进行深度融合,创造极致的消费者价值。新零售背景下,零售企业可以通过需求一致性、供需匹配、品牌和价格等三种策略来实现消费者价值创造;也可以通过全渠道营销、产销协同机制、企业文化变革以及高层管理者参与等策略提高需求链管理效率。

关键词

需求链管理、消费者需求、需求预测、全渠道零售、需求管理

思考题

1. 需求链以及需求链管理的含义是什么?
2. 需求链管理与市场营销、供应链管理的区别与联系有哪些?
3. 为什么说消费者需求是需求链管理的动力?这表现在哪些方面?
4. 新零售时代消费者价值体现在哪些方面?
5. 全渠道背景下的需求链管理有哪些具体策略?
6. 实施需求链管理需要哪些组织支持?

参考文献

[1] 陈剑,刘运辉.数智化使能运营管理变革:从供应链到供应链生态系统[J].管理世界,2021,37(11):227-240+14.
[2] 袁君霞.动态能力视角下中国时尚品企业需求链匹配能力研究[D].上海大学,2018.
[3] 袁君霞,吴海宁,高峻峻.需求链匹配能力内涵及维度结构构建研究[J].管理学报,2018,15(7):1079-1089.
[4] 肖静华,吴瑶,刘意,谢康.消费者数据化参与的研发创新——企业与消费者协同演化视角的双案例研究[J].管理世界,2018,34(8):154-173+192.
[5] 刘潇伟,户雨龙,张天啸.全球需求链管理视角下我国服务型企业"走出去"——以在线知识付费产业为例[J].中国商论,2018(20):147-148.
[6] 高峻峻,郑美凤,吴海宁.全家便利店需求链管理模式推进与实践[J].商场现代化,2013(10):78-79.
[7] 肖静华,谢康,吴瑶,冉佳森.企业与消费者协同演化动态能力构建:B2C电商梦芭莎案例研究[J].管理世界,2014(8):134-151+179.
[8] 杨明斐,吴海宁,张宇冰.鞋服企业的需求链管理模式——基于对森马和百丽的分析[J].经营与管理,2012(3):93-95.
[9] 高峻峻,吴海宁.需求链管理理论的内涵与展望[J].管理现代化,2011(5):30-32.

[10] Ardito, L., Petruzzelli, A. M., Panniello, U. and Garavelli, A. C. Toward Industry 4.0: Mapping Digital Technologies for Supply Chain Management-marketing Integration[J]. Business Process Management Journal, 2019(25): 323-346.

[11] Assarroudi, A., Heshmati Nabavi, F., Armat, M. R., Ebadi, A. and Vaismoradi, M. Directed Qualitative Content Analysis: the Description and Elaboration of Its Underpinning Methods and Data Analysis Process[J]. Journal of Research in Nursing, 2018(23): 42-55.

[12] Basnet, C. and Seuring, S. Demand-oriented Supply Chain Strategies—a Review of the Literature[J]. Operations and Supply Chain Management: An International Journal, 2016(9): 73-89.

[13] Chase, P. R. Beyond CRM: The Critical Path to Successful Demand Chain Management[J]. Retrieved from http://www.lhstech.com/chair/Articles/DemandChain.pdf.

[14] Lee, C. B. Demand Chain Optimization: Pitfalls and Key Principles. Retrieved from http://www.stanford.edu/group/scforum/.

[15] Agrawal D. K., Agrawal D. P., Deshmukh S. G. Beyond Supply Chain: a Demand Chain Perspective for Superior Market Responsiveness[J]. Metamorphosis, 2006, 5(1): 31-48.

[16] Caruso, D. Demand-driven supply networks: SCM done right. Retrieved from http://www.csoonline.com/article/218740/demand-drivensupply-networks-scm-done-right.

[17] Blackwell R. D., Blackwell K. S. The Century of the Consumer: Converting Supply Chains into Demand Chains[M]. Fisher College of Business, Ohio State University, 1999.

[18] Jüttner U, Christopher M., Godsell J. A Strategic Framework for Integrating Marketing and Supply Chain Strategies[J]. The International Journal of Logistics Management, 2010, 21(1): 104-126.

第五章 零售创新管理

学习要点

- 传统线上零售面临的瓶颈
- 传统线下零售面临的挑战
- 新零售企业的创新战略
- 新零售企业的技术创新和企业创新的要素

第一节 零售业的发展困境

2020年,我国零售商品交易额达到35万亿元,同比下降3%。一方面,对于线下零售而言,线下零售在线上零售的强大冲击下越发惨淡,其销售额放缓的问题尤其突出,同时盈利能力日渐萎缩;另一方面,对线上零售而言,众多线上零售企业不得不面对线上成本和客户成本日趋增长的瓶颈。早在2016年,新零售概念提出以来,零售企业推出的各项革新措施未能有效扭转我国消费者的消费放缓局面,对于我国的零售企业而言,传统的线下零售和迅速发展的线上零售都不得不面临零售额难以高速增长的问题。对于零售企业而言,面临的销售瓶颈愈发明显。接下来,我们将对传统线下和线上零售的发展瓶颈展开具体分析。

一、线下零售面临挑战

(一)运营成本较高

对于传统的零售企业而言,难以跨过的一个难题便是高昂的运营成本。受制于自身的商业模式特点,线下零售企业比电商的运营成本高得多。传统的线下零售企业采用"通道费+保底扣点"的运营模式,与线上零售的运营模式相比劣势凸显。具体而言,在线下零售企业的运营中,往往需要支付较高的物流成本、商品采购成本、仓储成本、店铺租金、水电成本以及员工工资,其中租金上涨尤其挑战零售企业的承受能力,这些均使得线下零售企业的成本居高不下,最终导致线下零售企业的盈利能力大打折扣。例如,在物流成本方面,对于线下零售企业而言,由于物流行业的规范化欠缺和中间环节繁多等问题,导致零售企业需要付出很高的物流成本。在租金成本方面,由于高昂的房地产价格,零售企业的地产租金必然水涨船高,这一问题在一线城市尤其突出。虽然国家降低了流通税费,减轻了零售企业的负担,但是对于线下零售企业而言仍然是杯水车薪,高额的经营成本严重压缩了企业的利润,不少零售企业在亏损中挣扎。与此同时,面对电商的巨大冲击,线下零售企业普遍存在严重的生存问题。在这种情况下,线下零售企业的后备资金严重不足,创新作为一项高投资的项目,线下零售企业无力承担,缺乏创新资源的零售企业即便具有创新意愿,也无法实现创新转型,不利于零售企业在竞争激励的环境下健康发展。

(二)信息化水平不足

线下零售企业与线上零售企业相比,在数据采集上有着巨大的缺陷。电商企业能够轻松获取用户整套的完整购买信息:消费者的购物渠道、消费者的注册登录情况、浏览信息、收藏信息、加入购物车信息、支付信息等,这些数据详细记录了消费者的线上消费行为。但是,对于线下零售企业而言,只能有消费者的支付信息,但是这种交易流水不足以构成消费者消费数据分析的基础,也就不能在此基础上分析消费者的购物喜好以及后续的销售推广工作。虽然线下零售企业广泛推出会员卡,但是会员卡的激活率低,无法获取消费者的完整消费行为信息。

电商企业由于天然的优势,更容易获取消费者方方面面的动态信息,如某种商品的消费人群变化、消费诉求变化以及消费方式变化。较为年轻的消费者如80后、90后甚至00后,他们成长于互联网飞速发展时期,消费行为和消费习惯深受互联网思维的影响,电商能够通过交易信息对此进行捕捉,但是线下零售却难以获得,信息化的劣势明显。线下零售企业的销售模式是消费者通过逛实体店获取商品和服务。对于大多数消费者而言,忙碌的工作后难以有充分的时间逛实体店,挤占了消费者获取线下的商品和服务的机会。面对这种情况,线下零售企业希望通过商业推广和广告促销缓解,然而这些推广难以通过精准投放定位到潜在的消费者手中,并不能真正地增加零售企业的顾客量。可见,传统零售企业在"互联网+"时代面对巨大的信息化挑战。

(三)对新零售认知不足

当前,很多线下零售企业在新零售的大环境下调整了自身的运营模式,如开设网店在线上开展经营,认为同时具有线上网店和线下实体店就是新零售。其实这并不是真正意义上的新零售,没有抓住新零售的核心,没有用顶层设计的思维进行企业的创新变革。目前线下零售企业拓展的部分线上的零售业务,并不能达到精细化运营和差异化营销的目的,消费者的有效信息获取不足,难以与消费者展开积极互动,不能从根本上抓住消费者需求。如今,消费者的消费需求不断进阶,消费者不仅对产品和服务的质量有更高要求,对于整体的购买体验也有更多的要求。区别于简单的线上线下融合,新零售是零售业的一次创新变革,立足于大数据、技术和商业逻辑的深层次融合,从根本上实现顾客消费方式引领生产变革。

（四）全渠道协同水平较低

全渠道零售是指零售企业对线上零售渠道和线下零售渠道的全面整合，以达到满足消费者随时随地购物需求的目的。在"互联网＋"时代，消费者有随时随地购物的需求，零售企业全渠道的建设就是为了最大限度地满足消费者的需求。如今已有线下零售企业在运营模式中逐渐融入全渠道的经营理念，但是受制于诸多因素，线下零售企业的全渠道转型并不尽如人意。例如，全渠道的顺利运转需要各个渠道的通力合作，但是实际中各渠道存在激烈的竞争，其中不乏恶意竞争，全渠道的最终效果大打折扣，难以达到助力线下零售企业零售转型的目的。全渠道零售从本质上来说需要各个渠道的合作和配合，打通各个渠道的交流障碍，以使得消费者在不同的零售渠道自由选择和转换。但是，传统线下零售企业仍然难以解决全渠道零售的协同建设问题。

（五）物流系统效率较低

随着消费的升级，消费者对物流服务同样提出了更高的需求。以往的物流服务只需要订单物流信息的及时更新和产品的准时送达。而新零售则需要一套完整的物流设计、物流网络以及产品的标准化交付。新零售背景下的物流是对传统物流的重塑，为传统物流插上技术的翅膀，优化物流协作体系，孵化新型的物流运营系统，形成物流新业态，催生高效的零售企业。然而，现有的物流并不能很好地助力线下零售企业升级，相反，存在严重的成本问题、资源利用率问题以及各种风险问题。物流问题对于企业的创新转型的阻碍效应越来越明显。

二、线上零售发展瓶颈

得益于互联网的全面普及，我国线上零售企业经过了十几年的快速发展，随着用户增长和线上流量带来的红利逐渐消失，逐渐遇到瓶颈。对于线上零售企业而言，传统电商普遍需要面临获客成本提高、企业间同质化竞争严重、顾客体验欠佳等问题。虽然部分线上企业经营良好，但仍有众多零售电商的盈利状况堪忧，传统电商的弊端也逐渐显现出来。

（一）产品信息不对称

线上零售由于经营模式的特殊性，顾客获取的商品信息大多只能通过网络平台上的商家描述，商家通过图像和文字对商品进行介绍，顾客对于商品没有真实的试用体验，即使近年来新出现的直播带货，也不能从根本上改变顾客无法获取商品真实体验的问题。与此同时，部分商家为了增加店铺的信誉和受欢迎程度，往往会进行平台刷单，这种行为进一步加剧了商家和消费者间的信息不对称，干扰消费者的选择。总而言之，从体验感、商品的可触性而言，线上零售与线下零售相比有着天然的劣势。进一步地，线上零售多为中低价位的商品，难以满足部分消费者高质量、高品质的消费要求。

（二）退货率高

退货率高也是线上零售面临的一大问题。消费者退货的原因主要包括以下几个方面：一是消费者收到的商品与商家展示的卖家秀有差距或与消费者自身想象中有差距；二是由于网络购物的便捷引发的消费者冲动消费，即使消费者下单成功也会出现退货的现象；三是消费者拿到商品后发现质量有问题,往往会选择退货。退货这一问题给电商带来一系列额外的成本支出,如电商需要支付额外的物流费用、商品破损导致的费用等,由于消费者的退货行为,电商企业需要雇佣专门的售后人员办理退货,并由此在人力、商品、物流上都需要大量的支出成本。

对于众多的零售电商而言,以往采用的单一低价战略在竞争日趋白热化的今天越来越难以取得优势。在电商的实际经营中,消费者从网上下单到最后收到商品会经历一个等待时间,在这个等待时间中,消费者很有可能改变想法申请退货,商家为了减少此类的退货往往选择向顾客承诺到货时间以增加经营优势,这样可以增加产品的销售量,然而这种做法会带来实际到货时间晚于承诺到货时间的风险,并且实际到货时间越晚,消费者越有可能发生退货行为,这些对于电商而言同样是需要面对的一个问题。由于退货,电商需要增加商品的收购、检查、长途运输等一系列成本,总而言之,退货增加了电商的经营难度和经营成本,减少了企业的利润。

（三）消费者购买欲降低

电子商务没有办法让消费者真实感受不同产品的质量和做工。而商家为了满足消费者低价欲望不得不降低生产成本,做出同款不同质的产品,导致社会整体产品供给品质下降,不仅造成消费者的消费欲望有所降低,还影响实体经济发展和社会消费升级。

经过十几年的电商发展,消费者最初对于网络购物的新鲜感减少,网上购物热情逐渐趋于平淡。更重要的是,消费者在网上获取的产品信息无法让消费者体验商品的实际质量和形态。电商为了获取低价优势,减少产品的实际成本,导致产品的实际质量难以保证,长此以往,消费者收到低质量产品,导致购物欲望减少,难以刺激我国消费者消费需求的提升,我国商品的整体质量难以提升,有悖于我国高质量发展的整体目标。

（四）传统电商平台与消费者互动性较弱

现阶段而言,电商与消费者主要借助网络互动,通过文字、图片、视频进行沟通,这种沟通有很大的局限性,难以带给顾客真实的商品体验感。如今的直播销售在此基础上进行深度改良,突破原有的图片和视频营销,通过视频里的主播和消费者即时互动,增加产品的及时性、真实性和互动性。然而即便如此,电商与消费者的互动并没有本质上的差异,顾客对于商品的实际品质仍难以判断。

由此可见,线上零售虽然发展迅速,且对传统线下零售形成猛烈冲击,但线上零售自身也存在一些缺陷,需要借助新零售实现转型升级。对于线上零售而言,创新发展已是迫在眉睫,如何进行零售创新,探索创新机遇,寻找新零售模式,在顶层设计中注入消费者体验,从本质上改变现有的消费方式最终赢得市场是电商企业必须解决的一个难题。

第二节 新零售的消费体验

新零售是通过创新驱动零售企业发展,在数据时代和消费升级的目标下,根植于全渠道零售和泛零售的内在逻辑,回归零售本质,更好地满足消费者的需求。新零售企业制定的战略要满足以下三个方面要求:首先是线上零售、线下零售和物流业的深度融合,围绕消费者来提供全渠道、全面化的服务;其次是数据技术驱动,实现从线上线下等环节的全链条数字化,重塑价值链,优化零售效率;再次是以消费者体验为核心,新零售的最终目的是为消费者提供满意的服务。

一、消费者体验为中心

(一)线下门店升级

新零售注重消费者的体验,而线下门店为消费者提供了很好的载体。通过线下门店,消费者能够感觉和感受商品、服务,例如消费者在店里试穿一件衣服,或者试戴一顶帽子,在店里感受一下商品的触感,这些是电商通过虚拟现实技术难以做到的。线下零售带给消费者的"触摸和感受"大大增加了其成交转化率,而这正是纯电商不具备的体验优势,具体而言包含以下三点。

一是感官性。提升消费者的消费体验,调动消费者的各个器官去感受、去体验,充分发挥体验经济的优势。例如去购物商场购物,亲自掂量一下,感受食物是否新鲜,是否足量,去电影院看电影,通过大银幕感受剧情……这些习以为常的实体店内的消费互动,都让消费者的身体五官得以调动,很大程度上加强了消费者的体验感。

二是争鲜性。线下门店能为消费者带来及时、新鲜体验,在线下的实体空间中,消费者能够全身心感受逛、赏、比、品、摸的乐趣,进入装修新潮的时尚店铺,流连于赏心悦目的陈列商品,徜徉于舒缓优美的背景音乐中,都能带给消费者线上购物无法提供的愉悦和满足。

三是即时性。消费者在线上购买商品,经过物流运输,必然经历一个等待的过程。但是在线下实体店内,消费者看中喜欢的商品或服务,付款后即刻就能获得,无须等待,大大增加了消费者的幸福感和满足感。

(二)物流系统升级

新零售以消费者体验为中心,因此企业在推动新零售的创新管理中需要更加注重消费者体验。新零售的一个特点是能够满足消费者随时随地的消费需求,满足消费者这一需求离不开高效率的物流支撑体系,物流能在很大程度上影响消费者体验。线上电商和线下零售的物流具有很大的不同,线上物流通常具有跨度性,消费者购买的商品通常要几天后才可到达,即使最快的物流往往也需要一定时间。但是线下零售对于消费者而言具备"即得性"的天然优势,这种优势在消费者即刻需要购买某种商品时有巨大的便捷特点,能够满足消费者即刻获得某商品的需求。因此,新零售变革下的物流需要充分融合线下零售和线上零售各自优势,最大限度地增强消费者体验。

一方面,新零售通过整合客户端的用户数据和商品的流转信息,对零售商品整个物流信息进行追溯和管理,建设高效智能的物流体系,为消费者提供更高体验值的服务;另一方面,物流服务效率也得益于信息技术的飞速发展,信息技术的发展为物流提速带来了可能,大大缩短了客户的服务距离,消费者体验有了质的提升。例如,大润发在零售创新转型之初,推出飞牛网升级，然而传统的物流服务并不能转型提供助力，消费者体验没有达到预期效果，最终未达到真正意义上的新零售创新。之后阿里集团收购了大润发，并通过打通后台运营系统、淘宝心选的入驻、盒马鲜生悬挂链、饿了么配送等手段对大润发进行了一系列数字化重塑，成功研发出一小时达配送服务，重塑了传统意义上的人、货、场，成为新零售转型的成功尝试，最终让企业获取长期价值。

二、以数据和技术驱动

传统的零售模式中，线下零售难以利用大数据记录消费者的消费轨迹、消费行为。消费者去线下门店，即使同一天去同一个店铺，由同一个营业员接待，也未必能被记得。但是消费者在线上购物，消费者每一次对产品的浏览、收藏、加入购物车、浏览时间、付款都会被完整地准确记录。与此同时，即使消费者当时在线上并未购买，但是凭借浏览记录，商家也能预测消费者的喜好，向消费者推荐，并在商品降价时通知消费者，进行商品推销。线上零售能够提供针对每个消费者的准确、个性化的服务，不会因为线下营业员素质或心情不好而降低服务质量，让消费者遭遇不公待遇，影响消费者的消费体验，最终影响零售额。大数据技术让"以消费者体验为中心"这一目标成为可能，具体而言，大数据技术在零售业的商业价值体现在以下四个方面。

（一）了解消费者

商家根据顾客的消费数据，对数据进行分析，就能够知道消费者的需求和消费心理，判断消费群体的特征，并在此基础上详细分析出消费者的爱好、支付能力、消费动态，描绘出消费者的个性，进而制定个性化标签，达到"千人千面"的效果。有了对消费者个性的把握，商家就能有的放矢地对消费者精准营销，提升互动和推销效果。

（二）进行消费模拟

商家通过大数据和云计算，能够对消费数据进行深度挖掘、分析处理，对交易中的各个环节，如支付方式、物流服务、售后服务等进行数据化建模，这样就能对消费者未来可能的消费活动进行判断和预测，以提前做好准备。与此同时，通过具体的模型分析，就能对比发现不同方案下投入回报的差异，并选择投入回报高的方案，提高运行效率，增加公司利润。

（三）进行消费者关系模拟

传统的零售模式中，商家并不会对消费者的消费行为进行数据分析，一次交易的结束往往意味着店客关系的结束，即使有回头客的情况下，商家对经营活动的调整也非常有限。但是在新零售下，商家和消费者之间连接的重要性不言而喻。新零售以消费者体验为中心的理念，注定了零售企业必须加强与消费者之间的关系管理，通过大数据分析，商家从各个方面、各个角度深入读懂消费者，最终达到增加客户的黏着度、减少客户流失、提升客户的客单价以及增加新的客户。

（四）进行个性化精准营销

大数据技术除了能够提升企业的营销效率，对消费者进行个性化营销推介外，还能很大程度上通过各种专业的算法分析降低企业的营销支出。以优衣库为例，企业在销售的过程中,就详细收集顾客的各种消费信息,例如消费者喜爱买的款式、消费者的年龄、消费者的支付方式、消费者的消费频次……企业通过对消费者海量的消费数据分析,挖掘出消费者的具体特点,在此基础上推送专有优惠券给消费者,提升消费者进店消费的可能性。有了消费者的海量数据,精准分析出消费者特征,门店的推广效率大幅度提升。具体而言,门店有了消费数据,就能用消费者更容易接受的方式、更能负担得起的价格和更容易购买商品的时间段向消费者推荐其最有可能购买的商品,可以说,大数据技术对企业的营销效率的提升事半功倍。有统计称,大数据的营销推广给亚马逊带来 40% 的销售收入。根据 IBM 商业价值研究院发布的《大数据助力中国零售业转型》,在零售领域,大数据的作用主要反映在消费者洞察、精准营销、商品优化和供应链管理等方面,有助于传统商家打造智慧的购物体验,创造新的商业价值。

可见,大数据背景下,与电商相比,传统线下零售反映出的客流减少、商品竞争力低是表象,其实质是传统零售企业缺乏对消费者的深入了解、对上游供应链的控制和数字化运营能力,导致其在竞争激烈的零售业中的式微现状。大数据技术则有助于传统零售企业缩小上述差距。

三、全渠道消费体验

互联网时代的消费者追求消费体验和消费习惯越来越接近于无限时间、无限空间,对购物过程中的等待越来越没耐心,希望能够即时购买,即时获得。如果商家无法满足消费者这种即时购物需求,大部分的消费者就会立刻转向下一家。因此,零售业态上的任何一处不能满足消费者,或者消费者不能获得预期体验,都可能造成消费者流失。这给零售商带来更大的挑战,需要零售商打破时间、空间、场景的边界。

社交消费者、本地消费者和移动消费者是新零售需要面对的三类消费者。传统电商由于固有的营销运营模式,效率相对较低,越来越难以满足消费者,最终进入微利时代。与此相对应,全渠道零售基于顶层设计,对整个零售体系进行重塑,对线上网店和线下实体店进行重构,为消费者创造无缝的、流畅的全流程消费体验,最大限度地带给消费者购物、服务、娱乐的新型消费体验。

全渠道零售就是"企业为了满足消费者任何时候、任何地点、任何方式购买的需求,采取实体渠道、电子商务渠道和移动电子商务渠道整合的方式销售商品或服务,提供给顾客无差别的购买体验"。由此可见,全渠道有助于零售商打破时间、空间、场景的边界,最大限度地满足消费者的消费需求。新零售背景下消费者的一次购物行为可能需要横跨几个渠道。例如,消费者在线下实体店看中一款动漫周边,经过挑选对比找到了自己满意的产品,但是想以更优惠的价格购买,决定回去后网购。可见,任何一个割裂的渠道都难以满足消费者的所有需求,传统的零售业需要聚焦于全渠道,打通消费者购物的各个环节,助力消费者突破时间空间的限制,获取随心所欲的极致便捷购物体验。例如,屈臣氏围绕消费者需求,建立了天猫旗舰店、手机 APP、微信小程序、实体店等多个渠道,很大程度上满足了消费者便捷购物、便捷消费的体验。

从实践方面看,全渠道的核心在于将线下门店、线上门店和物流最大限度地融合,使得传统零售的三要素"人、货、场"突破原有的限制,在时间范围和物理范围内都能得到最大延展,达到全渠道销售的最终目的。全渠道是对传统线上零售和线下零售的变革,通过这场变革,能够充分发挥全渠道的优势,货品能够在所有零售终端出售,不同空间的消费者在不同时间都可以自由购买。

第三节 新零售的技术创新

新零售的最终顺利落地离不开技术的支持,技术创新在企业的新零售运营活动中至关重要,是新零售升级的根基。通过数字化技术,为零售企业插上数据的翅膀,助力企业重塑价值链,最终实现"人、货、场"的改造和变革。

一、营销数字化

通过数字化技术,以客户感知为基础,将营销流程进行数据化改造,实现营销过程可跟踪、可量化,帮助企业的广告投放更加精准,提升广告投放效率,降低投放成本。

(一)收集客户信息

门店通过整理线上客户和线下客户的所有消费相关数据信息,并进行数据化处理。相对而言,线上的交易相关信息收集较为容易,因为电商的网络具有读取用户端的硬件地址、网站缓存、用户日志等基础信息等功能,能够全方位收集用户信息。这里主要介绍收集线下用户信息的主流方式。

第一,WiFi探针。探测精度达到米级,甚至可以精确到商业楼层的位置。消费者手机WiFi在打开的状态下,一旦进入WiFi场景区域,设备自动连接手机。探针设备即能够探测到智能手机的MAC地址,将MAC地址发送大云端,用MAC地址匹配到用户的唯一ID,即识别用户,并根据对应的探针设备POI信息(包括名称、类别、经纬度和商圈信息),为该ID客户标注场景标签,完成用户信息的收集。

第二,人脸识别。该技术是基于人的脸部特征,采集的人脸图像或者视频流,首先判断某个场景中是否存在人脸,如果存在人脸,则进一步给出每张脸的位置、大小和各个主要面部器官的位置信息。之后依据这些信息,进一步提取每个人脸部所包含的身份特征(性别、年龄、肤色等),将其与已知的人脸进行比对,从而识别每个人的身份。

第三,iBeacon技术。iBeacon是苹果公司开发的,基于当前最新的蓝牙低功耗4.0技术打造的微定位服务。可以用它来打造一个信号基站,当用户手机在蓝牙打开的状态下,进入iBeacon设备所在区域时,就会获得该基站的推送信息。使用该技术的典型是微信摇一摇,它为线下零售门店提供了近距离链接用户的途径。当客户进入一家门店时,通过微信摇一摇,就能接收到个性化的营销信息,或者参加门店策划的其他活动。

第四,地磁定位。地磁定位技术通过识别环境中的地磁信号来进行精准定位,无须铺设信号源,不用依赖环境中的任何硬件条件,并且主流的苹果和安卓手机都开放了地磁传感器的开发接口,通过手机自带的传感器即可定位。然后与环境中的关键地理位置特征进行匹配,即可获得用户在物理环境中的地理位置。典型的应用场景是百货商超的室内导航,顾客打开手机应用,输入想要的商品,系统就能判断所在位置,并导航到指定商品处。

第五,POS机消费数据。客户在购买商品后,收银员会通过POS机扫描商品信息、计算商品金额、结算及打印小票。消费者的所有消费信息都需要经过POS机进行处理,这类数据对丰富客户标签、形成客户画像至关重要。消费数据包括消费时间、商品明细、商品数量、消费金额等。POS机消费数据的使用关键是"人单合一",以往商家只知道"买了什么""买了多少""花了多少钱",但却不知道"谁在买"。现在,很多百货、商超和服务业逐渐认识到这点,开始鼓励用户使用微信小程序下单和支付,或者直接使用APP下单支付,再或者进入商家微信公众号的会员功能支付,"人"和"单"实现统一。目前,还有一些商家拿不到消费数据,比如商场里的品牌商或者超市的肉菜专柜,客户统一在收银处缴费,商场或超市因为保密关系,不给品牌商提供"人""单"数据。当然,并不是所有商场都那么强势,若引入连锁业态的零售终端,比如屈臣氏自有POS收银体系,反过来,这类商家不给商场"人""单"数据,也是出于保密。

(二)识别客户

用户在不同的APP上有不同的账号,即不同的账号可能对应同一个人,例如,用户在拼多多上有拼多多账号,在微信里用的是微信账号,在QQ上用的是QQ账号,在对消费者交易信息进行分析时,若将同一个人不同账号割裂开来分析,则不能达到最大限度识别和分析消费数据的目的。此时,若将同一个人在不同APP或平台上建立一个统一的ID,进行ID融合打通,就能建立每一个人个性化、全面的标签,在此基础上创建客户的标签库,为后续的精准化营销做好准备。

(三)精准营销

建立了用户全方位的标签体系后,有助于商家进行营销推广活动。

第一,营销推广:根据商品或服务的受众特点以及获取商品或服务的渠道特征,将商品或服务投放给指定的人群(人群属性、人群分组和人群标签),安排好投放的时间段、投放的内容、投放的平台、投放的地点,实现投放的"千人千面"。

第二,活动方案:策划活动方案之前,挖掘人群的性别、年龄、地域、喜好以及当下的流行趋势,制定出策划活动的场景、内容、方式和位置。

第三,运营决策:根据潜在顾客的喜好、工作特点、居住地位置信息等,决策入驻的品类、品牌,并制定差异化的策略。

二、门店数字化

没时间,是如今消费者的一种普遍状态,"没时间吃早餐""没时间锻炼""没时间逛商店"……客户越来越忙怎么办?商业都是因客户改变而改变,门店的经营模式也开始随着客户行为变化而变化,门店的数字化也是为了适应用户没时间的现状,并且产生以下四种变化。

（一）从集中转向分散

门店是商家与客户、客户与客户交易互动的地方，在传统认知里，门店就是实体店或者网店，交易活动发生在这两个场所中。但是，由于二维码的普及、移动支付的广泛使用以及消费者消费行为日益碎片化的趋势，店铺的形态突破了实体店和网店这两种，发展出多种分散的商铺形态。

第一，海报＋店铺：商家在用海报进行商品宣传时，激发消费者的兴趣，并将二维码嵌入海报的合适位置，消费者有消费意愿时，就能直接扫二维码进行购物。

第二，电子屏＋店铺：商家将电子屏放置于人流量大的公共场所或者直接放置于实体店铺内，投放商品宣传资料，客户就能扫描电子屏上的二维码直接购买。

第三，书刊＋店铺：商家通过书籍植入推广信息，例如在小说中描绘主人公使用的相关物品，或者在辅导书中描绘成绩优秀学生使用的产品，读者若对此产生好奇或兴趣，就能通过书中的二维码直接购买。

第四，直播＋店铺：通过电视直播、社交平台等网络直播，在投放视频内容的基础上，投放商品宣传内容，当观看者认可直播内容时，就能通过二维码或者购买链接直接购买，边看边买。

第五，视频＋店铺：商家自制短视频或者通过网红制作的短视频，对产品进行营销，客户边看边买。

第六，游戏＋店铺：用户根据积累的游戏积分直接去商城购物或者兑换商品。

第七，软文＋店铺：商家将产品信息嵌入到网络文章中，如商品的评价测评、公众号文章等，客户能够通过购买链接或者扫二维码直接购买。

第八，社交＋店铺：潜在客户通过社交平台，如微博、知乎、论坛、微信朋友圈、微信群等渠道接收到网友或朋友的体验分享或者推荐，就能在上面直接购买。

第九，小程序＋店铺：微信小程序由于方便性被广泛使用，用户进入微信小程序就能购买到商家的商品，实体店在线下经营时也会鼓励用户使用微信小程序，用户完成了一次线下消费后还能展开后续的线上消费，从线下向线上引流。

第十，VR＋店铺：借助VR设备能够全方位对实体商家进行仔细浏览，用户能够看到商家的每件商品的形态、价格，并进行实时在线购物，这种购物方式也被称为"VR全景购物"。

通过上述各种新涌现出的店铺形态可知，门店的概念已经抽象化，不是传统认知中的看得见、摸得着的实体店或网店了。现在的店铺随着客户的移动而移动，客户在哪，门店就在哪。店铺的这种新型属性要求商家清楚知道何种渠道自带流量红利，以此作为设置门店的依据。例如，2013年电商从电脑客户端转向移动端就属于红利期，而目前的社交电商、播电商、视频电商也具有红利特征。

（二）从到店转为到家

当代在城市工作的人往往面临这样的问题：辛苦工作了一天，晚上回到家吃饭成了问题。吃快餐方便，但是价格高，没营养，也不卫生。去菜市场买菜，没有体力，也没有心情，而且菜有时也不新鲜。这个时候消费者就希望能够在手机上买新鲜的菜品，下班之前在手机上预订,到家之后菜品提前送到,甚至菜品已经被洗好、处理好,消费者直接做菜,这大大缩短了做饭时间,饭菜的品质也有保证。

还有这样的情况:辛苦工作了一周的人到了周末,喜爱宅在家里休息,躺在沙发上尽情看着综艺、美剧,放松又惬意地享受闲暇时刻,想周末都宅在家里,从吃饭、娱乐、购物都在家里完成。这是现在大部分年轻人度过周末的一个缩影。为了适应年轻人的这种生活方式,到家服务的相关商业一定会进一步扩展,外卖、家政、按摩等多种围绕生活的商品服务,也会逐渐从用户到店消费转化为用户在家消费。

(三)从找货转向提货

随着现代人生活节奏的加快,以往在琳琅满目的商品中选择合适货品已变得奢侈,现代人没有那么多的时间和精力去挑选,这时,如果消费者在回家的路上用手机软件定位离家近的商店,并选购需要的商品,在回家的途中顺便到商家领取已经被打包准备好的货品,用户只用扫描条码或二维码就能直接拿走,非常省心省力,这是"就近提货"的一个场景。再想象一下,在商场购物,要推着沉重的购物车,购物途中还要担心车子撞到或影响别人,好不容易到了结账的收银台却发现收银台前已经排起了长长的队伍,会不会让人不耐烦呢?可见,直接提货是对以往推车找货的升级,能够为消费者提供更多的选择和服务。

(四)从人工转向科技

现如今,数字科技已经帮助门店对"人、货、场"三个要素进行重构,全面打造智能供应商、智能选品、智能库存、智能物流、智能识客、智能营销、智能布局。以往靠人工经验,不准确、效率低。这里介绍八个黑科技零售工具。

第一,跟随小车。购物过程中,跟随小车会跟在客户后面,小车可放置物品,减少客户自主推拉小车;购物完毕后,小车自动到收银台清点商品,并将账单推送给客户;客户在手机端确认账单,并在线支付。结束后,小车自行返回充电。

第二,人脸支付。客户刷脸进站,设备抓取客户脸部特征,识别客户身份,支付模式分两种:(1)客户手机扫码选购商品,并确认最终选择商品,刷脸出店,系统对客户捆绑的电子钱包扣款;(2)如果商品自带RFID芯片,则客户可以直接选购商品,无须扫描确认,直接出店。出店前,传感设备收集RFID芯片上产品信息,汇总价格,自动对客户捆绑的电子钱包扣款。

第三,理货摄像头。实时监控货架的牌面,让商家从后台实时能看到商品的动销情况和商品管理情况。此外,也能减少理货员拍照上传等重复机械性劳作。

第四,智能价签。采用电子纸屏幕,实现变价自动管理,尤其在实时促销阶段,快速更新价格。另外,客户可以扫描价签获得商品详细信息或者扫描价签二维码获得优惠券,实现个性化营销。整个过程无纸化操作,降低人工成本,节约耗材,绿色环保。

第五,智能称重结算台。该结算台下方共有4个摄像头,能够通过图像识别获取商品信息,同时结合智能感应装置确认商品数量及价格。

第六,客流摄像头。通过摄像头抓取客流信息,根据客户人数、年龄段、性别等量化数据来研究客流规律,最大限度地挖掘卖场的销售潜力,增加销售机会。同时,对于人流密度较大的区域采取相应的措施,进行有效的走向引导和安全预警,完善商家的组织运营工作。

第七,智能广告牌。当客户走近广告牌,广告牌通过智能识别,能够判断客户年龄、性别,匹配客户信息,投放客户可能感兴趣的商品广告,实现精准营销。

第八,室内 AR 导航。利用 AR(增强现实)技术,为客户提供虚拟的商品导购和路径指引。客户拿出手机,选择想要的商品,手机拍摄现实场景。手机屏幕的画面中,将出现一条虚拟的导航箭头,箭头随着顾客的行走而变化,直至引导客户到商品所在处。

第四节 新零售的组织创新

新零售实现了从客户、物流到支付等环节的全链条数字化,使零售业态内在逻辑发生本质变化,因此传统零售业态需要与之相适应的组织创新,实现零售业态的变革。

一、构建电商生态系统

打造内部生态系统,即以电商平台为核心,做好内部组织构架调整,进行事业群划分,同时分布并孵化供应链、支付、物流、大数据等多个子系统。比如,阿里集团依托淘宝网、天猫等电商平台,借助支付宝、阿里云、菜鸟网络等支持系统,以加大在各个细分行业的拓展,打造跨越全产业链的一站式电商生态系统。再比如,亚马逊以传统的图书产品为切口,将硬件和内容服务完美融合,衍生出一系列相关产品和服务,为消费者提供了一站式的消费解决方案,它们是紧密围绕内容、数据和用户需求建立一整套完整的电商生态系统。

打造外部生态系统,即通过并购、投资、入股等形式,将外部的产业链相关企业纳入自身的生态系统,构建无边界的电商生态系统。例如,京东集团采取对外投资的方式,布局金融、生鲜、汽车、旅游等领域,不断与生态系统内的关联公司展开合作,并与供应链上的品牌商和第三方零售商建立紧密的利益合作关系,将之共同纳入京东的大零售生态圈。

电商企业因其固有的互联网开放基因,正不断敞开其生态系统,引入更多的上下游利益产业链相关方和其他利益相关方,以达到抱团取暖、合作共赢的目的。电商的生态化趋势成了一股不容阻挡的潮流,它对于传统电商竞争力的提升意义非凡。

第一,电商打造生态系统,可以有效避免将企业的短板和命门暴露给别人,可以有效分担风险,提升企业价值和生命力。第二,从营销层面讲,电商可以充分整合生态系统内的资源,从而实现跨界、跨领域的资源共享,并同时为生态系统内的其他企业服务,最终实现电商、合作伙伴、消费者三方的共赢。第三,实现企业生态化运转,可以最大程度降低风险,降低企业运转和经济业绩的大幅度波动。第四,通过资源共享、用户分享和流量共享,能够拓展新市场和新用户,生态内企业可以各司其职,各展所长,服务好共同的用户。第五,生态系统的参与者可以联合行动,共担风险,同时共同努力开发新的市场和利润增长点,提升竞争力。

二、构建线下零售生态系统

传统线下零售,除了要做线下线上融合,还要致力于打造自己的线下小生态,就线下的实体商业而言,无论是百货商场、连锁商超、还是社区小店、街边小店,都有自己的生态,在自己的生态系统内,自动循环运转。线上线下融合有助于让线下生态更完善,同时要注重业态融合、跨界经营、异业联盟等一系列融合手段,来构建健康且持久的零售小生态。

（一）线上向线下导流

线上向线下导流,属于O2O模式,指的是将线上的顾客吸引到线下,以增加线下的客流量和成交量。线上向线下导流的运营模式适合比较知名的大品牌企业,其影响力较大,能够开展这种导流模式,具体的实施方式有:线上发放优惠券、通过手机定位助力顾客查找门店、进行数据营销和品牌营销、吸引客户到线下交易等。

以知名的服装品牌优衣库为例,其打造的O2O闭环,根本目的是为了向线下引流,吸引顾客到线下实体店购物,提升线下门店的销售额,通过数据分析,检测推广导流的效果和每笔交易的情况。优衣库广泛布局了多种渠道,如线下门店、各个电商平台的官网、手机APP和天猫旗舰店。其中,手机APP包含4种功能:在线购物、实体店查询、发放优惠券、二维码扫描。客户在优衣库手机APP在线购物时会自动跳转到天猫旗舰店内,而优惠券和线下店铺查询则主要为了将客户引到线下实体店,增加实体店的顾客消费频次和客单价,增加实体店的销售额。

（二）跨界融合

留心观察就能发现,现在的线下零售和以往的零售商店在形式上有很大的不同,超市不再像以往一样只注重商品的丰富度,越来越多的超市开始注重商品的陈列以及带给顾客的体验感,并增加了家庭厨房、卧室陈列、轻餐饮等生活烟火气场景的注入;咖啡馆也不再只是卖咖啡,增加了很多文娱场景和休闲娱乐场景;服装店里不单单只卖衣服,还能够喝咖啡、吃小吃……类似的例子还有:服装品牌优衣库注入了星巴克元素,位于纽约的优衣库线下实体店,消费者能够用店家准备的ipad打游戏、看剧、上网,还能喝星巴克咖啡放松娱乐;永辉超市与地产企业联手,主动为顾客提供全面的跨界服务,顾客用购物小票就能到合作的地产企业兑换等价的购房优惠券;盒马鲜生作为新兴的零售物种,是新型的零售业态,不完全像超市、便利店、餐饮店,也不完全像传统意义上的菜市场,但又有这些功能,被业内很多人称为跨界经营的超级物种。由此可见,线下零售店的跨界经营已经卓有成效,跨界经营被理解成为了满足消费群体的多项相关需求,将有关联度的各种品类的货品和服务集中于一处经营,实现关联营销。

（三）异业联盟

异业联盟属于一种商业联盟,指的是为了获得共同利益,不同行业的商业主体或者不同层次的商业主体之间开展联盟,既有长期结盟,也有短期结盟。异业联盟内的商业主体相对独立,彼此之间不会过多干涉,但是具备一定程度的利益共享,联盟内资源共享、利益共存,彼此间关系相对紧密。异业联盟看似抽象和生疏,但在零售业态中越来越常见,面对竞争白热化的商业环境,很多看似没有交集的商家也会寻求互相帮助,通过抱团取暖进行合作,以便应对市场寒冬的考验。

三、新零售全域营销

随着智能手机和平板电脑等移动终端的大量普及,消费者在移动购物端购物成了一种新潮流,他们不再是刻意地去购物,而是随时随地都可以购物,消费模式再也不受时空的限制,导致传统的商圈、消费渠道由集中到分散,由中心化到去中心化。由于互联网、手机、电脑的普及,如今的消费者越来越依赖移动购物端进行购物,并形成了一种购物潮流,消费者不再像以往一样挑选一个特殊的时间到某个场所去购物,而是通过手机端操作,随时随地都能购物,消费者的消费行为突破了时空的限制,原有的传统上注重集中、规模化的商圈也变得分散化,中心化逐渐转变为去中心化。

（一）商圈去中心化

城市化发展的迅猛发展不断满足消费者的需求,原有的城市商业圈在不断成熟和完善的同时,各种新的 CDB 商圈、市中心商圈、副中心商圈、区域中心商圈、街道商业、社区商业也不断产生和发展,商圈已经逐渐分散化和零散化。

（二）渠道去中心化

新形势下,消费者再也不会集中选择某一个或某几个渠道,谁也不知道他们会在什么时间选择什么渠道去购买。以装修房子为例,以往消费者装修房子,往往到建材城采购原料。但是如今有了更多的选择。消费者可以到装修公司的材料馆,也能去淘宝、京东、拼多多、抖音等网络平台,也能去品牌的实体专卖店,还能去品牌的 O2O 体验店等。消费者不再拘泥于一个渠道和特定的营业时间,在渠道上和时间上都有了更多的选择。

（三）品牌去中心化

过去,每个商业领域都有自身的核心品牌。买电脑,有联想、苹果；买手机,有苹果、华为；买运动服,有李宁、阿迪达斯……如今的商业环境中,每个领域的品牌都在爆炸式增加,传统品牌、自有品牌、网络品牌争相发展,消费者的购物也不再拘泥于固定的几个品牌。与此同时,年轻的消费者更注重消费的体验,不再只追求品牌。

（四）消费方式去中心化

去中心化的商业时代中,消费者的消费行为不再像以前一样固定,而是变得随机和分散,消费者的消费时间、消费地点都不固定,消费者的消费方式变得多样化,具有很大的随意性,如今的消费者不用像以前一样只能在固定时间到固定场所消费。

（五）营销环境碎片化

随着智能手机的广泛使用,人们不仅对智能手机越来越依赖,智能手机也在不断改变人类整体的消费环境,消费环境日趋碎片化、移动化。消费环境的碎片化日趋显著,在如今的移动互联网时代,基本上每个人都有手机,每个有手机的人都是移动终端,都是流量不同的消息源和自媒体,同时每个人的注意力被新媒体无限占据和分散,导致人们的消费时间、地点、需求都变得碎片化,这在很大程度上影响了消费市场,使得消费市场也被无限分割,最终消费者的消费选择无限增加,很大程度上降低其对特定商家、特定品牌的忠诚度、黏性。

> **专栏　新零售创新管理案例**

一、亚马逊公司介绍

亚马逊公司(Amazon,简称亚马逊),是美国最大的一家网络电子商务公司,总部位于华盛顿州的西雅图,是网络上最早开始经营电子商务的公司之一。亚马逊成立于1995年,一开始只经营网络的书籍销售业务,现在则扩及了范围相当广的其他产品,已成为全球商品品种最多的网上零售商和全球第二大互联网企业。客单价在全世界的电商平台中是最高的,而且每个店铺每个月只需200多元人民币的租金,不像天猫、京东需要高额的保证金和平台使用费。

目前亚马逊全球开店覆盖14个站点,其全球149个运营中心将商品配送至全球180多个国家和地区的消费者。亚马逊主要面向欧美中高端市场客户。亚马逊及其销售商为客户提供数百万种独特的全新、翻新及二手商品,如图书、影视、音乐和游戏、数码下载、电子和电脑、家居园艺用品、玩具、婴幼儿用品、食品、服饰、鞋类和珠宝、健康和个人护理用品、体育及户外用品、玩具、汽车及工业产品等。亚马逊是欧洲、美国、加拿大、墨西哥、日本等国的主流网购平台。

(一)定位转变

1. 第一次转变,成为"地球上最大的书店"(1994—1997年)

1994年夏天,从金融服务公司D.E.Shaw辞职出来的贝佐斯决定创立一家网上书店,贝佐斯认为书籍是最常见的商品,标准化程度高,而且美国书籍市场规模大,十分适合创业。经过大约一年的准备,亚马逊网站于1995年7月正式上线。为了和线下图书巨头Barnes&Noble、Borders竞争,贝佐斯把亚马逊定位成"地球上最大的书店"(Earth's biggest bookstore)。为实现此目标,亚马逊采取了大规模扩张策略,以巨额亏损换取营业规模。经过快跑,亚马逊从网站上线到公司上市仅用了不到两年时间。1997年5月Barnes&Noble开展线上购物时,亚马逊已经在图书网络零售上建立了巨大优势。此后经过几次交锋,亚马逊最终完全确立了自己是最大书店的地位。

2. 第二次转变,成为最大的综合网络零售商(1997—2001年)

贝佐斯认为和实体店相比,网络零售很重要的一个优势在于能给消费者提供更为丰富的商品选择,因此扩充网站品类,打造综合电商以形成规模效益成为了亚马逊的战略考虑。1997年5月亚马逊上市,尚未完全在图书网络零售市场中树立绝对优势地位的亚马逊就开始布局商品品类扩张。经过前期的供应和市场宣传,1998年6月亚马逊的音乐商店正式上线。仅一个季度亚马逊音乐商店的销售额就已经超过了CDnow,成为最大的网上音乐产品零售商。此后,亚马逊通过品类扩张和国际扩张,到2000年的时候亚马逊的宣传口号已经改为"最大的网络零售商"。

3. 第三次转变,成为"最以客户为中心的企业"(2001年至今)

从2001年开始,除了宣传自己是"最大的网络零售商"外,亚马逊同时把"最以客户为中心的公司"确立为努力的目标。此后,打造以客户为中心的服务型企业成为了亚马逊的发展方向。为此,亚马逊从2001年开始大规模推广第三方开放平台、2002年推出网络服务(AWS)、2005年推出Prime服务、2007年开始向第三方卖家提供外包物流服务(FBA)、2010年推出KDP的前身自助数字出版平台Digital Text Platform(DTP)。亚马逊逐步推出这些服务,使其超越网络零售商的范畴,成为了一家综合服务提供商。

(二)销售策略

1. 产品策略

亚马逊致力于成为全球"最以客户为中心"的公司。目前已成为全球商品种类最多的网上零售商。亚马逊和其他卖家提供数百万种独特的全新、翻新及二手商品,类别包括图书、影视、音乐和游戏、数码下载、电子和电脑、家居和园艺用品、玩具、婴幼儿用品、杂货、服饰、鞋类、珠宝、健康和美容用品、体育、户外用品、工具、以及汽车和工业产品等。同时,在各个页面中也很容易看到其他几个页面的内容和消息,它将其中不同的商品进行分类,并对不同的电子商品实行不同的营销对策和促销手段。

2. 定价策略

亚马逊采用了折扣价格策略。所谓折扣策略,是指企业为了刺激消费者增加购买,在商品原价格上给予一定的回扣。它通过扩大销量来弥补折扣费用和增加利润。亚马逊对大多数商品都给予了相当数量的回扣。例如,在音乐类商品中,承诺对CD类给予40%的折扣,其中包括对畅销CD提供30%的回扣。

3. 促销策略

常见的促销方式,也即企业和顾客以及公众沟通的工具主要有四种。它们分别是广告、人员推销、公共关系和营业推广。在亚马逊的网页中,除了人员推销外,其余部分都有体现。在亚马逊的主页上,除了不能直接碰到书,挑书的乐趣并不会减少。精美的多媒体图片、明了的内容简介和权威人士的书评都可以使人有身临其境的感觉。主页上广告的位置也很合理,首先是当天的最佳书,而后是最近的畅销书介绍,还有读书俱乐部的推荐书,以及著名作者书籍等。不仅在亚马逊的网页上有大量的多媒体广告,而且在其他相关网络站点上也经常可以看到它的广告。

广告还有一大特点就在于其动态实时性。每天都更换的广告版面使得顾客能够了解到最新的出版物和最权威的评论。不但广告每天更换,还可以读到每小时都在更新的消息。亚马逊千方百计地推销自己的网点,不断寻求合作伙伴。由于有许多合作伙伴和中间商,从而使得顾客进入其网点的方便程度和购物机会都大大增加,它甚至慷慨地做出了如下的承诺:只要你成为亚马逊的合作伙伴,那么由贵网点售出的书,不管是否达到一定的配额,亚马逊将支付给你15%的介绍费。

4. 促销手段

开源节流：如前所述，亚马逊盈利的秘诀在于给顾客提供的大额购买折扣及免费送货服务。然而，此种促销策略也是一柄双刃剑：在增加销售的同时产生巨大的成本。如何消化由此而带来的成本呢？亚马逊的做法是在财务管理上不遗余力地削减成本：减少开支、裁减人员，使用先进便捷的订单处理系统降低错误率、整合送货和节约库存成本……通过降低物流成本，相当于以较少的促销成本获得更大的销售收益，再将之回馈于消费者，以此来争取更多的顾客，形成有效的良性循环。当然这对亚马逊的成本控制能力和物流系统都提出了很高的要求。

此外，亚马逊在节流的同时也积极寻找新的利润增长点，比如为其他商户在网上出售新旧商品和与众多商家合作，向亚马逊的客户出售这些商家的品牌产品，从中收取佣金。使亚马逊的客户可以一站式地购买众多商家的商品以及原有的书籍、音乐制品和其他产品，既向客户提供了更多的商品，又以其多样化选择和商品信息吸引众多消费者前来购物，同时自己又不增加额外的库存风险，可谓一举多得。这些有效的开源节流措施是亚马逊低价促销成功的重要保证。

（三）平台优点

第一，卖家少、买家多、竞争低。亚马逊的全球卖家数量300万，全球活跃用户4个亿，超1亿的Prime付费会员，覆盖65个国家，是电子商务的鼻祖，比其他平台都要早，拥有庞大的客户群和流量优势，每个月有八千万的流量，以优质的服务著称。

第二，亚马逊平均客单价最高，平均客单价超17美元，利润高。

第三，物流优势。亚马逊专用物流具有强大的仓储物流系统和服务，尤其是北美、欧洲、日本地区。卖家只需要负责出售产品，后期的打包、物流、退换货都由亚马逊提供统一的标准的服务模式，会产生一些服务费用包括存储费、配送费和其他服务费用，也可以选择自己配送；亚马逊全球各大运营中心将商品配送至全球185个国家或地区。

第四，站点联动，比如亚马逊欧洲站点只需要有一个国家的账户就可以面向全欧洲市场销售。

第五，销售模式：B2B、B2C模式，主要针对企业客户，业务多元化。

第六，提供中文注册界面和卖家中文版店铺后台，再也不用担心搞不懂各项数据指标的含义。

（四）平台缺点

一是，由于竞争激烈，入驻亚马逊的商家越来越多，导致新入驻的卖家需要花费比较大的支出为产品进行测评与广告，需要一定的资金。

二是，亚马逊需要使用FBA配送，同时也能获得购物车。意味着商家需要囤货，囤货是有一定风险的，一旦出现问题，或者选品不正确都有可能赔在手里。

三是,亚马逊的审查比较严格,对货品的把控比较严,对卖家的产品品质要求高。

四是,必须可以开具发票。

五是,对产品品牌有一定的要求。

六是,手续较其他平台略复杂。

七是,同一台电脑只能登录一个账号。

二、亚马逊公司运营

亚马逊平台是美国最大的电子商务公司,但与国内的电商如淘宝、京东不同,亚马逊平台强调的是产品,没有店铺的概念,同时亚马逊是跨国的电商平台,因此对于消费者和卖家而言,关注更多的是亚马逊的运营发货模式。

(一)备货模式

1. FBA发货模式

FBA模式也被称为海外仓模式、亚马逊仓储派送,指的是卖家提前把货品送到亚马逊仓库,当消费者在网上下单后,亚马逊公司负责将货品送到顾客的手中。跟京东入仓的操作模式基本差不多,时效快,客户体验度高。这种模式需要提前将货品送到亚马逊仓储,因此卖家需要有较大的资金。

FBA发货模式是目前亚马逊发货运营的主要方式。在这种模式中,当卖家在网站上出单了某种商品时,就要向亚马逊报备,并将商品放到亚马逊仓储。可见在此模式下,亚马逊对商品的销售流程具有绝对的掌控权,因此这种模式也得到亚马逊的青睐。对于卖家而言,这种模式的投入成本较高,尤其对于一些货品的损毁,额外增加了人工成本和资金成本。亚马逊(FBA)配送模式的优势有:有助于卖家成为特色卖家,占据顾客更多的购物车,增强客户对于卖家的信任,最终提升卖家的销售额;先进的智能化管理和强大的配渠道资源;在全世界范围内都有仓库,且仓库大多靠近机场,配送时效超高;每天24小时的亚马逊专业客服;减少FBA物流引起的差评纠纷;对单价超过300美元的产品免除所有FBA物流费用;超大件和超重货的货品有配送优势。

亚马逊(FBA)配送模式的缺点有:运费比国内网购的运费高,尤其是非亚马逊平台的FBA发货;消费者联系客服不能及时回复,商家的反馈较慢,卖家与买家间互动的灵活性较差;FBA仓库不为卖家的头程发货提供清关服务;卖家的货品进入仓储的程序严格,如果前期工作没做好,将影响货品入库。

2. FBM发货模式

FBM发货模式是指亚马逊仅仅是一个销售平台,卖家拥有自己的货源渠道,当有顾客购买商品后,即店铺有客户下单,店铺通过国际快件包裹送到国外客户的手中。具体而言,店铺将商品发到中转仓(海外仓),由中转仓(海外仓)通过国外物流送到顾客收货地址。可见FBM发货模式比FBA发货模式复杂一些,但是比后者更省钱,原因在于不用支付商品在国外仓储的费用。所以FBM的价格比FBA要便宜一些。

FBM发货模式的优势有：向亚马逊支付的费用更低；卖家控制库存、存储和履约过程，并且业绩好的卖家能够大大减少成本；自己负责交付的多渠道销售卖家能够更容易备货和跟踪库存；卖家决定商品的包装，有利于卖家树立自身的品牌形象。FBM发货模式的缺点有：交易周期长，容易丧失没有耐心的买家；产品不符合Prime标准，难以竞争。

（二）无备货模式

无备货模式指的是卖家没有货源，不需要像FBA与FBM那样囤货，因此不需要高昂的资金成本。无备货模式的卖家大多从淘宝、天猫、京东、1688等国内电商以及国外电商平台采集产品数据，通过ERP管理系统筛选处理，最后上传到卖家店铺上。当外国的顾客看到卖家的商品后，卖家通过ERP系统查询到顾客购买的某件货品，并查询顾客看中的货品原来是在国内哪个电商平台的，之后卖家下单购买后发到中转仓，并进行二次打包贴上国际物流标签，最终发给国外消费者。

1. 一件代发模式

一件代发是最近几年流行的发货方式，卖家不需要囤货。货物有专门的货商，将货备到海外仓或离港口近的国内仓。这种模式产生出了国内一件代发和海外仓一件代发两种模式。

国内一件代发是一些商家在运营过程中发现的商机。由于很多的新手卖家没有经验，不懂得如何选品或发货，运营效率低。这些平台提供货品、数据包和分类数量给卖家，卖家通过数据包做上架。当有顾客出单时，就由这些平台发货，卖家支付给平台一些手续费就能收到买家的收货信息。这些商品多为航空件或者海运件，商品不同，运送时间也不同。海外的一件代发与国内的一件代发原理一样，都是通过数据包进行上架，不同之处在于商品在海外，会增收一些仓库的存储费用，因此商品价格比起国内相对较高。发货时效也较快。无论是国内的一件代发还是国外的一件代发，这种运营模式只适用于新手卖家，有利于卖家熟悉市场，不适合卖家通过这种方式扩大经营，因为卖家没有货源，商品不可控。

2. 柔性供应链

柔性供应链是基于一件代发衍生出来的，与后者的不同之处在于其融合了一件发货和DIY定制，卖家在平台上卖图片然后再生产下单。这种模式对于供应商的要求比较高，靠谱的供应商相当于卖家的强大后盾，协调合作的供应商让卖家相对于其他竞争者具有更大的优势。

三、创新驱动

亚马逊从一家网上书店发展成如今美国第一大电商，与其一路走来不断实施创新密切相关，作为20多年来零售业最成功的企业之一，也是最早尝试新零售模式的零售企业，它是如何实现企业的创新发展的？

（一）创新文化

企业的文化类似于人的价值观，影响着企业或人的行为。亚马逊的核心文化就是不断创新，在创新文化的指引下，亚马逊从跨境电商，到技术研发，再到云计算，不断推陈出新，领跑零售业态。亚马逊注重本地客户的需求，并基于本地客户需求，全面实行从技术到模式、从体验到服务的本土化创新，并将本土化成功创新的经验成功推广到全球。亚马逊中国副总裁李岩川指出，亚马逊中国推动创新有专有的模式，即技术创新本土化、客户体验定制化、商业模式轻量化。这是亚马逊创新成功的关键。传统的零售模式注重运营，但是亚马逊有所不同，早在几年前，亚马逊就开展了轻量化运营模式的亚马逊海外购，并且基于全球运营网络，在中国正式成立了海外购，这也是首个亚马逊本地化的全球商店。

亚马逊海外购的成功，让人们认识到轻量化运营的优势所在，例如，本地零库存带来的低运营成本。之所以有这样的优势，在于海外购能够灵活使用海外资源，满足了中国消费者购买外国货品的需求，让本地市场保持零库存，最终大大降低了运营成本，而且保证了货源的品质。这一模式的成功带动了多个国家相继借鉴这一模式，如新加坡、德国等。这正是亚马逊为了最大程度满足用户需求，不断进行创新的结果。

（二）创新内容

1. 技术创新

"创新是亚马逊的DNA。在过去的25年里，我们可以看到有非常多的产品和理念都是由亚马逊独创的。"在2020年8月召开的亚马逊第三届创新日上，亚马逊中国副总裁李岩川指出，"作为商业创新与科技创新的引领者，亚马逊在过去的25年里参与并见证了人工智能和机器学习技术在世界不同地区、不同领域、不同行业以及不同领域的创新应用，以及互联网技术、消费观念、商业模式的迭代与变革。无论是在全球还是在中国，我们一直都在创新路上砥砺前行。"

亚马逊构建了世界最大的智能运营网络，有19个站点的本土化运营，连接着全球175个运营中心，经营范围达到185个国家和地区，拥有全球3亿多的消费者。3亿客户的消费数据加上巨大的国际运营网络，使得亚马逊在消费者大数据采集方面拥有天然的优势。与此同时，亚马逊拥有国际领先的人工智能和机器学习技术，这些都极大地助力亚马逊提升客户体验能力和运营效率。

亚马逊以消费者为中心，站在消费者的角度看待问题，并利用自己先进的技术对消费者进行实时回访并及时改进，同时也对服务页面进行人性化的改变，消费者在购买时简单快捷，容易操作。亚马逊研发人员倾听不同消费者的不同需求，在商品选择过程中提供多家生产商的品类，使消费者可以自由地选择商品；对于目标不明确的消费者，则采取试用或免费浏览功能，让消费者了解商品的同时，也对消费者的权益进行合理的保护,极大地提升消费者的购物体验。

2. 全球推广

早在亚马逊的早期经营中,亚马逊就意识到人工智能的重要性,并充分发挥其在商品推荐中的作用。经过20年的发展,亚马逊充分利用AWS的技术,企业对于人工智能的应用广泛体现在智能语音助手、跨境电商、智能物流、无人商店等方面。

AWS不仅服务于亚马逊电商业务需求,也为企业客户提供了强有力的技术支撑。亚马逊将AWS在中国实施运用,仅2020年上半年AWS就在中国区域推出了150多项云服务和功能。

与此同时,亚马逊的科学家团队拥有数千人,这些科学家的主要工作就是大数据体系的研发与优化,并且在此基础上构建强大的数据体系。有了这种全球化的数据体系,加上亚马逊巨大的消费者数据以及世界领先的人工智能技术,这些都让亚马逊可以最大限度地满足消费者的消费体验,最终提升运营效率。据统计,截至2019年,在智能语音交互、智能硬件、智能购物、智能物流等场景,亚马逊全球已经拥有逾120 000项技术专利、100 000项智能语音功能应用。

3. 个性化消费者推荐

"推荐"一直是电商增加顾客流量的重要手段。为了获取更多流量,电商在各个场景和交易环节进行推荐,但是让推荐更有效率,就需要做到针对消费者的喜好,做到"千人千面"的推荐。但是由于人数众多,加上对消费者喜好进行准确评估是个难题,真正做到"千人千面"这一目标难以企及。业内普遍还是通过运营人员为商品或者消费者打标签的模式去实现个性化推荐。现实中对客户的推荐充满了人工干预因素。

亚马逊通过运用技术,从用户和商品两个维度进行全面的数据分析,通过对客户的浏览特点、购买习惯、支付方式、选购商品的类型、尺码等多个维度全面读懂消费者,向消费者进行个性化推荐。亚马逊借助大数据体系,根据当前客户特征以及业务数据,从频道池中自动选取频道,在亚马逊海外购App首页进行自动化和智能化的布局与排序,不同消费者在浏览首页的时候会发现,"海外购畅销榜""全球品牌精选"等许多模块的排序都是因人而异的。精准推荐商品方面,亚马逊中国搭建了自身特有的信息流、瀑布流推荐。受前沿计算机视觉技术的启发,亚马逊使用深度卷积神经网络,准确地量化商品视觉相似度,从而有效感知客户对服装类商品的偏好,并精准推荐商品。

2020年,亚马逊启动了运营流程自动化项目。结合机器人流程自动化技术,使用智能表单及自动化脚本等实现方式,使亚马逊中国海外购系统运营环节中涉及的人工操作流程演进为标准化及自动化处理,预计每年平均节省15%的运营工作时间。如今,亚马逊页面自动生成系统可以支持频道页、类目页、品牌首页和促销活动页的自动生成,从而把运营人员从繁琐的页面搭建工作中解放出来。同时,自动化页面可以根据商品销售情况实时更新,实现既可以基于消费者特征进行页面自动搭建,也可以根据促销活动自动更新页面的效果。

4. 科技产业创新

当今世界,人工智能技术和互联网通信飞速发展,人们也更期望新型科技产品的问世,要想要在某一新兴产品中立足,就必须打造独特的品牌科技,这样才会在众多产品中脱颖而出,提前立足于市场,同时消费者根据往日消费习惯,一般也不会轻易改变他们最开始选择的品牌,这为品牌的延续力打造了良好的基础。亚马逊正是抓住消费者的这一心理,主动开发独特产品——Kindle电子读书器,将纸质图书变为电子纸质版图书,将生活与科技联系在一起,为生活提供便捷,正是这个创新使得亚马逊在电子图书行业中站稳脚跟。

但是,Kindle阅读器的运营模式是通过低价出售电子产品,再通过售卖电子书籍来赚取利润,这就不得不考虑几点问题:第一,这种销售方式是否能长期占领市场,是否可以积极吸引出版商的注意力;第二,在科技如此发达的时代,会不会出现性价比更高的替代品,如果Kindle不能长期保持高的市场占有率,可能会导致企业资金链有缺口,将给亚马逊造成巨大的经济损失。

5. 物流产业创新

亚马逊为了节约配货时间提高配送效率,在2012年收购了Kiva Systems来提高公司的物流效率,同时积极开发机器人分货系统,实现智能分仓、就近分仓、预测配送等模式,保证购买的商品与购买者之间距离最优化,亚马逊也开发出无人配送货物机"亚马逊一号",实现了食品生鲜在最短的时间内配送到消费者手中。亚马逊的创新代表着物流产业又向前推进了一步,使互联网与物流有机结合,亚马逊同时也加强对快递服务的控制权,不断优化配件的准确率,使其在跨境电商运输中处于有利的地位。这种做法提高了货品分配效率,减少了运输过程中的配送时间,但是要让消费者满意度提升,还要优化分配管理系统,保证管理者与机器人系统互相联系,预防在分货及运货时出现故障,影响配送时间,进而影响消费者的体验。

6. 店面策略创新

在2018年3月7日,亚马逊宣布将关闭87家亚马逊快闪店,专注建立四星级服务商店。亚马逊着眼于四星级服务商店,通过装修模式展现其企业文化,说明目前消费者已不满足于优质商品而更期待同等的优质服务,四星级服务商店则能极大地满足消费者的美好诉求,在购买优质商品的同时还享受优质服务,这种创新更符合当代世界的经济发展潮流。

亚马逊这样的做法,极大地维护了消费者权益,但是四星品牌店的建设也是具有挑战性的:第一,成本大幅度提高,服务费和管理费大幅度提升,这样的做法可能会导致商品价格上升,从而抑制消费者的购买欲望;第二,四星品牌的店面位置选择也需要深度考虑,良好的地理位置将会影响消费者的流量,如果在选择店面位置时发生失误,将会对后续经营造成很大的影响。

（三）为创新者打造最佳工作场所

在亚马逊，创新从来都不是被当作一段时间的成果孵化器，它存在于每一个岗位每一天的工作中。从亚马逊云服务（AWS）的推出、Kindle电子阅读器的发布、亚马逊Alexa和Echo的发明、Kiva机器人和Prime Air无人机的应用，到Amazon Go的亮相，种种创新层出不穷。这些成功的创新经验和实践推广至更多地区、更多行业，赋能企业用户、惠及全球消费者，并推动了整个产业的发展升级。从全球到中国，亚马逊从未停止创新的脚步。那么，追本溯源，亚马逊在全球持续创新的动力和灵感由何而来呢？亚马逊分享它的五条"秘诀"。

1. 赋予每个员工创新的空间

逆向思考机制，被超过600 000位亚马逊人认为是行之有效的一个方法。在亚马逊，每一位员工都是创新者，公司鼓励每一个亚马逊人提出创造性观点，希望员工勇于发现问题，并提出新的解决方案。

2. 长期思考并接受失败

亚马逊认为，要真正专注于创新就必须要进行长远考虑，并愿意承担创新的风险。亚马逊员工会定期对新产品和服务进行试验及测试，其中有些产品取得了巨大成功，而有些产品却失败而被改进或放弃，但从这些失败中得到的经验也将成为下一个伟大创意的基础。

3. 做出可逆化决策

亚马逊将决策比作"门"，并提出"单向门"与"双向门"，即不可逆和可逆的决策。"双向门"决策意味着即便新的想法无法推进，也可以重新打开那扇"门"再走回去。亚马逊尤其强调这两种决策的区别，因为理解这种差异可以培养一种实验文化。

4. 支持内部转岗

亚马逊是一家有许多"创业项目"的大公司，全球的业务和团队都在不断深入了解新的客户需求，提出新的想法。亚马逊鼓励员工抓住这些新想法所带来的职业机遇。

5. 培养创造力

亚马逊发起了许多有趣的项目来保持员工的创新能力，比如为员工提供参与艺术研讨会和创新课程机会的"表达实验室"（Expressions Lab），以及由100位员工组成的亚马逊交响乐团。此外，亚马逊还为员工提供有助于激发创新与合作的办公场所。

（资料来源：https：//www.sohu.com/a/368058618_12034206；https：//baike.baidu.com/item/%E4%BA%9A%E9%A9%AC%E9%80%8A/21766?fr=aladdin；https：//baijiahao.baidu.com/s?id=1675550186206346916&wfr=spider&for=pc；https：//baijiahao.baidu.com/s?id=1675244458276083782&wfr=spider&for=pc。）

本章小结

我国的零售企业经过长期的迅猛发展,增速放缓问题日益凸显,传统的线上和线下零售面临的问题愈发明显,因此,创新成为了零售企业的必由之路。无论是传统线上零售还是线下零售,都需要从以消费者体验为中心,以数据和技术驱动来打破时空场景等边界进行战略的变革。与此同时,零售企业需要从营销数字化、门店数字化等方面开展技术创新,并且需要从构建电商生态系统、投建线下零售生态系统、新零售的全域营销等方面进行零售企业的组织创新。

关键词

以消费者体验为中心、数据和技术驱动、打破时空场景等边界

思考题

1. 传统线上和线下零售面临的问题有哪些?
2. 新零售下零售企业的创新战略包含哪些?
3. 新零售下零售企业的技术创新包含哪些?
4. 新零售下零售企业的组织创新包含哪些?
5. 亚马逊企业从哪些方面实现了创新发展?

参考文献

[1] 翁怡诺.新零售的未来[M].北京:北京联合出版公司,2018.

[2] 董永春.新零售:线上+线下+物流[M].北京:清华大学出版社,2018.

[3] 喻旭.新零售落地画布[M].北京:清华大学出版社,2018.

[4] 金亮,郝冠淞.考虑社会责任的线上零售供应链定价与促销策略研究[J].软科学,2018,32(8):106-111.

[5] 赵思思,吴锋,舒磊.考虑退货的电商企业承诺到货期与努力水平决策[J].管理工程学报,2019,33(3):106-113.

[6] 谢璐,苗苗.线上线下零售业态"新零售"逻辑与助力发展的政策建议[J].商业经济研究,2019(21):16-19.

[7] 柯春媛.传统零售企业发展战略转型与路径选择[J].商业经济研究,2019(11):116-119.

[8] 高金城."互联网+"时代零售企业商业模式的创新发展趋势[J].商业时代,2016(20):106-107.

［9］张晓芹.面向新零售的即时物流：内涵、模式与发展路径［J］.当代经济管理,2019(8)：21-26.

［10］石丹.亚马逊：为创新者打造"最佳工作场所"［J］.商学院,2019(10)：1.

［11］郭顺兰,贺红兵.跨境电子商务模式创新要素分析［J］.商业经济研究,2021(7)：4.

［12］王美心,白杰.跨境电商亚马逊的运营模式分析［J］.现代营销(学苑版),2021(6)：140-141.

第六章 生鲜电商

 学习要点

- 我国电子商务发展情况以及主要商品网络零售规模
- 生鲜产品产业链的上游、中游以及下游的基本特征
- 我国生鲜电子商务行业发展历程以及主要特点
- 我国生鲜电商主要运营模式的特点
- 前置仓以及生鲜电商物流配送系统
- 生鲜电商服务质量以及与顾客满意度的关系

与传统电商相比,生鲜电商有其特殊之处。首先,生鲜产品具有不易储存、保鲜时间短、损耗高等特点,因此,供应链管理与物流配送能力就是生鲜电商企业需要面对的考验。其次,生鲜产品是人们日常消费必需品,复购率高,消费人群分散,如何将生鲜产品及时交付给消费者,对生鲜电商企业来说也是一大挑战,因此,生鲜电商如何"落地"就成为企业经营决策的核心问题。电商企业的线上能力强,但如何将线下零售也做好,就是一个具有挑战性的问题。再次,行业发展快,一种新的商业模式出现之后,就有众多企业模仿,市场竞争激烈,市场集中度低,还处在"群雄争霸"的年代,企业赢利能力较差。

第一节 中国电子商务发展概况

根据《中国电子商务报告(2020)》公布的数据,2020年全国电子商务交易额达37.21万亿元,同比增长4.5%(见图6-1)。其中,按照交易对象划分,商品类交易额27.95万亿元,同比增长7.9%;服务类交易额8.08万亿元,同比下降6.5%;合约类电子商务交易额1.18万亿元,同比增长10.1%。按照交易主体划分,对单位的交易额18.11万亿元,同比增长3.7%;对个人的交易额9.84万亿元,同比增长16.6%。

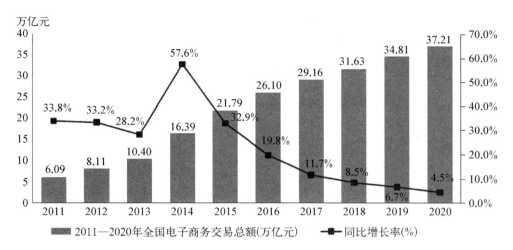

图 6-1　2011—2020 年中国电子商务交易额

资料来源：商务部电子商务和信息化司.中国电子商务报告(2020).

2020 年全国网上零售额达 11.76 万亿元，同比增长 10.9%（见图 6-2）。其中，实物商品网上零售额 9.76 万亿元，同比增长 14.8%，占社会消费品零售总额的比重为 24.9%，比上年提高 4.2 个百分点。从地区情况看，东部、中部、西部和东北地区网络零售额占全国比重分别为 84.54%、8.37%、5.68% 和 1.41%，同比增速分别为 10.7%、6.2%、4.1% 和 7.4%。网络零售交易规模排名前十的分别是广东（24.33%）、浙江（16.68%）、上海（11.80%）、北京（10.96%）、江苏（9.08%）、福建（4.80%）、山东（3.82%）、安徽（2.13%）、河北（1.95%）和河南（1.91%）等，十省市网络零售额合计占全国比重为 87.46%。

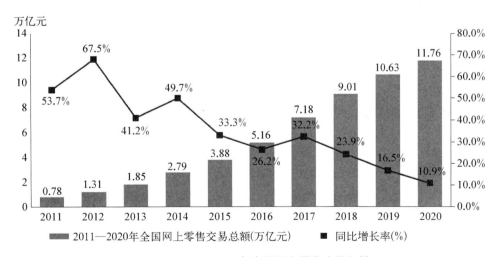

图 6-2　2011—2020 年中国网上零售交易规模

资料来源：商务部电子商务和信息化司.中国电子商务报告(2020).

从商品品类划分，服装鞋帽、针纺织品，日用品，家用电器和音像器材网络零售额排名前三，分别占实物商品网络零售额的 22.27%、14.53% 和 10.80%（见图 6-3）。中西药品、化妆品、烟酒、家具等网络零售额实现较快增长,同比增速均超过30%。根据中国互联网络信息中心(CNNIC)数据,截至2020年12月,全国网民规模达9.89亿,互联网普及率达70.4%,其中网络购物用户规模达7.82亿元,网络购物拥护占全部网民的比例达79.10%。

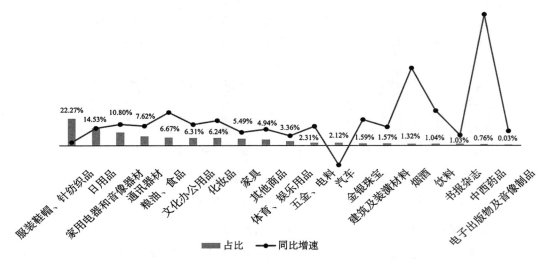

图6-3 2020年中国网络零售各品类零售额占比及同比增速
资料来源:商务部电子商务和信息化司.中国电子商务报告(2020).

2020年全国农村网络零售额达1.79万亿元,同比增长8.9%。尽管全国农村网络零售额逐年增长,但同比增长率从2017年开始逐年下降,例如2016年同比增长率为153.4%,而2017—2020年的同比增长率分别为39.1%、30.4%、19.1%和8.9%。农村实物商品网络零售额为1.63万亿元,占全国农村网络零售额的90.93%,同比增长10.5%;全国农产品网络零售额达4 158.9亿元,同比增长26.2%,休闲食品、粮油和滋补食品销售额排名前三,占比分别为19.82%、14.55%和11.25%;粮油、肉蛋禽、奶类、蔬菜和豆制品等五类商品同比增速超过30.0%(见图6-4)。东部、中部、西部和东北地区农产品网络零售占全国农村网络零售额比重分别为62.46%、16.87%、14.75%和5.92%,同比增速分别为27.9%、14.4%、27.3%和44.0%。

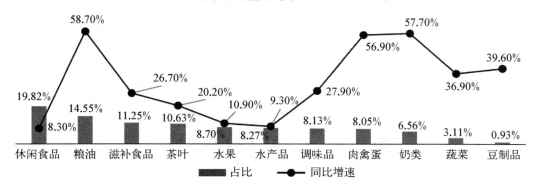

图6-4 2020年中国农产品各品类网络零售额占比及同比增速
资料来源:商务部电子商务和信息化司.中国电子商务报告(2020).

第二节　生鲜产业链

生鲜产品(即生鲜农产品,简称生鲜),又指鲜活类农产品,可翻译为 fresh produce,主要是指常温下易腐烂,保鲜期短的农产品,主要包括蔬菜、水果、肉类及初级加工品。生鲜产品的供应链的上游、中游和下游各有不同的特征。产业链的上游是农产品生产者,包括多种类型,有单个农户,也有农业合作社、企业农产品生产基地、"菜篮子"生产基地等,但由于生鲜产品不耐储运等特点,这类产品的流通半径小,产品滞销是常态。产业链的中游是农产品分销商,包括产地的集贸市场、批发商,以及邻近市场的批发市场和批发商,但由于中间分销批发环节多,各个环节信息不对称,易造成生鲜产品在流通环节逐层加价,导致生鲜产品价格较高。产业链下游主要是生鲜产品加工厂、农贸市场、超市、生鲜店以及生鲜电商,也包括餐厅和单个消费者等。

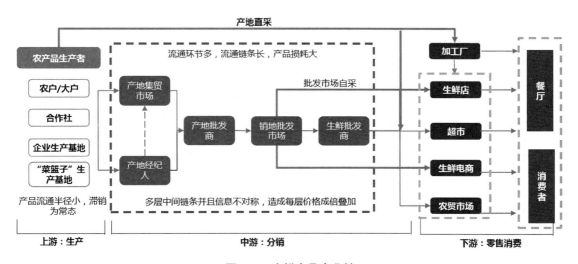

图 6-5　生鲜产品产业链

资料来源:艾瑞咨询.中国生鲜供应链行业研究报告.2020.

一、生鲜产业链上游

生鲜产品产业链上游的主要生产单元有:农户、家庭农场和农业企业。以浙江省为例,2013 年全省农业生产者 589.91 万人,约占总人口的 10%;其中以家庭为单位的农户是最主要的生产单元,少部分是"农户+合作社"以及"农户+农企"等模式(参见表 6-1)。截至 2014 年 6 月,浙江省已有经工商注册登记的家庭农场 9 190 家,经营土地面积 131 万亩,占全省规模经营耕地面积的 17.8%,占农民专业合作社经营面积的 30.3%。家庭农场平均雇工数为 19 人,平均经营土地面积在 200—300 亩,多数以单一蔬菜或水果种植为主。2014 年浙江省共有农业龙头企业 7 621 家,受自然资源和传统习惯的影响,农业企业整体规模偏小,市场开拓能力有限,缺少全国知名的生鲜产品品牌企业。

表 6-1 农业产业化经营组织形式的契约关系类型与特征

性 质	古典契约	新古典契约	关系型契约
组织形式	市场＋农户	公司＋农户	合作制＋农户；股份制＋农户
交易方式	交易对象随机；简单的买卖交易	交易对象相对固定；买卖交易	交易对象固定；管理交易
契约类型	短期通用性商品契约	长期专用型商品契约	长期专用型契约；人力资本与非人力资本契约
博弈次数	一次性博弈	重复博弈	长期重复博弈
定价方式	直接定价	直接定价和间接定价相结合	间接定价
治理方式	价格机制	价格机制	权威机制
市场形态	外部、商品与公共市场	外部、商品和私人市场	内部市场；要素市场

资料来源：李秉龙,薛兴利.农业经济学(第3版)[M].中国农业大学出版社,2015.

我国幅员辽阔,生鲜产品品类繁多,但地域性较强。以水果为例,多产于我国北部的山东、河北一带,以及南部的广东、广西等地区,受气温和地域等因素的影响,不同地区所产水果也不尽相同。我国海南盛产香蕉,福建和广东次之,而福建产的香蕉口感较好,主要销往上海等大城市；广东荔枝产量最高,其次是海南、广西和福建；龙眼的主产地有福建、广东和广西,其中福建莆田的产量最大,质量较好；苹果的主产地有山东、陕西、河北等地,其中山东烟台一带的苹果质量最好,主要品种有红富士、花牛等；草莓主产地有河北满城、四川成都、浙江和安徽省部分地区,其中四川和浙江省的草莓上市较早；芒果主产地有海南、广东雷州半岛和广西等地。

新鲜水果的产地有特殊的地域性特征,除此之外,水果的种植也表现出明显的季节性,消费者也对水果的时令新有较高的要求,当然,相同的水果,不同产地其成熟时间也会有一定的差异。农历1—3月上市的水果有：阳桃、青枣、枇杷、番石榴、甘蔗、樱桃、柑橘等,蔬菜有：辣椒、洋葱、豌豆、油菜、蒜苗等；农历4—6月上市的水果有：草莓、西瓜、菠萝、芒果、百香果、火龙果、荔枝、香蕉等,蔬菜有：苦瓜、冬瓜、茭白、黄瓜、南瓜、四季豆等；农历7—9月上市的水果有：柚子、梨、苹果、甘蔗、葡萄、红枣、核桃等,蔬菜有：秋葵、莲藕、山药、胡萝卜、西红柿等；农历10—12月上市的水果有：榴梿、石榴、柑橘、柚子、苹果等,蔬菜有：卷心菜、芥菜、莜麦菜、菠菜、洋葱等。其他生鲜产品,例如海鲜水产品、肉禽蛋、奶类产品等也都有相应的主产地。我国海鲜水产品主产地有山东、江苏、浙江、福建和广东,淡水类产品主要产于湖北省；肉禽蛋类产品的主产地有河北、山东和河南等省；奶类产品的主产地有黑龙江、内蒙古、山东和河南等省。

二、生鲜产业链中游

生鲜产品从农户等上游生产者到最终消费者,中间至少有三到四层供应链环节,流通成本较高,效率较低。由于上游生产者集中度较低,为了满足农产品在不同区域和不同季节的需求,现已形成了稳定的以多级批发市场为主的生鲜流通体系,即分散的农户提供生鲜产品,然后由大量的经纪人收购,运输到产地批发市场,随后由销地批发市场、二级批发商等分销至农贸市场、超市等,最终到达终端消费者。由于流通环节多,生鲜产品经过每层环节的储存、运输、装卸后损耗较大,加上运输成本、人工成本以及层层加价,使得产销两地的商品差价较大,零售终端毛利率普遍较低。

多级分销系统也使得从生产源头到终端消费者的流通渠道呈现出"多元交叉"的特点(见图6-6),即零售商既可以从二、三级批发商进货,也可以从产地、销地批发市场进货,规模较大的零售商甚至与农户或农业合作社直接签订采购合同,多级的批发市场也会与农户或合作社,以及产地和销地批发商签订采购合同,生鲜产品在不同的流通渠道之间的流通多元交叉,没有统一规划,使流通效率下降,商品也难以溯源。

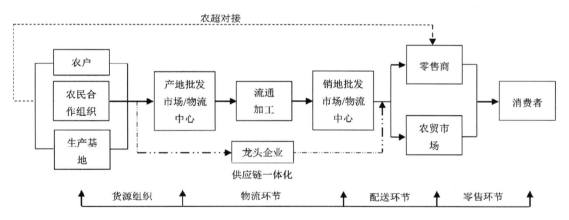

图6-6 传统生鲜农产品流通体系

资料来源:汪旭晖,张其林.电子商务破解生鲜农产品流通困局的内在机理——基于天猫生鲜与沱沱工社的双案例比较研究[J].中国软科学,2016(2).

根据艾瑞咨询研究报告的数据显示,全国主要生鲜产品总加价率超过100%,蔬菜水果内产品总体损耗率在5%—8%。总体上看,在农户等生产者与产地采购商之间,生鲜产品加价率在12%左右,损耗率在2%左右;在产地采购商与销地一级批发市场之间,生鲜产品加价率在15%左右,损耗率在8%左右;在销地一级与二级批发市场之间,生鲜产品加价率在10%左右,损耗率在4%左右;在销地二级批发市场与零售商之间,产品加价率约20%,损耗率约5%;在零售商与消费者之间,产品加价率约35%,损耗率约8%。当然,不同品类商品在不同分销环节的加价率和损耗率也不尽相同,例如蔬菜和水果在零售商与消费者之间的加价率约为50%,损耗率约为10%;禽蛋类产品加价率则为20%左右,损耗率约为2%。

三、生鲜产业链下游

生鲜产品的零售市场位于生鲜产业链下游,是零售商直接向消费者销售生鲜产品的场所。随着生活水平的提高,人们对生鲜产品的需求不断增长,2019年中国居民主要生鲜食品(包括蔬菜、鲜瓜果、肉类、水产品、禽类和蛋奶类等)消费量达3.1万亿吨,生鲜市场规模也稳步增长,2020年全国生鲜零售市场规模超过5万亿元,预计2025年将达到6.8万亿元。艾瑞咨询研究报告的数据显示,生鲜零售市场的主要渠道仍然是超市、农贸市场(菜市场)等线下零售渠道,而不是生鲜电商。乡镇与中小城市以农贸市场为主,大中城市以超市为主,农贸市场为辅。2016—2020年线下零售渠道完成的生鲜产品交易额占全部市场规模的比例分别是97.2%、95.8%、93.8%、91.2%和85.4%,尽管逐渐递减,但线下零售仍然是生鲜产品的主要零售渠道,其中农贸市场和超市是生鲜产品主要的线下零售渠道。当然,随着"农改超"政策推进,以及生鲜电商渠道渗透率的提升,未来农贸市场的比重将持续下降。尽管生鲜电商的渗透率仍然较低,但增长速度迅猛,2019年生鲜电商市场交易规模达到2 796亿元,年增长率达36.7%。

农贸市场全称是农产品集市贸易市场。从20世纪80年代中期开始,我国农产品流通体制进行了改革,取消了农产品统派统购制度,生鲜产品的经营业态从国营商业公司和供销合作社向城乡农贸市场转变,一定程度缓解了农民"卖菜难"和城市居民"买菜难"的困境,逐步形成了"农户、批发市场、农贸市场、消费者"的生产农产品流通模式。农贸市场具有以下特征:第一,生鲜产品的销售以个体经营为主,为个体商贩和消费者提供交易平台,个体商贩主要是农民和当地的个体经营者,乡镇以及小城市的农贸市场的生鲜产品的货源大多是个体商贩自产自销,而大中城市的农贸市场的货源大多从批发市场采购;第二,农贸市场在乡镇和中小城市大量存在,但也存在购物环境乱、卫生条件差等缺点,无法满足大中城市居民的消费需求,逐步被超市以及生鲜电商等新型零售业态替代。

超市,全称是超级市场,是大规模、低成本、低毛利、消费者自我服务的零售经营方式,主要经营食品以及家庭日常用品,品种齐全,特别适合购买频繁、用量大的易耗类消费品,大多采用连锁经营方式。按照营业面积大小,超市可以分为三种类型,第一是以经营家庭食物为主的标准食品超市,面积在1 000平方米以上(我国为500平方米),70%的商品为食品,而食品中50%为生鲜食品;第二是大型综合超市,面积在2 500平方米以上,其中三分之一的商品是食品,其余是百货和杂货等日常用品;第三是仓储式超市,一般以会员制为主要销售模式,经营面积一般在10 000平方米以上(中国为4 000平方米),主要经营购买频率最高、消耗量大等标准化产品,生鲜产品所占比例较小。近几年,市场上出现了一些邻近居民小区的生鲜超市,营业面积在30—100平方米。

随着电子商务在我国的快速发展,生鲜电商作为一种新的商业模式备受关注,充分利用互联网的易用性、广域性和互通性,实现了快速可靠的网络化信息交流和商品交易(见图6-7)。在生鲜电商出现之前,有另外三种生鲜产品"产销对接"的经营模式,即"农超对接"(农户直接向超市供货)、"农餐对接"(农户直接向餐馆餐厅供货)和"农社对接"(农户进入居民社区销售生鲜产品),极大了提升了消费者购买生鲜产品的消费体验。而生鲜电商则开辟了一条新的生鲜产品零售渠道,农产品生产者和供货方可以在电子商务平台上发布信息,销售产品,需求方和消费者在电商平台上选择购买产品、线上完成订单、交易、支付,线下完成配送服务。买卖双方在电子商务平台上直接对接,减少了中间环节,极大地提高了生鲜产品的流通效率。

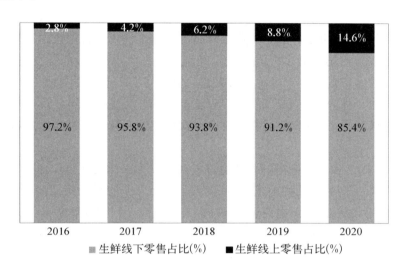

图 6-7　2016—2020 年中国生鲜零售市场规模结构

资料来源:艾瑞咨询. 中国生鲜电商行业研究报告[R]. 2021.

综上所述,我国生鲜产业链的特征可以归纳为三个方面:第一,产业链上游,以"小农生产"为主,集中度较低,以家庭为单位的个体农户占据主体地位;第二,产业链中游,产品耗损率高,冗长交叉多级批发模式占主导,层层加价,流通效率较低;第三,产业链下游,以农贸市场为主,超市和电商齐头并进,并带动生鲜产品的产地直采的比例上升,一些生鲜电商企业加大数字化转型力度,新零售商业模式创新加速。

第三节　生鲜电商的商业模式

一、生鲜产品零售市场

生鲜产品的零售市场大致经历了传统农贸市场、生鲜超市和生鲜电商三个发展阶段。

第一,农贸市场拥有数量庞大的消费群体,其优点在于:生鲜产品品种繁多、价格相对低廉、产品新鲜程度高、交易方式灵活多样。随着经济发展和城市结构变化,传统农贸市场的各种弊端逐渐显现。例如,较低的准入门槛使得市场管理困难,生鲜产品偷税漏税、质量安全、违规经营等问题难以控制。农贸市场受外界环境因素影响大,生鲜产品供给量的变化会导致价格大幅波动,因而不利于民生。农贸市场环境脏乱、露天占道经营等现象,严重影响街道及城市的观感。这种传统的初级交易市场大多以低附加值的初级农产品为主,个体农户利润较低,从而不利于农业发展。

第二,国内一些大城市,例如广州、武汉、上海等,在2000年之后对原有的农贸市场进行了改造,以便于生鲜产品市场与流通秩序的管理。通过将农贸市场改为生鲜超市(也称"农改超"),可以提升生鲜产品的质量监控,并更好地保护消费者权益。当前国内生鲜超市就形式上而言,大致可分为超市生鲜区和专业生鲜超市。通过现代化管理技术及规模化经营,生鲜超市能够克服农贸市场的诸多弊端。随着经济发展和收入增长,消费者更倾向于选择生鲜超市而非传统农贸市场。鉴于生鲜超市兴起后农产品生产者的不利地位,国内推出了"农超对接"模式,即由个体农户或农产品生产基地与生鲜超市签订合同并直接供应生鲜产品。此举有利于缩短流通过程,减少流通费用。个体农户或生产基地通过与生鲜超市的合作,也可以大幅提高生产效率。

第三,近几年来,生鲜电子商务(简称"生鲜电商")成为新的关注焦点,是指通过电子商务的途径销售生鲜产品,与另外两种模式比较,生鲜电商有几个明显的特征。首先是规模小,由于生鲜产品易腐,不耐储运,生鲜电商运营环节多且难度大,因此,生鲜电商一般会在一个区域做好,在保证该区域拥有一定的市场渗透率和核心用户群后,才会考虑将业务扩张到其他区域。其次是重品质,包括产品品质和服务品质,消费者对生鲜产品的品质要求很高,一旦产品品质有问题,势必影响消费者的评价;生鲜电商为了确保产品的新鲜度,必须做好采购、仓储、配送等各项工作,同时要求产品要有可追溯性,一方面大多数生鲜产品有其主要产地,消费者对产品的原产地有特殊的要求,而生鲜产品的产地与消费地一般相隔较远,涉及运输仓储等多个环节,可能造成产品品质的下降,因此,消费者也会对生鲜产品供应链透明度有较高的要求。

二、生鲜电商行业发展历程

我国生鲜电商行业起步于2005年,一家名为"上海易果电子商务公司"(简称易果生鲜)的成立,标志我国生鲜电商行业的诞生。当时,普通民众对电商所知甚少,物流配送也不健全,支付方式也不便利,消费者对电商的信任度很低。2008年,沱沱工社生鲜电商平台成立,与该公司同一年成立的还有"和乐康",两家公司都声称要做无污染、无激素的"有机、天然、高品质"的生鲜商品。因为2008年,受到三鹿奶粉事件影响,人们对无激素的有机食品的需求较高。这一阶段的生鲜电商,仅仅是将互联网模式生搬硬套到生鲜行业上来,并没有形成自己的核心竞争力,商业模式也不成熟,所以发展缓慢。

真正让人们认识到生鲜电商行业的,是2012年褚橙事件。2002年褚时健在保外就医期间,承包了2 000多亩荒山种植橙子,人们将他种植的橙子称为褚橙。十年后,褚橙首次大规模上市,一些互联网名人在互联网上大规模宣传褚橙,并将其当作礼品送人,作为褚橙在北京地区独家经销商,本来生活生鲜电商公司也在2012年成立。同一年,顺丰优选、食行生鲜等公司也相继成立。随后的2013—2017年是生鲜电商行业竞争最激烈的一个时期。受到褚橙事件的影响,2013年底,天猫和京东两大巨头通过各种方式进入生鲜电商行业,天猫先后在2013年、2014年、2016年和2017年向易果生鲜平台进行了四次战略投资,总金额上亿元。2015年阿里巴巴集团投资的生鲜电商平台——盒马鲜生,开创了"线下+线上+物流"的新零售模式,2017年京东集团成立了自己的生鲜电商品牌——7 Fresh。与此同时,在这一时期成立的生鲜电商平台还有每日优鲜、许鲜、青年菜君、京东到家、超级物种、叮咚买菜、朴朴超市、淘鲜达等。

2018年生鲜电商行业最大的特点是出现了"社区团购"模式,这一年小象生鲜电商平台成立了,大润发、沃尔玛开始上线自营生鲜O2O业务,邻邻壹、食享会等生鲜社区团购平台上线,美团也在2018年推出美团闪购业务。2019年美团买菜成立,2020年美团优选、多多买菜、橙心优选等社区团购平台成立,达达—京东到家也在这一年到美国纳斯达克证券交易所上市。在新企业不断进入生鲜电商行业的同时,一些经营不善的企业也纷纷倒闭,退出生鲜电商行业。2016年青年菜君倒闭,从成立到倒闭仅仅两年时间。成立于2013年的美味七七也在这一年倒闭。2017年,许鲜电商平台倒闭。2019年,小象生鲜和超级物种缩减门店数量,妙生活、吉及鲜等平台倒闭。中国生鲜电商行业成立最早的易果生鲜也在2020年破产重组。

总结起来,生鲜电商发展可以划分为三个阶段(见表6-2):探索启动期(2005—2011年)、快速发展期(2012—2015年)和转型发展期(2016年至今)。2005年易果生鲜网成立,标志生鲜电商起步,之后涌现了一批垂直生鲜电商,然而受到供应链和冷链运输技术限制,商业模式不成熟等问题导致企业发展缓慢,一些企业也纷纷倒闭。2012年,传统电商巨头和资金纷纷进入生鲜电商行业,B2C生鲜电商模式逐渐成熟,生鲜电商行业进入快递发展阶段,尤其是以2014年成立的每日优鲜开创的前置仓模式,和2015成立的盒马鲜生开创的"线上+线下+物流"的新零售模式成为生鲜电商行业标志性的商业模式。与此同时,这一时期,大批中小型生鲜电商企业倒闭,市场开始向行业内几家头部企业集中。2019年是生鲜电商行业的"寒冬",又一批企业纷纷倒闭,2020年初,受疫情影响,线上买菜刺激生鲜电商行业的发展,居民消费习惯逐渐形成,生鲜电商平台产品品类更加齐全,从生鲜扩张到零食和日用品等。但是,疫情好转后,人们生活恢复往常,人们对生鲜电商的需求开始下降,生鲜电商未来发展受限。

表6-2 我国生鲜电商发展历程

	探索启动期 (2005—2011年)	快速发展期 (2012—2015年)	转型升级期(2016年至今)
经营种类	以水果为主、蔬菜为辅	以水果为主,蔬菜、花卉、肉蛋奶、水产海鲜等品类逐渐增加	水果、花卉、肉蛋奶、水产生鲜、蔬菜等全品类
发展特点	以地域性垂直电商为主,发展较为缓慢	生鲜电商获得大量资金投入,大型电商平台细分生鲜商品品类,资本向头部电商集中,生鲜电商市场高速发展	一批中小型生鲜电商企业倒闭或被收购,腾讯和阿里等电商巨头进入市场,不断加大冷链物流和生鲜供应链投资,并带来一系列新商业模式;2020年疫情促使消费者参与网购,生鲜电商发展迎来新机遇

续 表

	探索启动期 （2005—2011年）	快速发展期 （2012—2015年）	转型升级期（2016年至今）
商业模式	城市中心仓模式	城市中心仓模式；前置仓模式	城市中心仓、前置仓模式；前店后仓模式、社区拼团、冷柜自提等
代表企业	易果生鲜、沱沱工社、优菜网等	本来生活网、天猫生鲜、京东生鲜、永辉超市等	盒马鲜生、每日优鲜、京东到家、美团买菜、叮咚买菜等

资料来源：昝梦莹，陈光，王征兵. 我国生鲜电商发展历程、现实困境与应对策略[J]. 经济问题，2020.

三、生鲜电商行业特征

第一，产品特征。生鲜产品具有标准化不足、周期性和季节性、易损耗、时鲜性等特点。具体来说：首先，标准化不足。我国农产品的养殖和种植方式仍有局限性，生产较为分散和粗放，导致品质参差不齐、标准不一。其次，季节性。生鲜产品作为农产品一类，受环境和气候的影响，其生长具有周期性和季节性，且是人为因素难以干预的，这就决定了不同时期市场上产品的种类和行情。最后，易损耗和时鲜性。生鲜产品在生长、采摘、贮存、运输、装卸搬运、上架售卖各个阶段都易受到温度、湿度、氧气量等客观因素和人为损害因素的影响而出现破损、腐烂情况。而生鲜产品品质最重要的衡量指标就是新鲜程度，随着人们生活水平的逐步提升，消费者选购生鲜产品更多是考虑其新鲜程度和营养价值，不再局限于价格。

第二，物流特征。区别于其他电子商务活动，生鲜电商非常依赖健全的物流网络，商品在收货后到最终配送到消费者目的地的整个过程都需要保鲜，新鲜度和物流速度都要满足，最常用的就是冷链物流。冷链物流采用冷藏车进行干线运输至仓库，仓库中通常设有冷藏、冷冻等不同温层区域，在进行末端配送时，需采用保温箱、冰板冰袋等材料保鲜。冷链物流系统相比常温物流系统技术要求更复杂，设施成本投入更多，成本包括冷库及其配套成本、冷藏车、能源消耗成本、冷媒材料成本以及其他一般性物流成本。

第三，营销特征。互联网高速发展的今天，在流量变现时代，想要在生鲜电商行业立足，除了核心供应链和渠道，推广营销同样重要。目前市场上主流的生鲜电商品牌都十分注重用户的推广营销，手段包括用户人群选择、社区运营、个性化推广方案、线上线下结合等。平台利用大数据技术，基于用户历史订单、浏览记录等上网痕迹分析消费习惯，进行精准商品展示和推广、优惠券发放，增强用户黏性，培养消费习惯，进而达到提升用户留存率、订单频率的目的。

四、生鲜电商运营模式

运营模式，又称为商业模式，是指为实现客户价值最大化，能够使企业有效运行的内外各要素整合起来，形成一个完整的高效率的具有独特核心竞争力的运营系统，最大化地满足客户需求，实现客户价值，同时企业也能达成持续赢利的整体解决方案。由此可见，运营模式是企业创造价值和获取价值的基本逻辑和方法,其本质是企业在运营中的价值创造逻辑,包括顾客价值创造逻辑、合作伙伴价值创造逻辑和企业价值创造逻辑。

(一)生鲜电商运营模式的类型

生鲜电商经过了多年的发展,已经形成了多种商业模式,但目前仍未产生一个统一、成熟、可盈利的模式,市场仍然较为分散。总的来看,目前生鲜电商主要有平台到家模式、到店到家模式、前置仓模式、到柜自提模式和社区团购等。

1. 综合型平台到家模式

以淘宝、天猫、京东商城、1号店等综合性网购平台为代表,利用自身巨大流量入口和订单处理能力将生鲜产品卖家、买家和物流企业等其他相关方资源整合在一起,通常情况下平台方起到网上引流和线下配送的角色,运营成本较低。综合电商平台业务范围大,无法集中精力投入到生鲜消费者,生鲜产品品质往往缺乏保障。

2. 到店到家模式

以盒马鲜生、永辉超市为典型代表,定位为中高端生鲜零售体验店,消费者可以到实体门店中选购,感受购物场景,也可以线上下单,享受便捷的配送到家服务。线上平台专注于生鲜产品的运营,线下注重产品质量控制和配送体系建设。这种模式对门店选址和管理能力要求高,容易出现货物积压或缺货问题,前期需要大量的门店建设成本和运营成本,属于重资产运营模式。

3. 前置仓模式

前置仓模式是通过将仓库前置到更靠近消费者的位置,实现商品的分钟级别送达。前置仓是集仓储、分拣及配送于一体的末端物流设施,这显著提高了物流配送效率和顾客体验,从履约成本来看,从大仓到前置仓的调拨成本以及最后一公里仓配成本较高,目前每日优鲜、叮咚买菜等都采用前置仓模式。

4. 社区团购

社区团购模式采用预售的方式,基于团长发布的商品链接形成拼团,然后集中采购和配送。供应商将商品运输到中心仓库后,由中心仓调拨至各区域仓,再由区域仓以社区为单位进行订单分流和配送,最后一公里由团长负责,通常情况用户自提。社区团购模式,一方面可以通过集中订单增强议价能力,获得采购优惠价格,另一方面可以做到零库存,降低损耗。相比其他模式,团购经营的生鲜产品数量较少,有赖于线下人员的推广销售。

5. 到柜自提模式

以食行生鲜为典型代表,是一种"预订制+全程冷链+冷柜自提"的运营模式。这种模式以顾客为中心,通过反向定制、以销定采和订单式采购的C2B(消费者对企业)模式实现零库存,商品从产地冷库经冷藏车运输至智能冷柜,无缝衔接,直接连通生产基地与消费者。到柜模式最大特点在于通过预售方式构建供应链体系,实现计划消费,没有库存持有成本。此外,智能自提柜作为订单履约工具,减少了生鲜流通环节,降低了产品损耗。

(二)生鲜电商运营模式的比较

生鲜电商行业仍然处在不断发展与变革过程中,在新企业不断进入的同时,也有一些在位企业倒闭,退出经营,现在也很难明确说哪一种商业模式是成熟的、成功的,每一种商业模式都有其特定的优势、劣势和目标消费人群(见表6-3)。

表6-3　生鲜电商行业商业模式比较

特点	传统生鲜电商	新型生鲜电商:距离消费者越来越近			
		到家		到店到家	社区拼团模式
		平台模式	前置仓模式		
商业模式	通过互联网将生鲜产品通过自建物流或第三方物流直接配送给消费者	电商平台与线下商超、零售店便利店等合作,为消费者提供到家服务	在客户周边建立前置仓,缩短配送路径,降低成本	线上下单+到店消费+即时配送,提供线上线下一体化体验	团购平台提供物流及售后支持,团长负责社群运营,用户在社区自提商品
布局城市	全国	一二线城市为主	一二线城市为主	一二线城市为主	二三四线城市为主
覆盖范围	大于10千米	1—3千米	1—3千米	1—3千米	0.5—1千米
配送时长	1—2天	1—2小时	1小时内	30分钟	1—2天
优势	因早期培养的用户习惯,获客成本较低,具有较强的品牌优势和诚信度	分布在居民区周边,较好满足即时性需求	分布在居民区周边,较好满足即时性需求,前置仓模式减少了产品损耗	为消费者提供线上线下一体化购物体验;有效降低商品损耗	获客成本低,轻运营模式,易于规模化扩张
劣势	配送时间较长、商品损耗率高;高度依赖资金链	由于与线下商家合作,导致无法控制产品质量	供应链以及仓储设施前期投资较大	重资产模式,门店及人力成本较高	平台商品丰富度有限,缺乏经验丰富的团长
代表企业	天猫生鲜、京东生鲜、天天果园等	京东到家、美团买菜、饿了么等	每日优鲜、叮咚买菜等	盒马鲜生、7Fresh等	兴盛优选、食享会等

资料来源:艾瑞咨询.中国生鲜电商行业研究报告[R].2021.

传统生鲜电商一般是通过大型电商平台销售生鲜产品,通过自建物流或第三方物流配送到家,例如天猫生鲜、京东生鲜以及天天果园等,这类生鲜电商可以借助已有的电商平台和物流系统,其配送时间一般1—2天左右,生鲜品类比较丰富,可以节约运营成本,但配送时间较长、商品损耗率高。

平台模式的生鲜电商通过整合线下的便利店、小型超市以及零售店等资源,消费者在电商平台下订单,再由线下的实体店提供送货上门服务。这类生鲜电商一般仅限于一二线城市,配送范围在 1—3 千米内,配送时间较快,1—2 个小时就可以送货到家。因为是与线下商家合作,商品直接从商家配送给消费者,电商平台无法控制商品品质。代表企业有京东到家、美团和饿了么等。

前置仓模式的生鲜电商是目前较为成熟的商业模式,电商企业在离消费者很近的地方建立集仓储、分拣、配送为一体的仓储店,为方圆 1—3 千米的居民提供 1 小时以内送货到家的服务,优点是前置仓是企业自建,能够较好地控制生鲜产品质量,并且配送速度快,顾客体验较好,但是需要大笔资金投入建立大规模的前置仓,成本压力较大。代表企业有每日优鲜、叮咚买菜等。

到店到家模式主要是以盒马鲜生为代表,这类生鲜电商利用线下的体验店拉动线上的销售,为线上 APP 平台导流,线下体验店提供产品体验、自提服务、培养顾客消费习惯等。消费者也可以在线上 APP 下单,由线下门店送货到家,一般 1—3 千米范围内可以 30 分钟送到。优点是顾客体验较好,无论是到店消费还是外卖配送,电商企业都能够提供较好的购物体验。但实体店需要投入较大的人力和物力,门店场所依赖周边社区的消费能力,选址受到很大限制。盒马鲜生商业模式最突出的地方是将线下门店作为生鲜产品的前置仓,但比传统的前置仓的功能更多,不仅储存生鲜产品,还创造了与顾客互动增强顾客体验的零售场景,保证了线上和线下生鲜产品同质同价,让顾客"所见即所得",也提高了消费者的购物体验。

到柜自提模式的代表性企业是食行生鲜,通过食行生鲜 APP 或者微信公众号,消费者将订单传递给食行生鲜,食行生鲜再将信息传递至基地,基地根据订单进行初步质检、分拣、包装,运至食行生鲜,再由食行生鲜进行精细化质检、包装,由短途冷链配送至社区智能冷柜中,消费者自己到冷柜中提取商品。这种模式也可以称为"C2B2F",即消费者将订单发送给电商(C2B),电商汇总所有订单数据之后,发送给生鲜产品生产基地,按照实际订单量发货(B2F),也可以称得上是"订单农业"模式,也有人称其为"预定制消费+日配制+冷柜自提"模式。食行生鲜目前在上海、苏州、无锡已入驻超过 2 500 多个小区,平均客单价 40—50 元,日活用户达 3 万多人,55%用户月复购率超过 6 次。

社区团购模式目前还处于发展阶段,这类企业非常依赖团长个人能力,团长一般需要提前一天收集社区居民的订单,然后反馈给电商平台,由其完成商品调拨、运输配送等后台工作,团长收到商品后,再将其分发给社区居民,团队既要承担在社区推广的销售工作,还需要处理商品接货、保管和分发等工作,责任较大。社区拼团模式有以下三个特点:首先,社区拼团模式由团长在微信群里推广团购产品,利用熟人关系链降低获客成本;其次,采用"以销定采"预售模式,做到零库存的同时降低损耗;最后,以小区为单位,集体发货,最后一公里通常采取用户自提的方式,节省物流成本及终端配送成本。从商品品类丰富度和物流配送时间两个维度来看,到店到家模式在这两个方面都比较突出,而社区团购模式则相反,两个方面都比较弱;传统生鲜电商依托成熟的大型电商平台,商品品类丰富,但配送时间一般较长。前置仓模式的生鲜电商配送时间在 1 小时以内,配送时间较短,但在商品品类丰富度方面不及传统生鲜电商和到店到家模式。

第四节　生鲜电商的物流配送

一、生鲜电商的供应链

供应链是指围绕核心企业，从配套零件开始，制成中间产品以及最终产品，最后由销售网络把产品送到消费者手中的，将供应商、制造商、分销商直到最终用户连接而成的一种网链结构。供应链管理的经营理念是从消费者的角度，通过企业间的协作，谋求供应链整体最佳化。成功的供应链管理能够协调并整合供应链中所有的活动，最终成为无缝连接的一体化过程。

生鲜电商供应链主要分为以农贸市场为中心的传统模式、以超市为中心的现代化模式以及以电商公司为中心的新零售模式等三种类型。传统的"小型生产、小范围流通"模式在农业生产过程中仍占主导地位，部分生鲜电商行业的物流模式仍处于现货交易的传统供应模式，这就导致生鲜产品在运输途中时间较长，在供应链的源头易于造成损失和浪费，新鲜程度和安全性难以得到保障，品质难以达到顾客满意度。同时，大部分农产品需要经过多层级的批发才能最终到达消费者，风险成本较高，这在很大程度上增加了流通的成本与费用。

现代生鲜产品供应链主要可分生产阶段、加工阶段、流通阶段和零售阶段。生产阶段的参与者主要包括各大电商平台农产品供应商的合同农户及供应商下设的直属农场；在加工阶段，各大生鲜电商平台主要负责产品的再次加工以保证出售。各大电商平台从所属生鲜供应商购买生鲜产品，并按照消费者消费偏好和需求进行加工，再通过电商平台向消费者展示传递相关产品，并通过一系列的促销活动吸引消费者。最后，消费者完成下单后，再由生鲜电商平台进行配送，通过自建冷链物流体系、前置仓模式等提高配送效率。随着生鲜电商平台的不断扩大，专营配送的平台不断涌现，使配送的专业化水平有所提高。在整个过程中，生鲜电商平台成为了在供应链上游的生产商和供应商与下游的零售商和消费者的桥梁纽带，将两大分散的主体通过网络平台建立联系，使产品在合适的时间，以恰当的价格，高效地运输传递到消费者手中。零售阶段的主体是各大连锁超市。这些连锁超市在经营线上电商平台的基础上将线上与线下相结合，利用线上网络交易的优势，在充分了解消费者诉求的基础上通过整合这些信息资源来调整线下的生鲜产品资源分布以匹配消费者需求。四个阶段的各环节相互配合可以实现消费者需求与供应商供给的快速配合与传递，在此基础上安排生产和产品的流通，有效提升了供应链系统的运作效率，并减少了库存积压导致的损失。但值得一提的是，以上的各环节配合需要信息技术的同步更新，如冷链物流水平的提高以保证配送高效和低损耗率，专业化的供应链管理人才保证各大前置仓选址水平及仓储管理系统的合理维护。这些都是制约着中国生鲜电商平台进一步发展及盈利的重要因素。生鲜产品供应链通过电子商务平台将生鲜产品的生产商、物流服务商、销售商以及消费者连接起来，主要目的是实现生鲜产品快速、高效地从各环节进行位移以降低生鲜品的库存，加快物流流转速度,使跨区域销售成为可能。

生鲜电商供应链具有如下特点:第一,资产专用性高。所谓资产专用性,是指在生鲜品的运输过程中投入更多的资金支持。由于生鲜产品具有易损性和易腐烂性,在运输的过程中需要更多的资金投入,进行冷链物流的开发和技术支持,以便保证生鲜品的质量,获得更高的投资回报率。第二,市场不确定性大。由于我国固有的小农经济模式使得生鲜品的生产具有一定的分散性,对于经营者来说,难以集中采购,成本较高。第三,对物流的要求高。由于各地的气候、地理条件都不同,不同种类的农产品也适宜于不同的地域,但人们的需求具有多样性,这就需要生鲜产品跨区域的流通。生鲜产品在流通的过程中可能由于时间、距离、人为因素造成一定的损耗,因此要对生鲜产品供应链进行一系列专业化的管理,减少流通环节,提高流通效率。

二、生鲜电商的物流配送模式与特点

生鲜电商物流配送系统是指生鲜电商企业根据客户订单需求与企业实际情况,物流中心采用合适的配送工具在合适的时间将生鲜产品(主要是生鲜蔬菜、水果、海鲜、新鲜肉类与特色产品)送达客户指定的地点,主要目标是总配送成本最小、生鲜产品送达客户时的新鲜度最大、使用车辆数量最少、车辆油耗与碳排放量最少、客户满意度最高等。

生鲜电商的物流配送过程主要分为三个阶段:第一阶段:生鲜产品采购阶段。这里指生鲜电商采用汽车等运输工具从原产地运输生鲜农产品到仓库或物流中心。生鲜产品采购阶段物流活动的发生范围为:产品原产地至生鲜电商仓库或物流中心。采购阶段的农产品物流量通常较大,一般都是采用点到点的整车运输方式。第二阶段:生鲜产品分装阶段。这里指生鲜电商根据客户订单要求,进行产品分装与包装的物流活动。该阶段的物流活动的发生范围为:生鲜电商仓库或物流中心内部。第三阶段:生鲜产品配送阶段。这里指生鲜电商根据客户的需求量、时间窗、农产品新鲜度要求与交通路网拥堵等实际情况,采用普通车辆或冷藏车辆将农产品从生鲜电商仓库或者物流中心配送到各客户。该阶段的配送活动主要发生在城市。生鲜电商的物流配送规划必须依据企业目标与实际情况科学规划,满足客户需要,最小化配送成本,同时减少车辆油耗与碳排放,兼顾环境保护,实现可持续发展。

(一)生鲜电商物流配送的主要模式

生鲜电商物流配送模式主要有自营宅配模式、自营＋第三方宅配模式、自营物流＋消费者自提/自营配送模式等三种类型。

第一,自营宅配模式。自营宅配模式主要是指生鲜电商企业自己构建物流体系,进行物流配送服务。这主要被一些具备物流优势的企业所采用,例如京东、顺丰优选。自营宅配模式的生鲜电商企业使用自有的物流体系进行配送,在配送高附加值的生鲜产品时,可以有效保证食品全程冷链,有效保障配送质量,提高客户满意度。自营宅配模式的优点主要有:生鲜电商企业可以掌握客户的第一手资料,运营成本更低,资金回笼更快,能全面掌握更多的顾客需求与市场动向,从而及时调整企业经营策略,提高企业市场竞争力。该模式主要适合于规模较大与对物流依赖度较高的生鲜电商企业,或者具有物流优势的快递企业。

第二,自营＋第三方宅配模式。自营＋第三方宅配模式主要指生鲜电商企业的自营物流体系与第三方物流企业合作,共同完成物流配送任务。例如区域性的生鲜电商企业,在其主营区域外不具备物流配送条件与配送能力,因此,必须与具有主营区域外配送能力的第三方物流企业开展物流配送合作。自营＋第三方宅配模式的优势有：生鲜电商企业可专心于成熟市场的核心业务,更好地把握核心区域动态,以比较经济的方式拓展新市场。该模式主要适用于业务能力有限、资源有限的中小规模生鲜电商企业。

第三,自营物流＋消费者自提/自营配送模式。自营物流＋消费者自提/自营配送模式指生鲜电商企业将商品配送到电商的线下终端店,然后由消费者到电商的线下终端店提取商品。自营物流＋消费者自提/自营配送模式需要生鲜电商与消费者共同参与物流配送活动。自营物流＋消费者自提/自营配送模式具有"电商＋快物流＋智能终端取货"特点,主要优势有：配送成本较低,消费者取货时间灵活,安全性高,能有效改善消费者购物体验。该模式一般多被当地生鲜电商企业采用,以快速物流与客户自提方式服务当地社区的生鲜电商客户。

（二）生鲜电商物流配送的特点分析

我国人口数量多,生鲜产品需求量巨大,生鲜市场庞大。与此同时,消费者对生鲜产品的新鲜度要求比较高,生鲜产品的物流配送要求与普通商品物流配送有着明显区别。生鲜产品的物流配送具有如下三个特点。

第一,具有鲜活性要求。生鲜产品中包括蔬菜、水果以及水产品、畜产品等鲜活有机体,新鲜度是生鲜产品的价值所在,直接影响消费者口感与身体健康。生鲜产品送达客户时,客户对产品的新鲜度有一定的要求。不同生鲜产品特性不一,新鲜度度量方法须根据生鲜产品特性设计,具有一定难度。

第二,具有易损、易腐性。生鲜产品的物流配送过程包括采收、搬运、装卸、运输、分装、配送等多个物流过程,这些物流过程容易对生鲜品造成一定程度上的损耗。例如生鲜蔬菜、水果质地鲜嫩,受损后极易腐烂、变质。因此,生鲜产品的物流配送要求非常高。

第三,具有时效性要求。生鲜电商的客户主要是年轻人、上班族、高素质与高收入群体,具有非常强的时间观念。这些客户普遍会要求在自己比较方便的某一时间段内送达,对物流配送的时效性要求非常高。新鲜度是生鲜农产品的主要质量指标之一,直接影响身体健康。生鲜产品收割或采摘以后,新鲜度随时间的变化逐渐下降。

三、生鲜电商物流配送模式选择的影响因素

生鲜电商企业选择何种配送模式,需要遵循两个原则,即服务-战略原则、与营销目标相匹配原则。

（一）服务-战略原则

这是指生鲜电商企业是否将物流配送作为其主要产品,并将其规划为企业的核心竞争力组成要素。此原则是生鲜电商企业选择何种配送模式的首要标准。

1. 经营战略和发展定位

生鲜电商企业需要衡量自身经营战略、产品盈利能力以及公司现金流情况等各个方面决定配送模式的选择。很多生鲜电商最初资本投入较大，基本都依靠自建物流体系增加知名度，提高用户生鲜产品的网络体验，来增加订单量，以此拉低每单的配送成本。这就需要生鲜电商企业前期进行非常大投入，要通过自建物流体系来降低配送成本，那么，需要一定数量的订单数作为基础。

2. 配送在企业发展中的地位

生鲜电商企业需要权衡配送模式是否构成企业未来发展的核心竞争力，或者能否成为企业未来发展的盈利因素和产品。由于冷链配送设备人力成本较高，信息化要求高，各方面的投入较大，因此生鲜电商企业需要权衡冷链宅配是否将作为企业未来发展的核心竞争力，或者能否成为企业未来发展的盈利因素，对企业至关重要。

3. 企业规模和配送能力

生鲜电商配送模式选择还要从企业自身规模和配送能力进行分析。如果企业发展初期规模小，但是配送重要性高，则需要选择自营配送模式。此阶段需要结合不同区域市场的需求量进行选择。如果需求量高且稳定，则可以开始适当加大投入，选择自营模式。如果市场较新，需求量不稳定，企业应选择第三方配送模式，以保证配送和产品质量，并稳定市场需求。如果企业发展成熟规模大，且配送重要性高，则可以选择自营模式。由于消费者市场成熟，需要较快开拓新市场，自营配送更使企业配送服务质量稳定一致。又加上规模效益的作用，整体成本可控性强。如果企业经营战略对配送有更长远的战略目标，可以逐渐剥离配送业务，面向社会提供成熟的配送服务，对企业扩大经营范围有益。但是如果企业发展初期规模小，而配送重要性不高，则可以选择第三方模式。由于第三方冷链配送在消费者收货和产品配送方面的服务质量比小规模电商企业自身配送更高，且不必负担更多的生产经营成本，因此无论从成本角度，还是服务质量角度，应选择第三方配送模式。如果企业发展规模小且配送战略重要性低，则可以选择共同配送的模式以节省费用。

（二）与营销目标相匹配原则

该原则的核心是消费者偏好与企业产品的针对性是否一致，即产品能否满足特定消费者群体，使企业的营销目标得以实现。生鲜电商企业的主要消费者是网络民众，他们的需求和购买行为是生鲜电商企业需要分析的核心内容。很多电商企业的产品线都是商家根据流行品类复制来的，很难有独到的地方。同时，对消费者产品的需求理解需要细化分类进行，才能做到有的放矢。

1. 生鲜产品订单金额范围和品种分析

由于生鲜产品的特性和配送需要，外加保存时间短，类似的产品，其线上单价往往和线下产品没有竞争力。但是随着生鲜电商开拓供应商能力的逐渐加强，海外供应商逐渐瞄准中国市场等生鲜电商的新趋势，生鲜产品的促销活动越来越多。电商企业在基于一定数量的基础上，某些特色生鲜产品的价格降低，也逐渐为消费者接受。例如，美国樱桃节，加拿大龙虾节，这类时令产品的特色活动，一经推出，就得到消费者的认同，并得到了出乎意料的高收益。这也打开了很多生鲜电商平台的品牌。所以,在此基础上,电商及时结合消费者接受的生鲜产品的订单金额和品种类型进行研究,使企业适应消费者需求,使消费者更多地关注产品品质和服务质量,让消费者感觉物超所值,而非是否物流配送免费的政策上。这样,企业也才能逐渐建立品牌效应,树立长久的电商企业品牌。

2. 消费者对配送费用的可接受范围分析

生鲜电商的物流收费政策是消费者网购时主要关注的条款。由于生鲜产品重量大,保鲜等要求高,企业一般的物流收费政策比普通的电子产品、书籍、服装鞋帽和家电等免收物流费的订单要偏贵,而续重收取的运费比普通件也要高。因此,电商企业制订政策后,要追踪消费者的订单样本,是否呈规律变化,找出变化的原因,及时调整物流费满减政策。由于我国大多数消费者的电商购物习惯是凑单免运费,所以订单金额基本会达到满额免运费的最低订单金额要求,减少或不额外支付运费。所以,企业靠消费者额外支付运费来产生物流服务的收入,短期来看比较困难,但是未来可以成为企业进行增值服务的一个附加产品进行推广。例如,帮助消费者额外存放、按菜谱配菜等附加配送服务来进行市场需求细化。

四、生鲜电商的前置仓决策

根据中国连锁经营协会于 2020 年发布的《前置仓管理规范》,前置仓是一种通过企业总部线上经营,将商品通过前置在社区的服务站进行仓储和配送,实现商品快速到达的线上零售和末端配送相结合的业态。更通俗的说法是"仓库前置",即根据需求密度在消费者所在区域周围 1—3 公里附近设置的小型仓库,为该区域内客户提供即时配送服务,是末端仓储配送一体化的服务模式。相比于传统仓库,其特点有:服务对象直接为消费者;距离消费者更近;仓库面积更小;服务范围更小;相比于末端门店,成本更小,更易选址(见图 6-8)。前置仓一般也被称作微仓、云仓等。

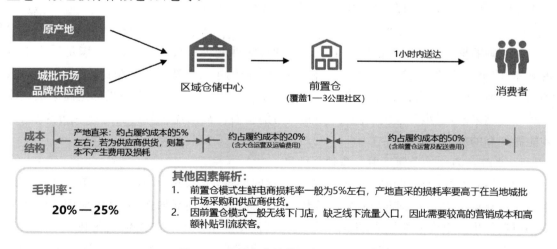

图 6-8 生鲜电商的前置仓运行示意图

资料来源:艾瑞咨询. 中国生鲜电商行业研究报告[R]. 2021.

《前置仓管理规范》还规定:前置仓经营企业不得进行线下交易和门店直接经营,不得进行现制现售,从而将前置仓和"仓店一体化"模式进行区分,两者在法制、安全管理、经营方式上都不同。仓店一体化是新零售企业或者传统零售企业向新零售转型时将线下门店延伸出仓储功能,实行前店后仓的仓店一体化模式,线上线下渠道结合,为顾客提供线上配送到家+线下到店体验的服务。前置仓则是生鲜电商企业专注于生鲜线上化为顾客提供即时配送到家服务。仓店一体化的获客渠道有线上线下两种,两者相互结合相互促进,规模相对较大,一般为 3 000—10 000 平方米,品类更丰富,管理难度更大;前置仓除前期多靠地推,后期仅依靠线上引流方式,获客方式不如前者,但规模相对较小,一般为 100—300 平方米,品类更精细,管理容易。

(一)前置仓配送模式

前置仓配送模式即是以前置仓作为物流节点,生鲜电商企业用冷藏车将生鲜产品运输至前置仓,由前置仓进行生鲜产品检验和收货之后在仓内存储,当消费者下单后再根据订单分拣、包装,配送至末端消费者手中,且该配送过程使用的配送车辆主要是电动车。

其具体运营模式为:以社区生鲜企业根据大数据以及日常的销售收据为基础,辅以云仓储、数据分析、云计算等方式对区域消费者的需求量进行预估,以此需求量为依托,由城市配送中心通过物流冷链配送网络向区域内各个前置仓配送所需的生鲜产品,另外,要最大限度降低运输途中生鲜产品的腐坏率以及丢失率。每个前置仓均配置了一定数量的配送人员,进行一对单一需求者或一对多个需求者的产品配送服务。消费者在移动端下单之后,系统分配订单,由距离最近的前置仓配送员即时处理订单,根据订单挑选、包装产品,并快速送至末端消费者处,配送时效性较高。前置仓运作模式分为采购端、城市配送中心、前置仓储存与配送、用户管理、售后管理等五个阶段。

1. 采购端

目前生鲜电商企业主要采用基地直采、供应商直供、城批采购等采购方式确保生鲜产品的质量及新鲜度。城市配送中心会根据市场的需求、前置仓及本中心的库存情况向源头供应商下达采购订单,供应商接受订单后,进行产品的采摘、处理、保鲜等工作,并交由企业设立的产品质量控制中心对生鲜产品的质量做出检验,检验合格的产品通过冷链配送网络送达城市配送中心。例如叮咚买菜主要是采用生鲜产品供应商直供及城批采购的模式,企业设有专门负责采购的团队成员,实行"一天一采"的策略。之所以进行城批采购,主要是为了保障供应链的完整性及价格合理性,减少供货波动,降低缺货率,追求生鲜产品的种类齐全、质量合格、运输便利、易于补货等。

2. 城市配送中心

生鲜产品从供应点到达城市配送中心后,城市配送中心首先要验收货物,如有新鲜度不达标的,做出相应的处理,如退回或废弃等;之后对生鲜产品按照品类的不同进行分级加工,有些则需要清洗或包装,再做入库管理。在接收到前置仓的补货申请之后,城市配送中心对货物进行挑选、分拣、订单组合、货物集合等操作,之后用专门的冷藏车运输至前置仓,冷藏车一般具有不同的温层,以降低生鲜产品在运输途中的质量损耗。

3. 前置仓仓储与配送

城市中心仓的货物每天于固定时间到达前置仓,前置仓管理人员对商品进行分类存放。顾客在电商平台上下达购买需求,电商平台采用智能算法将订单分配给就近的前置仓运营点。前置仓管理人员根据订单信息对商品进行快速拣选、组单,通过扫描器对打包的商品进行核实与出库操作。工作人员需要视情况需要对商品进行简装,如对冷冻保鲜食品统一配置保温袋,以减少配送过程中的生鲜商品损耗。配送人员通过电商平台进行抢单,在特定的时间内将商品交付至顾客手中。前置仓定期进行库存盘点,对于已经接近保质期的商品,集中返还至城市中心仓进行处理。

4. 用户管理

在末端消费者管理方面,社区生鲜企业借助线上平台,以日常销售数据作为基础,分析销售频率较高的产品品类,并利用微信、QQ 等线上社交平台,形成社交关系网络链条,逐步发展成为社交电商企业。例如,叮咚买菜就是利用这些手段使得 APP 用户数量得以指数型增长。另外,线下还辅以地推,通过老客户邀请新用户的方式来获取新客户,且通常伴随着代金券或者折扣券的发放,即有礼邀请。这也是叮咚买菜进入新市场的启动方式之一,在获得首批黏性较大的客户群之后,将线下地推与线上老用户邀请新顾客的方式结合以不断获得新用户,成本不高,但获客效果较佳。

5. 售后管理

若末端消费者对生鲜产品质量或服务不满意时,可以在 APP 上提交退款或者退货申请,配送人员及时对该申请进行处理,进行退款操作,并上门取回要退的生鲜产品,对于退回的产品视其状态决定相应处理方式,可能丢弃或者重新放入库中。

(二)前置仓配送模式的特点

1. 规模小

前置仓也被称作微仓,顾名思义就是单个前置仓是微小的,规模通常都不大。前置仓的服务对象以及配送特点决定其主要分布在市区内部,因而比起常规的分布在市区较为边缘的仓库,其仓库的建设及运营成本都相对较高。另外,前置仓虽然承担的主要功能是仓储和配送,但其货物的存储时间通常较短,功能还是侧重在配送上,因此前置仓的面积不需要像传统仓库或配送中心那样大。

2. 距末端消费者较近

相比起远离末端消费者的传统仓库或配送中心,前置仓主要是辐射消费者如社区、学校、写字楼等周边 1—3 公里,极大地拉近了与末端顾客之间的距离,缩短配送时间,能满足消费者的即时需求,尤其是生鲜产品这一类对时效要求比较高的产品。消费者在移动端下单之后,由距离最近的前置仓配送员即时处理订单,根据订单挑选、包装产品,并快速送至末端消费者处,配送时效性较高。前置仓物流配送网络中,前置仓的货物补给主要靠总仓通过冷链物流将生鲜农产品运输至各个前置仓处;而由于前置仓距末端顾客距离较近,这一阶段的配送主要是去冷媒化处理。传统配送模式是从距离末端需求者距离较远的城市配送仓或仓库为其配送货物,需要做冷媒化处理,以防止生鲜产品质量受损,冷媒化成本与配送的订单数量成正相关关系,一旦订单不成规模,则会造成浪费提高企业的成本。

3. 形式灵活

前置仓的形式并不拘泥于某种固定的样式而是灵活多变的,规模较小的零售店、便利店甚至小区的物业也可成为前置仓,就像路上常见的报刊亭被中国邮政建造成自己的配送站那样,前置仓的形式可以是很灵活的。另外,前置仓的选址要求也不似便利店或仓店一体化的门店那样严苛,由于其不直接对消费者销售货物,而只承担仓配功能,因此选址的核心是距离消费者较近,对于人口的流量以及交通的便利性并没有太高要求,一些偏僻的闲置物业均可改造成前置仓,使得租金较低。

4. 主要承担存储、配送、订单处理功能

与传统仓库、便利店及门店一体化门店相比,前置仓的功能主要为短暂存储、挑选、配送等,前置仓没有供末端消费者上门购物消费的功能。(1)存储功能。货物在前置仓的存储时间一般比较短,目前采用前置仓模式的一般是生鲜电商企业,这些企业以生鲜产品的销售为主,而根据生鲜产品自身具有的特点使得其保鲜期及生命周期都较短,所以并不适合长时间储存,这使得货物周转率高,存储成本通常较低。在物流末端配送网络中,前置仓相当于一个小型的流通仓库,库内货物的流通速度快,周期短,通常是根据消费者销售的历史数据进行第二天需求量的预测,再根据前置仓的库存情况由城市配送中心向其进行补货。(2)配送功能。消费者在手机 APP 上下单之后,货物会直接从前置仓送至末端消费者手中,这一过程使用的交通工具一般为有置物箱的摩托车或者电动车。每个前置仓根据所处区域人口、交通情况、交易规模等面积大小会有所不同,配送人员的数量也会有所不同。物流末端网络中,配送是离消费者最近、重要程度相当高的一环,其配送成本的控制以及顾客满意度的高低都会影响电商企业的运营效率和企业形象。(3)订单处理功能。前置仓除了承担货物仓储、末端配送的功能之外,还承担着订单处理的功能,消费者在平台下单之后,生鲜产品从前置仓直接配送给末端消费者,因此前置仓中的工作人员需要将零散的订单按照一定的标准进行汇总合并,再据此挑选所需的产品,根据产品种类的不同还需进行生鲜产品的清洗、切片、简单的包装等。由于城市配送中心供给前置仓的货物通常是单位化、标准化的,因而只需按订单需求对产品进行简单的加工。

第五节 生鲜电商的服务质量

一、服务与服务质量

美国营销学会(AMA)认为服务是用于销售或与商品一起进行销售的各种活动、利益或满足感。服务是以无形的方式,在消费者与服务人员、有形资源、商品或者服务系统之间发生的,可以为消费者解决问题的一种或者一系列行为。菲利浦·科特勒认为服务是一方能为另一方提供的任何活动或者利益,它在本质上是无形的,而且不会产生所有权问题,它的生产与实际产品可能有关,也可能无关。服务有四个重要的特征:无形性、异质性、同步性、易逝性。

第一,服务的无形性。产品与服务之间最基本的区别是:产品一般是有形的,而服务一般是无形的,因为服务是由一系列活动所组成的过程,这个过程不能像有形产品那样,可以看到或触摸到;同时,对于大多数服务来说,购买服务并不等于拥有其所有权,例如航空公司为乘客提供服务,但这并不意味着乘客拥有了飞机上的座位。

第二,服务的异质性。服务是由人表现出来的一系列行动,某一员工为某一顾客提供的服务与另一位员工为另一位顾客提供的服务也会存在差异性,即使是同一位员工在不同的情景下为不同的顾客提供的服务也存在一定的差异。服务提供的过程受到很多因素的影响,既有员工的因素,也有顾客的因素,还可能有服务场景的因素等。

第三,服务的同步性。大多数产品是先生产,然后存储、销售和消费,但大部分服务却是先销售,然后同时进行生产和消费。这通常意味着服务生产的时候,顾客在现场,而且会观察甚至参与服务生产过程。有些服务是很多顾客同时消费,即同一个服务由大量消费者同时分享,例如一场音乐会,因此,在服务生产过程中,顾客之间的相互作用也会影响服务生产和消费。

第四,服务的易逝性。服务具有不能被储存、转售或者退回的特性,例如,一架有500个座位的航班,如果某一个航次只有400个乘客,航空公司不可能将剩余的100个座位储存起来,留待下一个航班销售。由于服务无法储存与运输,服务分销渠道的结构有其特殊性,为了充分利用生产能力,对服务需求进行准确预测并制定有创新性的生产计划成为服务运营管理研究和实践中的重要课题。

质量概念存在客观与主观两个层面的含义,即符合标准质量与符合使用质量。第一,符合标准的质量观是以技术标准作为产品规格要求的,评价质量是以符合技术规范和规格要求作为标准的。例如,对各种产品可以设定尺寸、公差、纯度、硬度、强度、外观和性能等不同的规格要求,以此来衡量一个产品合格与否。与这种质量观念相适应的是,在产品生产阶段可以应用规格符合性来检验一个产品是否合格。在相当长的一段时间里,人们普遍把质量理解为符合性,即产品符合规定要求,或者说符合设计要求的程度。第二,符合使用质量,国际质量管理权威朱兰博士指出,对用户来说,质量就是适用性,而不是规格符合性。最终用户很少知道规格到底是什么,用户对质量的评价总是以到手的产品是否适用且其适用性是否持久为基础的。

与质量概念一样,服务质量也存在符合性和适用性两层含义。

"感知服务质量"一词是由Gronroos(1988)根据认知心理学的基本理论首次明确提出。他认为服务质量是一个主观范畴,顾客所感觉到的质量是重要的,服务质量的最终评价者是顾客而不是企业。从消费者的角度来看,感知服务质量是指消费者期望的服务质量与它实际接收到的服务质量之间的差异。服务质量在本质上就是一种感知,是由消费者将其服务期望与实际的服务经历进行比较之后的结果。因此,服务质量的高低与好坏主要取决于消费者的感知,最终评价服务质量的不是企业,而是消费者(见图6-9)。

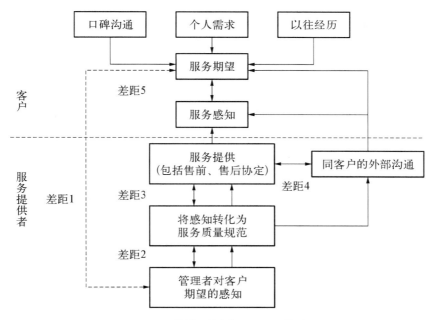

图6-9 服务质量差距(GAP)模型

资料来源:Parasuraman A., Zeithaml V. A., Berry L. L., SERVQUAL: A Multiple-Item Scale for Measuring Consumer Perceptions of Service Quality[J]. Journal of Retailing, 1988, 64(1): 12-40.

二、生鲜电商服务质量

(一)电商服务质量概念

随着信息技术以及移动互联网的普及,电子商务获得较快发展,很多传统的商业纷纷转向线上,实现了网络化数字化,消费者越来越依赖电子商务。因此,有学者提出了"电子服务质量"(e-service quality)概念,电子服务质量是网站使顾客进行高效率地浏览查询、购物以及为顾客配送产品或提供服务变得便利的程度。有学者提出从美观性、保障性、可靠性、可用性、响应性、隐私性、安全性、适应性、个性化、搜索便捷和价格获取等11个维度测量电子商务质量,也有学者将其归纳为服务过程、服务结果和服务补救三个大的维度和若干细分维度,服务过程的细分维度有网站设计、隐私性、易用性、功能性、准确性;服务结果是订单履行和物流配送是否快速、精确;服务补救是指交易中以及售后出现故障或问题,电子商务企业是否可以有效、及时、公平地进行处理。

生鲜电商是通过电子商务技术为消费者提供生鲜产品,同时也具有服务业的特征,既包括有形的产品(生鲜产品),也包括无形的服务(网页展示、订单履行、物流配送等)。因此生鲜电商的服务质量的决定因素是多方面的,大致可以划分为内部和外部两个方面,内部影响因素主要是产品质量、技术平台、冷链配送等三个方面,外部影响因素包括由消费者感受到的服务柔性体验感、产品价格水平、生活便利和企业所能提供的增值服务等。

(二) 生鲜电商服务质量的内部影响因素

第一,生鲜产品的特性是易腐败、难保存。生鲜的品质不像正常的工业产品易于控制,生鲜产品本身没有统一的标准,这就导致了生鲜电商管理生鲜产品非常困难,并且线上和线下的生鲜产品质量也很难做到统一。生鲜产品同时还存在供应链管理的问题,因为其易腐败、难保存的特质和每个地区的生鲜产品品质差距极大,这就造成了从原产地采购和从批发商采购商品存在着巨大的差异,好的生鲜产品在恰当的时间从生产环节进入流通环节会相对一般生鲜产品更耐物流磨损、耐储存、品质更好、卖相更好,这就给新零售环境下生鲜电商的产品供应链管理带来了巨大的挑战。例如,在新冠疫情期间,供应链稳定的平台明显运营能力更强,更加能为消费者提供优质的服务。

第二,在技术平台方面,大数据技术的到来对新零售商业模式带来了极大的变革。"互联网+"时代,科技从根本上改变了生活,新兴技术不断兴起,移动支付彻底改变了人们的消费习惯,"云计算""人脸识别"等技术能够帮助企业给消费者提供更优质的服务,而大数据等技术能够精准地分析出不同消费者的需求并给予其定制化的体验。强大的技术平台为企业带来了巨大的运营维护成本,又导致了产品的价格较高。

第三,冷链配送需要物流技术和冷链技术为基础。新零售环境下,即时物流也发生了巨大的变革。无论是自有配送人员或者是利用饿了么、美团,最终都可以为消费者提供完善的冷链配送服务,定制化的设备设施保证了货物在运输途中的完整,对派送时间的限制也满足了顾客对于派送商品时限上的要求,甚至为了保证其服务质量,企业会提供骑手打分系统,将每一单的责任落实到每一位配送人员头上,从而促进冷链配送服务品质的不断提高。生鲜产品的物流和配送是所有商品物流系统中最复杂和管理难度最高的,一直是物流行业的重难点问题,为了使产品最终能够以较好的品相出现在消费者面前,生鲜产品需要在原产地在最恰当时间进行处理,在生产端就必须对生鲜产品进行适当的保障,并且在运输过程中也需要全程冷链处理,来保证将生鲜产品的损耗控制在一个较低的水平。

(三) 生鲜电商服务质量的外部影响因素

第一,消费者服务体验。新零售环境下的生鲜电商相较于传统零售业,进行了收银端等方面的技术性改革,整体消费过程消费者参与度更强,但是对消费者的消费习惯缺乏前期培养,如很多人不会使用智能收银机,此类问题频频发生。

第二,产品价格水平。无论是冷链配送、维持线上线下运营的系统、商业APP的开发、店铺(微仓)的租赁、生鲜供应链的搭建都需要投入大量的资金,这直接造成了高昂的成本,最终产品价格水平较高。

第三,生活便利度。新零售经营模式不具备大规模复制优势,所以导致网点覆盖较少。目前新零售背景下的生鲜电商大多集中于人口密集度较大的一二线城市,并且对于门店(微仓)选址要求极高,导致网点覆盖率较低,很多顾客慕名而来,但是由于距离太远导致最后顾客流失。一个店面(微仓)派送范围是固定的,很多人无法体验消费,也吸引不到新顾客,甚至通过补贴吸引到的顾客,由于距离和派送范围等原因最终不会选择在平台上二次购买。此外,提高网点覆盖率,仍然需要很长一段时间的发展。

第四,增值服务。新零售时代消费者需求的多样化,消费者不断变化的需求决定他们不可能只依赖于单一的消费方式,新的科学技术促进了新零售的发展,但是技术的更新换代和消费者内生性的需求变化会带来行业不断地变化,像是刚开始只需要叠加线上购买配送,接下来需要在门店内进行线下的购物体验,然后买到的生鲜产品不想拿回家,想在门店内直接进行食用,甚至需要平台叠加上社交功能等。消费者的需求是不断提升不断变化的,这就需要企业从多方面去提供更多的增值服务,满足其消费需求,提升顾客的满意度,最终做到增强用户黏性。

表 6-4　生鲜电商服务质量测量指标

一级指标	二级指标	三级指标
生鲜电商服务质量	产品质量	产品品类齐全
		产品新鲜
		产品价格合理
		收到真实产品与网页描述相符
	冷链配送	配送时间灵活
		产品送达完好无破损
		配送地点准确
		配送人员专业素质高
	技术平台	APP 电子支付系统安全
		顾客个人信息安全
		APP 操作方便
		现场智能收银机便利
	服务柔性	服务人员态度好
		服务流程无差错
		应急和失误处理迅速专业
		售后服务及时

续表

一级指标	二级指标	三级指标
生鲜电商服务质量	生活便利	门店距离很近
		门店营业时间合理

资料来源：庞静茹.新零售环境下生鲜电商服务质量评价研究[D].北京建筑大学,2020.

（四）生鲜电商顾客满意度

服务质量和顾客满意是不同的概念，但两者高度相关。服务质量是对产品或服务所具有的优越性的间接感知，是一种持久的认知表现，受广告、声誉等外部因素的影响；满意度是一种体验性感觉，本质上是情感或认知的，是消费者对需求唤起、信息搜索、选择评价、购买决策和购买后行为等一系列购买过程的体验结果。满意度不会持久，最终会衰减为消费者的态度性反应。服务质量是满意度的前因。由于服务质量是多维构成的，在不同的场景下，服务质量的各个维度在整体服务质量和满意度评价中的地位和作用并不相同，例如在餐饮业，"了解客户"很重要，但在医疗保健业，"可靠性和保证性"更重要，同样道理，"响应性"在银行业服务质量评价中处于突出位置，其次是"可靠性"。

也有学者提出，尽管服务质量是顾客满意度的前因，但服务质量是通过顾客感知价值的中介作用影响顾客满意度，即所谓的"质量-价值-满意度"模型。顾客价值是"一种交互相对的主观偏好体验"，交互是指价值产生于主体（消费者）和客体（产品/服务）属性的反应，价值虽然依赖实物或精神客体的特征，但如果没有主体的参与则不可能产生；相对是指价值的比较性（客体效用的比较）、个人性（因人而异）和情景性（因环境而异）；偏好是指价值是一种主观评价性体验；体验是指顾客价值存在于消费体验而不是单纯的产品购买。因此，也可以将顾客价值分为三个维度，即外在的与内在的、自我导向与他人导向的、主动的与反应的。外在价值从属于"手段-目的"关系，消费作为实现某一实用性目的而获得价值，内在价值是对消费体验本身的自我评价；自我导向是指不依赖自身以外的人、事或物来证明，完全是由自我决定，他人导向是指由自身以外的人、事、物来证明；主动价值是通过有形或无形的实物或精神操控来体现，反应性价值则产生于对客体的领会、欣赏或反应。上述三个维度，以及每个维度的两个方面，组合为八个类别，分别是"效率、乐趣、卓越、美学、地位、伦理、尊敬、灵性"。

"刺激-机体-反应"范式揭示了外部环境对个体行为的影响过程，刺激是指唤起个体感知的因素，机体代表情感状态，反应是指个体表现出的趋向或回避行为，表示结果。在消费领域，刺激是指企业在零售场景中布置的各种营销、促销策略和工具，机体表示消费者受到营销刺激而获得快乐、愉悦、支配或疲惫、厌倦等正向或反向情感，而这类情感影响消费者行为，例如停留时间、消费支出、重返消费、店铺探索或者拒绝购买等趋向或回避行为。零售场景中出现较多的刺激因素有：门店播放的音乐、灯光、装饰色彩、商品陈列、门店布局以及店员容貌和服务态度等。因此，基于该范式以及生鲜电商服务质量测量指标体系（见表6-4），可以构建生鲜电商顾客满意度模型（如图6-10所示）。

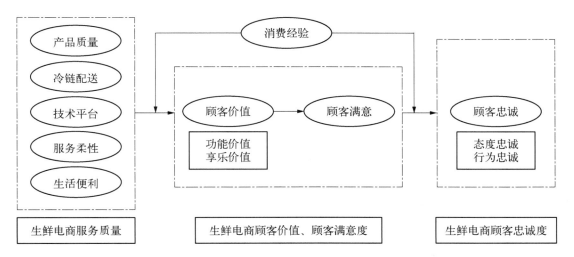

图 6-10　生鲜电商服务质量顾客满意度模型

专栏　生鲜电商案例

一、每日优鲜公司简介

在每日优鲜的公司网站上的自我介绍是这样写的:"每日优鲜成立于 2014 年 11 月,是一家技术驱动的创新型社区零售企业,致力于让每个家庭买得省心,吃得放心。我们运用创新技术和业务模式,旨在成为中国有代表性的社区零售数字化平台,推动中国社区零售行业数字化转型。在一二线城市,每日优鲜首创'前置仓'模式,为 16 个城市的数千万家庭提供了'超 4 000 款商品,最快 30 分钟达'服务。为了进一步推动社区零售行业全链路数字化,每日优鲜在 2020 年下半年推出智慧菜场业务,并于 2021 年启动了零售云业务,利用在垂直零售领域积累的核心技术能力,以及自主开发的智能系统——AI 零售网络,进一步赋能社区零售行业参与者实现数字化转型。"

该公司的愿景是"成为中国最大的社区零售数字化平台",该公司的使命是"让每个家庭买得省心,吃得放心",并遵循六条企业价值观准则:第一,用户第一,重要性排序依次为用户、伙伴、员工、股东、老板;第二,平凡人做平凡事,都是平凡人,有着平凡心,做成平凡事;第三,坚持做长期有价值的事,一切伟大的胜利,本质上都是长期主义的胜利;第四,每一天都在进化,唯一不变的就是变化,只有持续进化,才符合适者生存的自然规律;第五,敬畏每一分钱,零售就是撅着屁股捡钢镚儿的生意,把钱当钱;第六,共创共赢,创业是一场集体的修行,一群人才能走得更远。

每日优鲜的融资过程:

(1) 2014 年 12 月,获光信资本 5 000 万美元种子轮融资;

(2) 2015 年 5 月,获光信资本、腾讯科技共 1 000 万美元 A 轮融资;

(3) 2015年11月,再获腾讯领投2亿元人民币B轮融资;

(4) 2016年4月,获远翼投资、华创资本2.3亿元人民币B+轮融资;

(5) 2017年1月,获联想创投、浙商创投、腾讯科技、华创资本等1亿美元C轮融资;

(6) 2017年3月,获老虎基金、元生资本领投,时代资本跟投的2.3亿美元的C+轮融资;

(7) 2018年9月,获高盛、腾讯、时代资本等领投的4.5亿美元新一轮融资;

(8) 2020年7月,获工银国际、中金资本、高盛集团等4.95亿美元融资;

(9) 2020年12月,获青岛国信、阳光创投等20亿元人民币融资。

自创立以来,每日优鲜不断发展壮大,用户规模快速增长,凭借高用户覆盖率领跑生鲜电商行业。每日优鲜具备三大核心优势:第一,在物流配送方面,每日优鲜率先跑通了前置仓模式,通过集约化方式将产品从城市分选中心配送至前置仓转冷库保鲜,再进行1—3公里短距离配送,30分钟快速送达给用户;第二,每日优鲜采用全品类精选的模式,为用户挑选出优质产品,满足主流消费者习惯,提高了决策及购买效率;第三,每日优鲜以会员制、较高的会员特权维持用户的稳定性,并通过社交化分享促进用户的黏性,同时,会员制也有助于收集消费者偏好,精准用户画像,实现更有效的营销推广。

二、前置仓运营模式

作为前置仓模式的开创者,每日优鲜通过"城市分选中心+社区前置仓"的模式,目前已在全国16个主要城市建立起极速达冷链物流体系,为会员提供最快30分钟达服务,并实现大规模分布式仓储体系的数据化管理。自全品类战略推行以来,每日优鲜已经从生鲜电商向着线上综合超市进化,前置仓内的SKU已从1 000多个增加到3 000多个,涵盖蔬菜、水果、肉禽蛋、水产、酒水饮料、零食、日用百货等12大品类,实现生鲜和日用百货一站式购买。此外,基于前端用户数据的积累,和腾讯智慧零售的大数据赋能,每日优鲜反向建立数字化供应链,根据用户需求精准选品,持续推进生鲜产品的标准化和品牌化(见图6-11)。

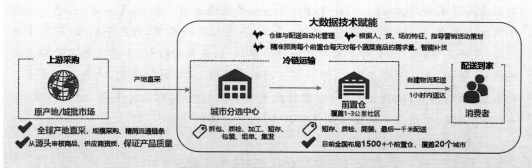

图6-11 每日优鲜前置仓运营模式

资料来源:艾瑞咨询.中国生鲜电商行业研究报告[R].2021.

每日优鲜在全球30多个国家和地区的农产品生产地建立了生鲜采购基地,绝大部分生鲜都是从这些生产地直接采购的,其中80%的水果是产地直采,通过规模化采购,降低供应链成本,同时从源头审核供应商资质和产品品质,保证了产品质量。生鲜产品通过全程冷链干线运输到分布在全国的中心城市分选中心,这些分选中心覆盖华北、华东、华南和华中等地区的16个主要城市,生鲜产品在这些分选中心完成拆包、质检、加工、短存、包装、组单以及集中发运等环节。生鲜产品在分选中心经过简单处理之后,通过全程冷链的小干线运输送达前置仓,目前每日优鲜在全国20多个城市有1500多个靠近居民社区的前置仓,覆盖方圆1—3公里的社区,生鲜产品在前置仓内需要再次进行质量检验,以及短期存储和包装。消费者通过每日优鲜APP下单,由前置仓完成订单处理,通过自建物流配送系统,可以做到30分钟内送货上门。在城市分选中心、前置仓以及终端配送员之间,通过信息系统共享消费需求、产品库存、运输配送等信息,能够精准预测每个前置仓每天对每种蔬菜水果的需求量,并实行智能补货,并与市场部协调营销策划活动。

三、智慧菜场业务

虽然拥有庞大的市场基础,但传统菜市场仍存在着硬件条件落后、摊位布局不合理、环境脏乱差等显著问题。此外,由于传统菜市场数字化应用较少,不仅会导致销售渠道单一,商户及菜场经营方易出现收入瓶颈,经营者也对经营数据缺乏收集和处理能力,无法实现高效运营。同时由于菜市场经营数据不透明,政府在监管时缺乏有效抓手。数字化手段的大量应用正在对传统产业产生更为积极影响,通过数字化升级,传统菜市场可实现数据分析、线上渠道开拓以及智慧化运营,从而增收提效。近年来我国相继出台多项政策和法律法规来推动菜市场业态的数字化转型升级,包括"一刻钟便民生活圈建设""农产品市场信息化升级改造""菜篮子"民生工程建设等,均为数字化菜场的开发运营打下了政策基础。

每日优鲜结合自身业务优势与传统菜市场合作共建智慧菜场,切实帮助消费者解决买菜过程中的首要问题。在智慧菜场的布局上,每日优鲜已取得了初步的成效。每日优鲜的智慧菜场业务采取整包改造的方式,即与菜市场产权方签订10—20年长期的承包协议,通过升级菜市场的硬件基础设施、丰富菜场业态,为商户提供深度化增值服务、扩展线上购买渠道等赋能方式改造传统菜市场。截至2021年5月,每日优鲜与14个城市的54家菜市场签订运营协议,对33家菜市场开展了运营。每日优鲜改造菜市场的逻辑也十分独特,它并不是停留在"表面功夫",而是深入内部改造菜市场。除了改善其脏乱的环境外,每日优鲜还通过硬件升级、业态优化、数字化赋能商户等线上线下全渠道打通的方式,推动传统菜市场的运营提效和规范管理。

每日优鲜对菜市场的改造,可以简单理解为以下三个步骤:第一,改造场地布局、优化商户组合并引入新业态;第二,为商户提供包括电子支付、在线营销、CRM工具和业务规划在内的SaaS服务包;第三,帮助商户开拓线上电商渠道,建立线上私域流量,增加收入。

经过改造,每日优鲜智慧菜场可以拥有三大收入来源:向个体商户收取的租金、SaaS产品年费以及按照商户电商业务GMV收取佣金。这样的收入结构更加多元、健康,相比传统菜市场的经营方式,每日优鲜并不是一个传统的二房东,而是一个赋能者。改造后的菜市场,消费者不仅可以在整洁的环境中购物,并且还可以在购买商品时获得更加公开透明的交易信息,可以清楚了解商品的信息、重量和价格等信息。菜市场不再是一个"卖菜"的地方,而是一个集合食品、休闲娱乐、餐饮、服务与健康护理为一体的综合购物中心。菜场业态从里到外得到全方位焕新,市民逛菜场的幸福感也会大幅度提升。

和其他从事菜场改造者不同,每日优鲜智慧菜场的经营理念是先获取长期经营权,再对菜场进行改造,因此身份不再只是只向商户收租金、不管菜市场整体好坏的二房东,而是菜市场真正的经营者,更有动力推动升级。具体来说,每日优鲜会通过改造场地与硬件、优化商户组合并引入新业态;让菜市场不再只是简单的交易场景,而是一个集食品(Food)、餐饮(Restaurant)、休闲娱乐(Entertainment)、服务(Service)、医疗保健(Healthcare)为一体的社区Mall,比如在买菜的同时,菜场还可提供洗衣服务、健康护理等,打造一站式场景,同时进行硬件升级(如图6-12)。

每日优鲜智慧菜场全景图

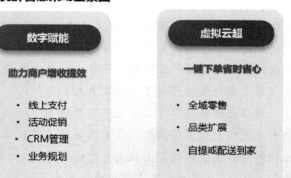

图6-12 每日优鲜智慧菜场改造

资料来源:艾瑞咨询.中国生鲜电商行业研究报告[R].2021.

在商户赋能层面,每日优鲜会为商户提供包括电子支付、在线营销、CRM工具和业务规划在内的全流程SaaS服务包,提升菜场数字化水平。比如,基于消费大数据分析,给予商户在选品备货、用户画像等方面经营决策的建议和支持。此外,每日优鲜还会帮助商户开拓线上电商渠道,建立线上私域流量,增加收入。菜场的改造升级并不简单是一个商业场景的数字化,背后是真正对数以万计的中小商家的赋能和数字化,这也是数字化的长尾效应,让最小颗粒度的市场参与者也能分享到数字化的成果。

四、零售云业务

每日优鲜的第三个核心业务是零售云,即将自己的技术核心能力做平台化输出,这让它不仅局限在做自营,还能通过赋能的方式,让业务触角深入到更多城市、更多业态。做零售云业务是每日优鲜基于行业发展趋势的选择。产业互联网时代,数字化改造正在成为千行百业的主流趋势。一直以来,零售行业存在着长链条、低毛利、跨区域的经营管理难题,深度数字化则是解决社区零售发展天花板的主要方式之一。

零售云业务旨在通过智能线上线下全渠道营销、智能供应链管理和门店到家能力,赋能超市、菜市场和本地零售商等广泛的社区零售参与者,帮助他们以数字化方式快速启动并高效运营自身业务。零售云的最大作用是可以把每日优鲜在前置仓所积累的商品、用户、运营数字化经验沉淀下来,并使之工具化、系统化。与其他从事零售云业务的企业不同,每日优鲜采用去中心化的方式赋能,只在中后台帮助商家搭建数字化体系,商家仍然拥有自己的私域流量,用户仍然在商家自己手中。零售云主要面对的对象是线下超市、菜市场以及供应商,为他们提供商品规划、供需管理、供应链管理、在线营销以及到家配送等服务,归纳为三大核心功能,即智慧供应链管理、智慧营销管理和智慧物流管理(图6-13)。

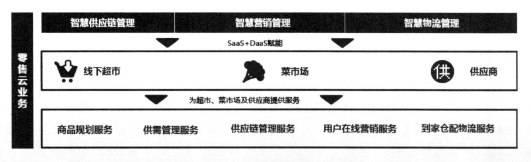

图6-13 每日优鲜零售云业务图

资料来源:艾瑞咨询.中国生鲜电商行业研究报告[R].2021.

零售云的推出是基于每日优鲜的技术核心能力,即智慧零售网络(Retail AI Network,RAIN),这是每日优鲜自研的人工智能技术平台,对长价值链零售业务进行运营管理,涵盖智慧供应链、智慧物流、智慧营销等多个领域,连接库存补货、采购、周转管理、物流和营销等价值链节点。通过基于SaaS的标准化管理和人工智能决策,每日优鲜可以确保全流程的有效决策和高效执行。在高交易频率、高库存损耗率、高便捷配送要求的行业中,每日优鲜依靠这种技术能力建立了高准入壁垒。每日优鲜有

98%的库存补货决策、97%的采购决策和85%的库存周转管理决策由RAIN系统自动完成。RAIN有效地减少了其对一线经理和操作人员经验的依赖,降低了人员经验的门槛,提高了运营效率。目前,每日优鲜生鲜产品周转天数为1.8天,平均损耗率2.5%,下午五点之前SKU在售率94%。

前置仓生鲜零售、智慧菜场和零售云成为每日优鲜的三大核心业务,因此,2021年3月,每日优鲜的公司愿景更新为"成为中国最大的社区零售数字化平台",以"(前置仓即时零售+智慧菜场)×零售云"的全新战略,推动中国社区零售行业数字化升级。与其他生鲜电商企业相比较,每日优鲜的零售云业务有哪些优势?

首先,每日优鲜在社区零售行业有超过6年的运营经验积累,且从投入上看,每日优鲜搭建了超400人的技术团队,这在零售企业中并不多见,也是与单做云或者单做零售平台的企业的不同之处。在中国以前置仓为代表的即时零售行业,每日优鲜的技术和智能化水平处于行业领先水平,在生鲜管理相关专利和技术团队规模方面均排名第一。

其次,智慧零售网络不仅是帮助商家做线上线下的联结,同时也帮助商家做全流程的经营决策优化,比如订货数量、促销计划、营销手段等。未来,RAIN不仅会用在每日优鲜自己的即时社区零售业务和菜市场业务上,也会被SaaS化,赋能更多社区零售行业的超市、菜市场和线下店。

(资料来源:www.missfresh.cn;艾瑞咨询.中国生鲜电商行业研究报告[R].2021.)

本章小结

近十年,我国电子商务规模和网络零售总额不断增长,但是增长速度则逐年下降,但生鲜农产品的网络零售额和增长速度维持稳步发展。生鲜产业链上游以农户小规模生产为主,组织效率较低,受自然条件影响较大,但我国农产品品类多,地域分布广;产业链中游流通环节多,产品损耗较高;产业链下游以农贸市场和超市为主要零售渠道,生鲜电商所占份额较低,但从2005年开始,生鲜电商行业发展迅速,出现了到店到家、社区团购等多种创新的零售运营模式。由于生鲜产品易腐烂、不耐储存等特点,生鲜电商对物流配送要求较高,前置仓是目前主流的生鲜电商物流配送模式,在降低物流配送成本的同时,实现了较高的服务质量水平。生鲜电商服务质量具有多维度,包含了产品质量、冷链配送、柔性服务等,并且直接影响消费者满意度和顾客忠诚。

关键词

电子商务、生鲜产业链、生鲜电商、运营模式、供应链、服务质量

思考题

1. 简要阐述近十年我国网络零售的发展情况。
2. 生鲜产品产业链上游、中游和下游各有哪些特征?
3. 我国生鲜产品零售市场大致经历了几个阶段?每个阶段分别有哪些特点?
4. 我国生鲜电商行业发展经历了哪些阶段?每个阶段有哪些特征?
5. 生鲜电商主要运营模式有哪些?各有什么特点?
6. 生鲜电商有哪些主要的物流配送模式?
7. 请简要阐述前置仓的运行流程图,以及每个环节的主要作业内容。
8. 影响生鲜电商服务质量的因素有哪些?

参考文献

[1] 商务部电子商务和信息化司.中国电子商务报告(2019).http://dzsws.mofcom.gov.cn/article/ztxx/ndbg/202007/20200702979478.shtml.

[2] 艾瑞咨询.2020年中国生鲜供应链行业研究报告.http://report.iresearch.cn/report/202009/3652.shtml.

[3] 郁晓.浙江省生鲜电商与跨境电商创新模式探究——基于遂昌模式和速卖通模式的深度分析[M].北京:经济科学出版社,2016.

[4] 艾瑞咨询.2021年中国生鲜电商行业研究报告.http://report.iresearch.cn/report/202105/3776.shtml.

[5] 李海英.平台式网购顾客满意度实证研究[D].西南交通大学,2011.

[6] 徐卓.生鲜电商平台电子服务质量对消费者购买意愿的影响研究[D].哈尔滨工程大学,2020.

[7] 严浩仁.顾客忠诚的影响因素及其作用机制——对移动通信服务市场的实证研究[D].浙江大学,2004.

[8] 徐娴英.感知服务质量的影响因素及面向改进的测量方法研究[D].东北大学,2011.

[9] 刘宸宇.B公司生鲜电商前置仓选址-路径问题研究[D].北京交通大学,2021.

[10] 斯日古冷.B2C生鲜电商"最后一公里"配送模式研究[D].北京交通大学,2018.

[11] 肖哲晖.电子商务环境下生鲜农产品消费者信任研究[D].华中科技大学,2015.

[12] 陈奕.基于"新零售"的A生鲜电商公司商业模式优化研究[D].桂林理工大学,2021.

[13] 刘双双.基于双层规划的生鲜电商企业前置仓物流配送网络优化研究[D].中国矿业大学,2021.

[14] 解妮妮.考虑分品类的D生鲜电商前置仓竞争选址研究[D].北京交通大学,2021.

[15] 盛虎宜.生鲜电商物流配送的车辆路径问题研究[D].电子科技大学,2019.

[16] 庞静茹.新零售环境下生鲜电商服务质量评价研究[D].北京建筑大学,2020.

[17] 张伊萌.国内外生鲜电商超市供应链模式对比分析[D].吉林大学,2020.
[18] Parasuraman A.,Zeithaml V. A.,Berry L. L. SERVQUAL:A Multiple-Item Scale for Measuring Consumer Perceptions of Service Quality[J]. Journal of Retailing,1988,64(1):12-40.
[19] 李秉龙,薛兴利.农业经济学(第3版)[M].北京:中国农业大学出版社,2015.
[20] 昝梦莹,陈光,王征兵.我国生鲜电商发展历程、现实困境与应对策略[J].经济问题,2020(12).
[21] Gronroos C. Service Quality:The Six Criteria of Good Perceived Service Quality[J]. Christian Review of Business,1988(9):3-13.

第七章 无人零售

学习要点

- 无人零售业态概念以及行业发展
- 三种无人零售商业模式
- 影响无人零售业态发展的五种因素
- 无人零售产业链
- 无人零售业态的消费者行为

从 1994 年中国首次引入自动售货机以来,无人零售在国内已经有近 30 年的发展历程,市场规模逐年增长。无人零售的爆发期则是从 2017 年开始的,既有传统零售企业,也有行业外的创业投资者纷纷入局,这一年无人零售行业融资金额近 40 亿元。但是,无人零售的"风口"可谓昙花一现,不到两年时间,各头部企业纷纷倒闭或者资本撤出的消息层出不穷。一方面是因为市场培育需要一定的时间,消费者还不熟悉无人零售的购物体验,市场规模有限;另一方面也因为短时间内大量企业进入市场,导致市场竞争激烈,企业赢利空间有限。受新冠疫情的影响,人们逐渐接受了无接触式的购物方式,同时,随着大数据、移动支付以及人工智能等数字技术逐渐成熟,又为无人零售的复苏创造了条件,以自动售货机和智能货柜为载体的无人零售市场再次稳步增长。

第一节 无人零售业态的发展

一、零售业态的发展

零售业的发展经历了漫长的过程,新零售的出现离不开无数商家和企业的尝试,多次的改革创新最终获得了喜人的成果。

第一次零售革命出现在1852年前后,世界上第一家百货商店开业,打破了"前店后厂"的小作坊运作模式。零售行业由古老的家庭小作坊自给自足、随缘交易的方式变为专业售卖、囤货流通的百货商店,其变革主要带来两大变化,一是实现了产品生产的批次化,保证了产品数量的同时,改变了原本物以稀为贵、售卖价格高的格局;二是让原本售卖商品类别单一的商店,开始往品类多、数量多、可选择性多的百货商店转变,这促使以售卖、交易为主要功能的地方形成了最早的百货商店的雏形,消费者们从此不再需要为买几种商品而四处奔波,百货商店的功能性逐渐体现出来,改变了人们对交易方式的认知。我国的第一家百货公司——秋林公司出现于1900年,由俄国人在哈尔滨开设。

第二次零售革命是在1859年,美国大西洋和太平洋茶叶公司建立了世界上第一家连锁商店,连锁店建立了统一化管理和规模化运作的体系,提高了门店运营的效率,降低了成本。原本单个的百货商店转变为连锁百货店,运用同样的商品、同样的运作交易模式,由原本一家店铺开始向更多的店铺发展,让更多的人、更多的地方开始体验百货商店、零售行业带来的改变,而选址上更贴近人们生活聚集的中心,使得购物变得更加便捷。随着连锁商店的快速发展,其分布范围也越来越广泛,尤其是贴近社区的连锁商店,让居民生活更便捷。

第三次零售革命大约在1930年左右,超级市场诞生。一方面,百货店铺的品类、数量和规模已经无法满足人们的需求;另一方面,随着科技的进步,计算机系统逐渐进入日常生活中,百货商店引入了现代化的收银系统、核算系统、订货系统(最早的进销存系统)等,其商品的流通速度和周转效率大大提升,同时不同人员的功能划分,进一步加强了销售的能力,这就是我们现在看到的超市的最早雏形了。

第四次零售革命是20世纪90年代开始兴起的电商。互联网的普及拉近了世界的距离,电子商务的出现使得人们跨越了地域限制,大大增加了人们对于商品的选择范围,让更多的商品流通起来,商品已经不只是在周围和当地的范围内进行售卖了。同时电商的出现颠覆了长久以来形成的多级分销体系,减少了货物在中间商流通的次数,大大降低了最终客户在购入时的价格,使得商品价格进一步下降,让更多人在更大的范围内,有更多的商品可选择,且价格还可能更低。

第五次零售革命就是新零售,这一次升级主要针对传统电商长期被诟病的体验感和货物收到的延时性。通过线上和线下结合,在增强客户对商品体验感的同时,主打货物配送的及时性,让客户以最快的方式收到自己心仪的商品;同时,它以电子商务为基础,颠覆了传统多级分销体系,降低了分销成本,使商品价格进一步下降。在新零售中,大数据、人工智能等先进技术手段全部融入其中,对商品的生产、流通与销售过程进行升级改造,进而重塑业态结构与生态圈。

二、无人零售

(一)无人零售的概念与发展

新零售是一种以消费者体验为中心,以大数据、云计算、人工智能等新技术为手段,全面融合线上线下与物流,打破边际,整合全部资源的零售业态的统称。随着新零售的提出,以科技融入零售业,加速行业转型,零售业得到了更好和更快的发展,各种不同的新零售业态出现在大众的视野,包括线上线下的融合、零售＋体验式消费、无人零售以及直播电商等。无人零售是所有线下场景中唯一一个消费者、产品、场景全链路数字化的新零售业态,整个零售的过程是人与商品、机器交互的过程。

无人零售是随着技术发展逐步兴起的一种新零售模式,指基于智能技术实现的无导购员和收银员值守的新型服务,其特点主要体现在:一是智能技术的应用。通过移动支付、人脸识别、RFID等技术的应用,实现自助服务或自动结算,降低零售对人的依赖,实现无人零售。二是实现线下线上的融合。通过收集并记录消费者的消费数据,进一步分析消费者行为,从而带来更定制化、更贴合需求的购买体验。例如,2017年,随着生活节奏的加快和消费场景的打破重构,京东集团推出了京东×无人超市,阿里巴巴推出了淘咖啡,Easy Go便利店、缤果盒子、酷铺魔方、F5未来商店等多种类型的无人零售业态逐步出现在一线城市的大街小巷,因此这一年也被称为无人零售元年。随着无人零售行业的发展,整体行业规模也迎来了急速增长。2017年我国无人零售行业市场规模为214.9亿元,2020年达到657亿元。从无人零售需求的场地来看,小区、社区等场所占比最高,达到24%;其次是写字楼和地铁、火车站等交通枢纽,均为21%。

(二)无人零售行业趋势

1. 移动支付手段普及

得益于智能手机的普及与网络支付的便捷性,我国消费者已逐步习惯在日常生活的不同场景中使用网络支付工具,越来越多的商户和公共服务也开始支持移动支付。无现金的支付方式省去了消费者取钱和收纳及收银员找零的过程,提高了日常事务的效率,并且避免了现金被盗的情况,省去了现金收纳盘点的过程,为无人零售模式奠定了基础。

2. 无人零售技术发展

科学技术的发展为无人零售行业的进一步升级提供了技术保障,移动支付/大数据征信为无人零售奠定基础,物联网与人工智能的发展为无人零售插上翅膀。物联网即物物相连的互联网,其实现方式为通过传感器将物品连接到互联网,再通过这一网络传递物体信息和数据至互联网终端管理者,目前常用的传感器设备包括射频识别(RFID)、红外感应器、全球定位系统、激光扫描器等,其中射频识别即目前大多数无人零售商店在商品识别和结算时所使用的设备和技术。人工智能技术包括机器视觉、深度学习算法、传感器融合技术、卷积神经网络以及生物识别等技术。在技术的不断发展和国家政策的扶持下,预计我国物联网产业仍将保持快速增长,这为无人零售店的实现提供了技术基础。人工智能技术的发展,使即拿即走式无人零售店成为可能。

3. 大数据征信逐渐完善

不同于传统征信,以芝麻信用和腾讯征信为代表的大数据征信覆盖人群更为广泛和年轻化,信息渠道也更偏向公民的日常行为偏好。无人零售商家通过对接此类征信机构,获得公民的信用数据,并评估其是否具备进店资格等,在一定程度上可以防范偷窃案件的发生。

第二节　无人零售的商业模式

目前市场上出现的无人零售的商业模式主要包括三大类：自动售货机、无人货架以及无人便利店/超市，普遍呈现出占地面积小、技术投入高的特点。这些商业模式更多的是用于满足消费者的应急性需求，在满足消费者在特定场合（地铁站、小区内等）的垂直需求方面发挥着重要作用，三种商业模式的特点如表7-1所示。

表7-1　三种无人零售的商业模式对比分析

	自动售货机	无人货架	无人便利店/超市
购买流程	选择购买商品—完成支付—取走商品	扫描货架二维码—手机选购商品—完成支付—取走商品	进门身份验证—采用电子支付方式（支付宝/微信）完成支付—离店
采用技术	二维码	二维码	二维码、RFID、人工智能
技术壁垒	技术成熟、壁垒低	技术成熟、壁垒低	技术不成熟、壁垒高
场景应用	人流量较大的场景，如机场火车站等交通枢纽、医院、商场、地铁站等	封闭应用场景，如办公室等	社区、商区、办公区
代表性企业	友宝、零点咖啡、美味生活、天使之橙	果小美、便利蜂、小e微店、猩便利	缤果盒子、F5未来商店、阿里巴巴、京东
占地面积	小于 10 m²	0.2—0.5 m²	小于 20 m²
SKU	约 20—50 个/机	RDIF，300—800 个	约 50 个/货架
单店设备成本	小于 5 万元/机	200—300 元/货架	依情况而定
丢损率	0	较高，约 10%	介于两者之间
毛利率	20%—40%	30%—40%	15%—30%

一、自动售货机

（一）自动售货机发展历程

自动售货机是一种自助式的零售终端，消费者通过"选择商品—支付（扫码/现金）—拿取商品"这三个步骤就能快速完成购买过程。而且由于其体型较小，可以渗透到地铁站、小区楼下、学生宿舍等难以布局门店的空间，点位分布灵活多样，应用场景丰富，满足各种应急性的需求。

自动售货机的历史可以追溯到公元1世纪,希腊人希罗制造出可以自动出售圣水的装置。现代真正意义上的自动售货机在20世纪70年代的日本和欧美出现并迅速发展,被称为24小时营业的微型超市。根据日本自动售货机工业会社的数据,截至2016年底,日本售卖饮料的自动售货机达到247万台,大约70%的罐装饮料是通过自动售货机售出的,而售卖香烟、食品、日用百货等的自动售货机达到246万台。大约每26个日本人就拥有1台自动售货机,实现销售额约合人民币2930亿元,在整个零售业态中占据着重要地位。

直到1993年左右,自动售货机逐渐进入中国,因其占地面积小、租金便宜、布局地点多样的特点吸引了众多企业。随着人们消费习惯的变化,尤其是支付方式的升级,以及自动售货机智能化的普及,我国的自动售货机逐渐进入爆发期,出现了各种类型的自动售货机,如自动饮料机、自动咖啡机、自动便当机以及自动零食机等。截至2019年底,我国的自动售货机保有量大约在50.5万台,整体市场规模约为180.9亿元。

(二)自动售货机分类

从自动售货机售卖的产品品类来说,大致可以分为包装食品、新鲜食品以及日用品三类。包装食品包括饮料、酒水以及零食等,其中售卖饮料的自动售货机占据整个市场的大部分,代表性运营企业有友宝、娃哈哈、农夫山泉等。新鲜食品包括便当、现磨咖啡、鲜榨果汁、鲜切水果以及冰激凌等,代表性运营企业有捷米、咖啡码头、天使之橙、中吉等。日用品包括卫生用品、美妆用品、试用装产品、文创用品、衣服以及情趣用品等,代表性运营企业有来包纸、丝芙兰、美图、优衣库等。

从自动售货机的机型种类来说,大致可以分为弹簧螺旋货道机型、蛇形料道机型、履带式货道机型以及门格子柜机型。弹簧螺旋货道机型是通过霍尔感应驱动水平弹簧的转动,将弹簧间隔内放置的货物推出并掉落,因其对货物的形制要求较为宽松,能够售卖的商品品类也较多,故又称为综合机。但由于形态的问题,比较容易发生卡货等故障,因此大多用于小便利店商品的售卖。蛇形料道机型因瓶体在料道内呈蛇形垂直堆栈状态而得名,料道底部设电磁控制阀,依靠瓶装饮料本身的重力掉落出货,该机型主要适用于饮料瓶等具有圆柱体结构的产品。履带式货道一定程度上是弹簧货道的延伸,约束比较多,适合售卖有固定包装、不容易倒的产品。将履带式货道与设计好的保温控温杀菌系统相配合,履带式货道自动售货机可以用来卖水果、生鲜和盒饭。门格子柜机型由不同的小格子组成,每个格子放置一个商品,消费者完成支付后,放置该商品的格子弹开柜门。创新技术的不断涌现使得自动售货设备不断迭代升级,自2017年起,国内又出现了基于RFID芯片技术、重力感应技术、人工智能视觉识别技术的新型自动售货机。随着技术持续迭代升级,未来会有更多的创新设备投放市场。

(三)自动售货机运营

自动售货机的运营要素,离不开人员、车辆、仓库、货品四大项。这对自动售货机运营企业形成了较高的门槛,在全球范围来看,往往是饮料品牌商利用其供应链优势介入自动售货机市场,形成了头部企业。

根据自动售货机市场行业分析,约有超过一半的自动售货机售卖的货品为饮料类产品,原因在于饮料类产品具有高度标准化的特点。高度标准化为自动售货机的运营提供了很大的优势，一方面由于自动售货机大多情况下满足的是个体的应急性需求，高度的标准化可以使得消费者在短时间内构建对产品的安全信任，缩短了消费者购买的决策路径，当个体面对多种品牌和品类的选择时通常会犹豫不决，但面对标准化的产品时可以快速做出决策；另一方面由于饮料类产品的高度标准化，也反向构建了自动售货机机械结构的高度标准化，极大地促进了自动售货机工业的规模化，两者形成正反馈。

自动售货机上的饮料消费购买行为，具有半刚需、货值低、决策快的特点。所谓半刚需，即消费者对于饮料的需求虽然会较为明确，但是极易被其他场景所替代。自动售货机的布设和运营，首要面对的正是这样的低黏度特征。在特定的场景下，这个黏度可得以大幅度提高。即在某种环境下，消费者的活动受到约束，消费场景切换可能性被切断了。如工厂车间、学校、医院、政府办事处、军队等场景内，消费者的活动自由受到约束，而传统商店的设置由于受物理空间、政策因素等限制无法合理布局，在此情况下占地面积小、24 小时可以售卖的自动售货机就成了最佳选择，且对该空间的消费群体形成了半强制性消费的优势。这样的封闭式场景，最适合自动售货机的布放。综上所述，自动售货机最适合布局在人数较多的封闭式场景。

（四）自动售货机的运营发展建议

随着科技的发展，目前自动售货机的运营出现了更多的可能。

从商品层面考量，一方面可以考虑采用稳妥的思路，售卖最常见的饮料类商品，这类型产品高度标准化且需求量较大，整体风险较低；另一方面可以考虑较为独特的思路，售卖平时不太常见的商品，如便当、冰激凌以及文玩首饰等，这类型产品的优点在于竞争者较少，产品利润空间大，一旦成功可能成为该品类的领导者，缺点则在于产品需求量难以预估，没有足够的经验，进入风险较大。

从选址层面考量，针对饮料类商品这种较为常规而且风险较低的产品，可以选择地铁站、高校、工厂及部队等相对封闭且个体对饮料类商品的需求量较大的场所，同样也可以选择人流量很大的开放场所，比如各种车站、景点及户外广场等，有效客户群体密度不是很大但超大的人流量能弥补不足，总有人有购物需求；针对便当、冰激凌及文玩首饰等较为小众的产品，要根据产品的特点进行布局，如售卖便当类产品的自助售货机最好布局在白领较多且其他午餐类食品可达性较低的商业广场，建立稳定的客群；此外，选址还要格外注意周边的竞争因素，最好不要选择周边已经布局便利店、超市或者无人售货机的场合，避免无谓的竞争。

从运营角度考量，可以从以下几点优化：（1）优化自动售货机外观设计，结合当下时尚热点打造机身标语，吸引注意的同时激发消费者的购买欲望，从而提高销量；（2）善于使用智能后台，保证货品的及时补充和更新，此外还要定期分析自动售货机后台显示的销售数据报表，寻找利润高和销量大的产品，及时调整各个商品的配额从而实现利润大化；（3）保证无人售货机周边的环境卫生。良好的环境状况可以吸引消费者，提升消费者对售卖产品的评价，如果机器卫生状况较差，会大大降低消费者的购买欲望并对产品产生负面评价，不利于长期的发展;(4)确保支付方式的多样化及可用性。有些自动售货机虽然标注可以使用电子支付以及现金支付,但在实际支付过程中可能出现某些功能不能使用的情况,给消费者带来很差的体验。此外,对于带现金模块的自动售货机,一定要及时补充或者清点里面的货币,定期清理灰尘,以免影响识别效率;(5)指派专人负责自动售货机的清洁、补货以及维修等工作。自动售货机平时呈现的无人运营状态需要细致管理,专人更加熟悉机器的状况,能够更好地完成机器的维护工作;(6)定期进行市场调研。通过及时的调研掌握市场变化情况,调整产品类别和数量以配合消费者需求的改变,不可闭门造车靠自己主观的猜测来揣摩顾客的需求或购物体验,从而调整自己的运营方案。

二、无人货架

(一)无人货架的出现及发展

不同于自动售货机,无人货架是在新零售的大变革趋势下产生的新型零售模式。无人货架多采用开放式的货架或货柜,配以冰箱等终端,消费者通过手机扫描货架上的二维码,再进入相应的 APP 或者小程序页面,根据该货架所在的地理位置进行选购、入袋、支付。目前,无人货架多定位办公室休闲食品消费场景,通常选择白领集中的高端写字楼和科技产业园区等地点布局,设置在企业茶水间、写字楼大厅、联合办公的休闲区域,提供以包装食品和瓶装饮料等为主要品类的商品。

2016 年,随着新零售概念的提出,"无人零售"风潮兴起并迅速带动了无人货架行业的发展。在萌芽阶段,小 e 微店、领蛙等作为领头羊企业试水无人货架行业,成为最早一批进入市场的企业,为中国无人货架行业的发展奠定了基础。在这一阶段,无人货架主要为开放式货架形态,消费者可以直接接触货架商品,因此这种货架的防盗能力较弱,货损率也较高,无人货架企业开始不断摸索。

2017 年,无人货架行业进入高速爆发式发展期,作为新的投资风口获得融资总额高达数十亿元。新零售从概念到落地,促使更多企业参与重构人、货、场。无人货架的零售颗粒度更细、覆盖范围更广,且可通过规模化的快速复制满足刚需高频消费需求,其探索价值被肯定;无人货架的主要消费场景——办公室的环境相对封闭、白领群体素质较高,消费需求稳定。2017 年下半年,一些无人货架运营企业开始进行智能收货柜的研发,通过技术的进步降低货损率,提高运营效率。智能化货柜陆续上线,对无人货架行业的发展带来了重要的推动作用。

2018 年,无人货架行业重新洗牌,进入新的发展时期。作为技术含量与成本双低的无人零售形式,无人货架这一业态符合"打碎大仓库,走近消费者"的新零售趋势,不仅成为初创企业跑马圈地的热点领域,也吸引了原有的生鲜电商、宅配类等企业,如饿了么、每日优鲜、U 掌柜等,以其供应链和物流积累的优势,迅速切入无人零售市场。面对行业龙头企业的入局,初创企业多采取抱团战略,比如提供零食的办公室无人零售企业哈米科技与全国全品类生鲜运营平台易果集团达成供应链协议,易果专注供应链和冷链流通(安鲜达),哈米则专注区域和人群都非常封闭独立的办公室场景。另一部分初创企业就没有这么幸运,在行业发展初期,部分企业为了迅速抢占市场份额,多注重点位的增加和规模的扩张而忽视了运营的效率、产品的质量以及物流成本等,有多家初始进入无人货架行业的企业因运营不善而资金链断裂,逐步退出市场。而此时,各行业巨头(如腾讯、阿里巴巴、京东等)接连进军无人货架行业,行业集中度不断上升。腾讯集团就于2018年5月与每日优鲜便利购达成战略合作,从智能货柜解决方案、图像识别与云服务三个层面进行深度合作,为每日优鲜便利购提供智能化技术服务支持,有效提升了每日优鲜便利购的运营效率以及消费者购物体验,帮助每日优鲜便利购发展成为无人货架行业的领头羊企业。2016—2018年,无人货架行业的市场规模从0.2亿元增长到11.5亿元,年复合增长率达到658.3%,预计在2023年上升至24.4亿元(见表7-2)。

表7-2 中国无人货架主要企业一览

企业类型	企业名称	情况介绍
创业企业	便利蜂	从新兴便利店业务拓展至无人货架业务,两者互相补充,互相促进;能够提供热食;2018年,便利蜂投资控股无人货架运营商领蛙
	果小美	无人货架行业的领军企业,获得地方政府的投资支持;2017年,果小美战略合并智能零售货柜商番茄便利
	小e微店	最早一批进入市场的初创企业,集中于人数在100人以上的企业,专注优质客户的开发;具有先发优势,注重客户质量而非简单的大量拓展客户,具有独特的战略定位
	每日优鲜便利购	生鲜零售平台每日优鲜的子公司,主做无人货架,能够提供高质量的生鲜产品,受到多方资本的青睐;2018年,每日优鲜便利购与海尔商用冷柜达成战略合作
行业龙头企业孵化	京东到家GO	2017年11月,京东推出了无人货架京东到家GO,具体类型为智能无人货柜
	饿了么NOW	2017年11月,饿了么推出无人货架
	丰e足食	2017年11月,顺丰推出无人货架
	小卖柜	2017年12月,阿里集团与美的联合推出智能无人货柜
	苏宁小店Biu	2018年2月,苏宁推出无人货柜

(二)无人货架的分类

我们可以从多个角度对无人货架进行分类,如商品种类、货架形式以及商业模式等。

从商品种类角度来讲,可以分为单一商品无人货架以及多商品无人货架。单一商品无人货架售卖的商品品类是单一的,例如单独售卖现磨咖啡或鲜榨果汁,比较知名的企业有"小咖"无人咖啡机,该企业主要以办公室为目标场景,致力于为白领阶层提供智能的无人现磨咖啡服务。多商品无人货架售卖的商品品类是多样的,例如售卖多样化的零食,比较知名的企业有"魔盒",该企业提供方便面、蛋糕、面包、乳制品及水果等多样化的商品,可以满足消费者的多样化需求。

从货架形式的角度来讲,可以分为开放式货架、冷柜及智能化货架。开放式货架主要用于常温饮品、面包、零食等的售卖,样式多为开放式的多层货架结构;冷柜主要用于冰冻饮料、乳制品等需要低温保存的食品,样式多为封闭式柜体结构,为食品提供冷藏、保鲜等功能;智能化货架是一种升级过的无人货架,主要用于饮品、零食和水果的售卖,其在原本的无人货架基础上添加了人工智能技术(如人脸识别、重力感应等),提升了无人货架的智能化水平,进而提升消费者体验。

从商业模式的角度来讲,可以分为自主运营商业模式和合作运营商业模式。自主运营商业模式一般指的是物业方以一定的价格为无人货架运营企业提供场地,无人货架企业承担水电费及点位租金,双方的利益合作仅限于此;合作运营商业模式则指的是物业方免费为无人货架运营企业提供场地,同时无人货架企业也无需承担水电费和点位租金,双方每月按照一定的比例进行利润分成,这是更为深层次的合作模式。

(三)无人货架行业的产业链分析

中国的无人货架行业发展时间较短,产业链也比较简单,从上游到下游的参与方并不多,产业链上游参与主体为货架供应商、商品供应商、点位物业方;中游环节参与主体为无人货架运营企业;下游环节主要涉及消费者(见图7-1)。

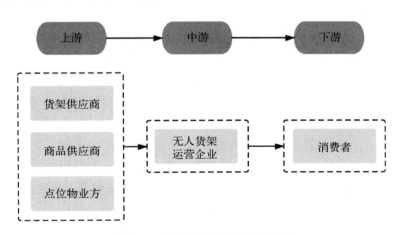

图7-1 中国无人货架行业产业链

1. 产业链上游

无人货架行业产业链上游环节参与者为货架供应商、商品供应商、点位物业方。

货架供应商为中游无人货架运营企业提供货架,包括开放式货架、智能化货柜等,其中,开放式货架销售价格一般低于1 000元,智能化货柜销售价格一般高于3 000元。因开放式货架制作成本、技术低,开放式货架供应商众多,开放式货架行业竞争格局分散。智能化货柜生产过程中需加入人工智能技术,因此相较于开放式货架成本,智能化货柜生产成本高。中国无人货架行业产业链上游智能化货柜供应商主要包括星星冷链、长虹等。此外,部分头部中游无人货架运营企业拥有人工智能技术研发能力,可自行生产智能化货柜,但不对外进行售卖。因中游无人货架运营企业采购方式通常为大规模、批量式采购,上游货架供应商利润多依赖于中游无人货架运营企业,上游货架供应商对中游无人货架运营企业议价能力低。

商品供应商包括生产者、加工制造商、渠道商等,为中游无人货架运营企业提供饮料、乳制品、零食、水果、办公用品等商品。生产者为产品直接生产方,例如,果园为中游无人货架运营企业直接提供水果。加工制造商从生产者处采购原始产品后,经加工、处理、包装等工序,将处理完成的产品供应给中游无人货架运营企业,例如,牛奶加工企业将牛奶从牧场处采购,经加工、处理、包装后供应给中游无人货架运营企业。渠道商主要指各经销商、批发商、代理商等,中游无人货架运营企业通过渠道商采购商品价格低。上游商品供应商市场参与者众多,市场竞争激烈,中游无人货架运营企业选择余地大,因此,上游商品供应商对中游无人货架运营企业议价能力低。

中游无人货架运营企业将无人货架部署在拥有固定消费者群体的非开放式场景里,如办公室、企事业单位等。无人货架点位质量对中游无人货架运营企业的货损率高低影响大,优质点位面向的固定消费者群体通常收入及个人素质较高,因此,部署在优质点位处的无人货架货损率较低。优质点位受中游无人货架运营企业欢迎,中游企业入驻竞争激烈,因此,上游点位物业方对中游无人货架运营企业有一定议价能力。

2. 产业链中游

中国无人货架行业产业链中游环节参与者为无人货架运营企业。

新零售概念的兴起带动中国无人货架行业迅速发展,2017 年,无人货架行业成为投资风口,中游无人货架运营企业获得数十亿元融资。资本市场及政策法规的大力支持吸引大量企业进入无人货架市场,2017 年,中国无人货架运营企业超过 100 家。因部分企业在行业发展初期扩张过快,忽视点位质量选择、物流成本管理等,导致货损率高、运营效率低等,综合经济实力及运营能力弱的企业逐渐退出无人货架市场,2018 年,中国无人货架运营企业仅剩 20 余家。

无人货架运营企业从上游货架供应商处与商品供应商处采购货架、商品,通过与写字楼、汽车 4S 店、企事业单位等物业方合作,将无人货架部署至物业方提供的场地处,为固定消费者群体提供零售服务。中游无人货架运营企业运营模式为:(1) 初次部署点位时,无人货架运营企业通过安排物流车将货架、商品运输至物业场地处进行点位部署;(2) 根据各点位商品销售情况,安排骑手及时进行补货。中游无人货架运营企业初次部署点位物流成本为 200 元左右,相较初次部署点位成本,因骑手通过骑电动车的方式进行补货,后续补货成本较低。

无人货架行业初期准入门槛低,中游无人货架运营企业对每台开放式货架投入的初始成本在 2 000 元左右,其中,货架及商品成本为其主要成本,货架及商品成本各占初始成本的 50% 左右。随着无人货架运营企业逐渐重视货损率高、物流运输效率低等问题,开放式货架逐渐被替换为智能化货柜,智能化货柜通过人工智能技术可实现人脸识别、智能化库存管理、重力感应结算等功能。以苏宁无人货架为例,其消费流程为:(1) 消费者将微信或支付宝账号绑定苏宁金融客户端；（2）智能化货柜通过摄像头对消费者进行人脸识别，消费者身份识别通过后，货柜自动解锁；（3）消费者挑选商品并取出；（4）智能化货柜根据重力感应，判断商品种类与数量后自动扣款。智能化货柜通过智能技术升级，有效提升消费者购买体验，降低货损率。此外，智能化货柜有助于中游无人货架运营企业实时管理库存、安排骑手及时进行补货，中游企业运营效率得以有效提升。

为避免定价过高会流失下游消费者群体，中游无人货架运营企业售卖的商品价格均接近于便利店商品价格，中游无人货架运营企业难以大幅调整商品价格，因此，中游无人货架运营企业对下游消费者群体议价能力弱。

3. 产业链下游

中国无人货架行业产业链下游环节涉及消费者。无人货架运营企业的消费者群体主要为年轻人，消费者年龄集中分布在20—40岁，其中，以办公室上班族为主。此外，无人货架运营企业部署点位区域以一线城市为主，主要原因为：一线城市消费者人均收入、素质较高，促使一线城市点位货损率普遍低于二、三线城市点位货损率；一线城市消费者接受新鲜事物能力强，促使无人货架在一线城市的接受程度高。

随着社会经济的持续发展，消费者生活品质逐渐提升，互联网、人工智能技术等不断为消费者生活带来便利性，消费者对科技的依赖程度逐步上升，推动"懒人经济"快速发展，即满足消费者"懒需求"的商机日益增多。无人货架即时消费、近距离服务的新型零售形式解决了消费者不愿外出购买商品的问题，受益于"懒人经济"迅速发展，使用无人货架购买商品的消费者人数不断增多。

（四）无人货架行业的发展趋势

1. 企业愈加注重点位选择、商业模式、运营效率

无人货架行业发展初期，准入门槛低、市场参与者多，因部分无人货架运营企业对无人货架点位质量把控不到位，导致无人货架商品丢失现象频发，无人货架企业多陷入资金困境。随着无人货架企业运营经验的不断积累，为减少亏损，提升企业核心竞争力，注重点位质量选择、运营效率的无人货架运营企业数量不断增多。

无人货架运营企业选择点位质量的优劣决定其货损率的高低，拥有低收入、低素质消费者群体的无人货架点位货损率通常较高，部分企业货损率高达40%。为降低货损率，无人货架运营企业主要选择拥有较多高素质、高收入消费者群体的点位物业方售卖商品。无人货架运营企业多选择将无人货架部署于空间相对密闭的写字楼办公室茶水间，通过消费者互相监督、约束的方式有效降低货损率。

在商业模式方面，部分企业选择与点位物业方合作的方式售卖商品，点位物业方提供场地，无人货架企业每月与物业方按比例进行利润分成。因涉及物业方利润，物业方更有意愿采取措施降低货损率，如安排专人每日清点物品数量，若数量有误，物业方可通过监控摄像头核查等方式找出问题原因，对盗窃商品者起到一定震慑作用，有效降低无人货架货损率。

此外，无人货架运营企业将逐渐完善其物流供应链系统，通过智能化货柜实时掌握每台无人货架销量情况及库存情况，提升骑手补货及时性。无人货架运营企业可根据各点位消

费者群体消费偏好，提供商品更加具有针对性，提升消费者购买体验及黏性。

2. 行业集中度不断上升

随着中国各行业巨头陆续进入市场，如腾讯、京东、苏宁、阿里巴巴等，市场格局逐步发生变化，各行业巨头的加入为初创企业带来巨大压力，综合经济实力弱、经营不善的企业逐渐遭到无人货架市场淘汰，行业集中度上升，资源逐渐向头部企业集中，市场不断走向成熟。相较无人货架初创企业，中国各行业巨头具有压倒性优势，如品牌优势、物流供应链优势、智能技术优势等。例如，2018年，苏宁版无人货架苏宁小店进入市场，苏宁小店采用数字货架，精准定位每台无人货架销售情况，促使苏宁小店可及时通知骑手补货，提供商品更加具有针对性。此外，依托于苏宁强大的物流供应链，苏宁小店拥有完善的物流运输系统及强大的骑手人员储备，可实现每日及时补货需求，消费者体验得到保障。相较无人货架初创企业，中国各行业巨头的品牌、技术、资金等优势明显，初创企业生存空间受到挤压，运营效率低，无法在市场中脱颖而出的企业将逐渐遭到淘汰，因此，行业集中度不断上升是无人货架行业的一大趋势。

3. 无人货架运营企业业务多元化发展

随着居民消费能力不断上升，消费需求逐渐多样化，为提高市场竞争力，无人货架运营企业正积极发展多元化业务，如便利店、商超配送等。中国无人货架行业市场竞争激烈，通过多元化业务发展，无人货架运营企业可满足消费者更多需求，扩大企业客户群体，进一步提升企业核心竞争力。

通过无人货架售卖商品为无人货架运营企业的主营业务，因无人货架业务涉及商品选品储备、物流运输配送等，无人货架运营企业可迅速在便利店、商超配送等领域得到发展，主要原因为：无人货架运营企业通常拥有总仓库及前置仓库用于储备商品，企业商品储备量丰富，有助于发展便利店业务；无人货架运营企业旗下通常拥有多名骑手负责无人货架商品补货，企业可同时发展骑手商超配送服务，有助于企业收入的增长。

无人货架行业中，便利蜂可作为企业多元化发展的代表，除无人货架业务外，便利蜂旗下业务包括具有互联网性质的便利店，便利蜂便利店将线上线下模式相结合，消费者可通过便利蜂APP下单，再到线下传统门店自取或由便利蜂骑手送货上门，消费者购买体验得以提升。为满足消费者多样化需求，提升企业核心竞争力，未来发展多元化业务的无人货架运营企业数量将不断增多。

（五）无人货架行业发展的制约因素

1. 无人货架货损率高

无人货架点位部署于非开放式场景，为固定消费者群体提供零售服务，无人货架满足消费者近距离、即时消费需求，行业发展迅速，但货损率高为无人货架行业发展的主要制约因素，无人货架货损率高的原因有以下两点。

开放式货架防盗能力弱。无人货架原始货架形式为开放式无人货架，开放式无人货架尚未拥有人工智能技术，消费者可直接接触商品并拿走，开放式无人货架防盗能力弱。开放式无人货架消费者购买流程为消费者依靠自觉性先付款后拿货，购买过程无人监督，导致消费者拿走商品不付款现象频发,部分企业无人货架货损率甚至超过40%。

点位质量欠佳,消费者群体素质低。行业发展初期,无人货架运营企业多注重快速扩增点位,忽视点位质量选择,部分质量欠佳的点位面向的消费者群体收入低、素质低,消费者拿货不付款现象频发,导致无人货架货损率高,企业利润率低,致使部分无人货架运营企业因资金链断裂而被迫退出市场。例如,因货损率高、盈利难等问题,GOGO小超亏损严重,2018年,GOGO小超宣布退出无人货架市场。因此,未来若无人货架货损率问题得不到改善,无人货架行业发展将受到阻碍。

2. 行业准入门槛低,市场同质化严重

因无人货架行业准入门槛低,市场参与者众多,行业发展初期,无人货架企业多采取补贴方式经营、打恶性价格战、盲目扩增点位数量等策略,导致恶性竞争现象频发。例如,优质点位通常受无人货架运营企业欢迎,优质点位即拥有固定消费者数量100个左右且消费者群体收入、素质较高的点位,无人货架运营企业对优质点位需求量高。为争取优质点位资源,出现无人货架运营企业贿赂点位物业方相关人员的恶性竞争现象,抑制了行业的良性发展。

此外,无人货架运营企业多忽视售卖商品种类、服务的创新,无人货架市场同质化严重,市场中部分无人货架除品牌商标不同外,其商品种类、购买流程、货架形式均相差不大,行业竞争日益激烈。无人货架运营企业缺乏创新,难以形成差异化竞争,导致消费者对企业品牌敏感度低,企业被替代风险高。因此无人货架行业准入门槛低、市场同质化严重制约了行业的发展。

3. 消费者体验欠佳,购买频次低

无人货架行业发展初期,无人货架运营企业急于迅速拓展市场,其运营模式及物流系统尚未成熟,消费者普遍反映无人货架存在售卖商品数量有限、补货不及时等问题,影响消费者购买体验。无人货架售卖的商品主要包括日常饮品、零食等,如可乐、泡面、饼干等食物,因无人货架容纳商品空间有限,消费者可选择商品种类少,消费者多样化购买需求难以得到满足。此外,因无人货架行业初期准入门槛低,市场初创企业多,初创企业普遍经济实力弱、企业物流运输系统尚未发展成熟,致使骑手补货不及时、货架空置率高等,影响消费者购买体验。

消费者购买体验欠佳,直接导致消费者购买频次少、消费者黏性低等,当市场上出现商品丰富程度、消费者购买体验均优于无人货架的类似产品时,无人货架行业存在被市场淘汰的风险。例如,自动售卖机提供的商品种类丰富,如面膜、雨伞、冰激凌、鲜榨橙汁等,满足消费者多样化需求,消费者购买体验佳,自动售卖机行业对无人货架行业产生替代品威胁。无人货架行业发展迅速,但长期来看,若消费者体验得不到改善,行业发展将受到阻碍。

三、无人便利店/超市

(一) 无人便利店/超市的特点及分类

无人便利店/超市是一种介于自助售货机和专卖店之间的无人零售方式,是为了应对高额的房租、人工成本以及消费者排队等候时间长等问题而出现的一种新零售模式。具体来讲，无人便利店/超市具有几个显著特征：首先是没有导购人员和收银人员，准确来说是没有员工。无人便利店/超市采取消费者完全自主购物的模式，消费者扫码进店、自主选择商品、离店自动结账，整个过程中没有其他人员的参与。用高科技替代了人工，这样可以减少大量的人工成本，降低店铺运营费用。其次是采用多种基于大数据和云计算的新技术，新技术的发展是无人超市得以成为现实的基础。

无人便利店/超市同样可以从多个角度出发进行分类。从是否有人值守来看，无人便利店/超市可以划分为有人值守的便利店/超市和无人值守的便利店/超市。有人值守的便利店虽然从技术上采用了相应的无人技术，但由于还有一定的限制，并不能达到完全的"无人"；无人值守的便利店则是真正达到了前端的无人化，后端的数据化，一般投放在机场、车站、地铁等交通枢纽以及学校、医院、商场、办公楼等人流量较大的区域，售卖商品类型一般集中在休闲零食、生鲜食品、各类饮品以及生活百货等。

从实现形式上来看，无人便利店/超市可以划分半开放式和封闭式两种。半开放式的无人便利店/超市一般设置在室内环境中，入口设置闸机实现店铺的安全设置，这种类型的无人便利店/超市安全性相对较差；封闭式的无人便利店/超市一般设置在单独的室外环境中，整体像一个全封闭的"盒子"，通过扫描注册以及刷脸等形式进入，安全性较高。

从实现技术上看，无人便利店/超市可以划分为机器视觉无人店和 RFID 技术无人店两种。机器视觉无人店通常采用机器视觉、深度学习算法、传感器融合技术、卷积神经网络以及生物识别等技术，可以提供良好的购物体验，但由于技术难度高，实现较为困难，这种类型的店铺包括 Amazon Go、淘咖啡以及 take go 等；RFID 技术无人店主要利用 RFID 标签对货物进行识别，购物体验类似于自助收银，但该技术需要将所有产品粘贴 RFID 标签，成本较高，采用这一技术的店铺包括缤果盒子、7-11 以及罗森日本无人店等。

（二）无人便利店/超市的发展

随着无人零售的火速升温，无人便利店/超市在近几年取得了十分迅猛的发展。

从国外的发展情况来看，无人便利店/超市的出现大致可追溯到 2016 年的瑞典，Nraffr 无人便利店采用消费者扫描二维码进门选购及手机绑定信用卡进行支付的模式。2016 年下半年，日本推出无人便利店计划，日本的便利店巨头罗森、7-11 以及全家等 5 家大型便利店都引入该系统实行电子标签与无人收银台。2016 年底，美国亚马逊推出的 Amazon Go 便利店则采用各种新技术，如计算机视觉、深度学习算法以及传感器、图像分析等多种智能技术，实现了以往难以想象的场景：消费者只需在进入超市时用手机应用扫描一下，把超市各种传感器（包括摄像头）记录的消费者本人和其亚马逊账户关联起来，接着去各个货架挑选自己心仪的商品，费用将在消费者走出超市时自动扣除。能够实现如此场景的原因在于 Amazon Go 将自动检测消费者从货架上拿走或放回的商品，并把这些商品与消费者亚马逊账户下的虚拟购物车关联起来，随着消费者拿走或放回，实时修改其虚拟购物车中的商品内容，并在检测到消费者离开商店时自动从其账户中扣款。2017 年 5 月，韩国乐天集团则在无人便利店的高端版本 7-11 Signature 开始测试生物技术的刷手支付。

从国内的发展情况来看,2016年底,缤果盒子在广东地区开展无人便利店的试点工作并取得成功,并在2017年7月宣布一年内将拓展5 000个店铺;2017年2月,去哪儿网前CEO庄辰超斥资3亿美元投资可自主购物的新型便利店便利蜂;2017年6月,创新工场宣布完成对无人便利店企业F5未来商店的3 000万元融资,并计划在3—6个月内铺设30—50家店铺,与此同时,北京居然之家也宣布进军无人便利店EATBOX;随后多家行业巨头加入赛场,阿里巴巴在2017年7月在杭州推出无人超市淘咖啡,吸引了众多消费者的关注和体验;京东则采取自己进行无人便利店的建设而非投资合作的模式,意图开设多达50万家京东便利店以及大量京东无人超市。

(三) 无人便利店/超市的优势

1. 通过减少甚至完全去除前端员工,实现低人工成本

无人便利店/超市由于减少了导购、收银等工作人员,因此可以节省出大量的人工成本。随着时代的发展,人工成本会大量增加,但技术成本会不断降低,因此像无人便利店/超市这种重技术、轻人工的商业模式会获得长足的发展。总的来看,影响成本增加的因素会不断降低,成本的降低却是实实在在的。因此,无人超市相对传统超市更具成本优势。

2. 高科技的运用大幅提升购物体验

无人超市的便捷性和高效性是其受消费者青睐的重要原因。消费者只需要扫码进店,选择自己需要的商品,然后通过网络支付就可以完成购物。购物期间不仅可以像传统超市一样体验购物的乐趣,还可以避免导购员的强迫式营销,购物结束也不需要花时间排队等待支付,因此有利于消费者购物体验的提升。

3. 设备及购物过程的全程电子化,便于获取消费者信息

通过扫码进店,无人便利店/超市可以识别客户的信息;通过分析消费者的购物清单,无人超市可以获取消费者的需求和消费偏好,甚至可以将消费者线上线下的信息进行整合分析,全面了解消费者的消费能力以及消费偏好,刺激消费欲望,为消费者制定个性化的消费策略。

4. 运用模式单一,便于规模化扩张

无人便利店/超市成本低,运营模式单一。店铺的核心在于技术而非员工,而随着技术的不断进步和发展,高新技术的复制成本将越来越低。随着技术不断成熟,管理不断完善,消费者素质提高,无人超市就可以大规模地推行实施,融入我们的生活中。

第三节 无人零售业态发展的驱动因素

一、资本市场

自2016年阿里巴巴提出新零售概念,即传统零售企业依托互联网思维,通过大数据、人工智能技术等进行升级改造,新零售概念兴起,无人零售业态随即产生。这种新型零售业态

由于大大简化了消费流程等优势为消费者购物带来便利性,受到消费者及资本市场的广泛认可。

无人零售行业迅速成为投资风口。2017年,果小美获得由蓝驰创投与IDG资本领投、峰瑞资本跟投的1000万美元;猩便利获得由光速中国创业投资基金领投、美团点评创始人张涛等跟投的1亿元;友盒便利获得安芙兰资本、贵阳创投、山水投资的数千万元;友宝在新三板上市时获得海尔投资和凯雷亚洲基金共计5.3亿元战略投资;七只考拉获得由经纬创投投资的5000万元;2018年1月,耀盛投资宣布对无人售货机企业E栈多投资1亿元;同时,缤果盒子B轮融资拿到8000万美元融资,折合人民币5.1亿元,在2017年的A轮融资中,缤果盒子已经获得了GGV纪源资本和启明创投等共计1亿元的投资。资本市场对无人零售市场的投资手笔逐渐大了起来。在资本市场的推动下,进入无人零售行业的企业数量越来越多,行业规模也日渐扩大。

二、产业政策

任何一个新行业的发展都离不开产业政策的扶持,政策的发布既可以为行业发展提供相应的保障,也可以提供相应的约束,完善整个行业的发展。

(一)自动售货机相关政策

自动售货机是最早出现的无人零售商业模式,《中国自动售货机运营业务指导规范(试行)》于2017年8月15日开始试行。此外,各地对于自动售货机的审批多采用备案制度,对自动售货机行业的发展起到了很好的推动作用。

(二)无人便利店/超市相关政策

2017年7月21日,商务部例行新闻发布会上,新闻发言人肯定无人便利店/超市是商贸流通领域从需求侧的角度推进供给侧结构性改革的有益尝试,能更好满足个性化、多元化的消费需求,并且该发言人表示为了鼓励相关业态发展,商务部还将适时发布典型案例,引导广大零售企业加大先进技术的应用。这也是国家部委首次明确支持无人便利店/超市业态发展。

2017年11月3日,由中国连锁经营协会发布的社团标准《无人值守商店运营指引》(以下简称《指引》)发布,这也是国内首个关于无人零售的相关标准。《指引》以规范市场、引导和促进无人值守商店的良性健康发展、协助政府实现有效监管为目的,针对无人值守商店的运营特点,在商品管理、售后服务、数据信息管理、设施设备管理、店内安全和应急处理、选址等方面进行了规范和指导。《指引》中,有关安全的内容占据了非常多的篇幅,这也体现了《指引》对于无人值守商店在保障顾客、商店及店内商品、数据信息等安全方面的一个重要导向。此外,充分利用现代化技术为顾客提供商品和服务,倡导环保节能也是贯穿在《指引》中的重要主题。

(三)无人便利店/超市的政策特点

1. 违章建筑

作为对现有零售业态的补充,无人便利店/超市出现之初就被寄予厚望,它提高了零售业数字化水平。一直以来,无人便利店/超市运营企业也将补充现有商业空白作为无人便利店/超市重要的发展方向之一。无论申请营业执照还是食品经营许可证,均需要提供固定的经营地址。在公共场地设置的无人便利店/超市大多因无法提供经营地址而被视为违章建筑,被城管等相关部门查办甚至取缔。

2. 备案制

根据无人便利店/超市经营企业反馈,营业执照难申请也成为另一个拖慢无人便利店/超市开店速度的原因,对于按照标准化复制的无人便利店/超市来说,每开一家就需要准备大量资料申请营业执照。因此有企业提出无人便利店/超市可否参照各地自动售货机管理中的备案制方式,通过区域或企业备案方式解决证照难申请问题。

3. 政策展望

据了解,继《无人值守商店运营指引》发布后,各地方商务主管部门均在考虑进一步制定对无人店购物流程、应用技术、数据管理、安全环保等的指导规范。与此同时,作为商贸流通领域从需求侧角度推进供给侧结构性改革的有益尝试,优秀的无人零售企业期待得到税收优惠、评优评奖等鼓励政策的支持。

从无人零售健康发展角度看,在保障顾客、商店、商品、数据信息安全,合理选址布点以及环保节能等方面,无人便利店/超市有待相关部门的监督管理。充分利用行业组织,收集无人零售行业信息,也必将帮助有关部门了解行业发展现状,制定有利于行业发展的相关政策。

(四)无人零售行业相关政策

各地先后出台一系列政策文件,提出给予新零售行业以政策扶持,为无人零售行业的发展带来利好因素。

2016年11月,国务院出台《国务院办公厅关于推动实体零售创新转型的意见》,鼓励发展信息互联互通的智慧商圈,积极促进零售企业、文化艺术产业、会展业等行业融合发展,提升协同创新能力;加快建立电子商务、商贸物流、供应链服务等领域标准体系,为企业创新转型提供技术、管理、信息、咨询等支撑服务,加大专业性技术人才培养力度;加强实体创新转型零售企业财政金融方面支持,政府成立新兴产业创业投资引导基金,全面支持零售企业线上、线下业务发展;完善企业自主转型工作机制,突破制约实体零售创新转型的体制机制障碍,积极引导实体零售企业创新转型,政策的引导为无人零售行业发展带来新机遇。

2016年11月,商务部、财政部等十个部门联合发布《国内贸易流通"十三五"发展规划》,指出:为满足消费者多样化需求,鼓励消费结构升级,大力支持信息、绿色、品质等新兴消费,推动传统实体零售企业升级;推进"互联网+流通"的创新发展模式,鼓励传统企业向智能化、平台化转型升级,支持企业新业态、新模式化发展;积极开发人工智能技术与创新服务,鼓励传统企业利用互联网平台,实现供应链管理、金融服务、物流配送等服务的升级;完善基础设施布局,如综合加工配送、包装仓储、冷链物流、公共仓储配送设施等,大力支持流通设施信息化、智能化升级改造,有助于无人货架企业物流效率的提升,推动无人货架行业发展。

2018年1月,为推动共享经济健康稳定发展、释放积极信号,成都市新经济委发布《成都市关于推进共享经济发展的实施方案》,指出:为推动物流资源共享,大力推行统仓统配、多仓共配、无车承运、驼背运输、甩挂运输等仓配一体化的先进物流模式,明确表示支持无人便利店、无人货架等新零售模式;鼓励制造生产企业与互联网平台对接,推进智能制造、云制造、协同制造等公共服务的工业互联网云平台建设及应用;为加快城区老旧厂房、闲置公寓、老旧商业设施以使用权共享的理念合理他用,大力推动居住空间共享,探索产城融合发展新模式;鼓励写字楼、机关单位等利用闲置、低效办公资源与专业共享办公平台建立共享办公空间,实现传统办公空间向数字化、共享化、智能化的转变,为无人零售行业带来利好因素。

2018年12月,为加快推进杭州市新零售行业发展,杭州市政府发布《关于推进新零售发展(2018—2022)若干意见》,指出:积极鼓励大型超市、餐饮服务企业、社区便利店、百货商场等实体商贸零售企业运用物联网、互联网、大数据、人工智能技术等进行全面升级改造;大力推进线上龙头企业开展线下新零售业务,鼓励线上龙头企业为传统零售企业提供技术支持;鼓励充分利用现有商业空间资源,积极开展新零售业态规划布局;加大对新零售业态政策的扶持力度,每年提供1亿元新零售发展资金用于线上龙头企业拓展线下新零售业态、传统商贸零售企业改造等。在物联网迅速发展的趋势下,智能化设备技术不断创新,带动无人零售行业的发展。

三、零售技术

近年来,在国家政策支持和指引下,在科技人士辛勤努力下,在大众普遍关注和推动下,我国的科技水平接连攀高,社会发展突飞猛进,人们对美好生活的需求在更大程度上得到满足。当前社会正加速朝着大数据、智能化方向发展,在零售业发展革新中,零售智能化是未来零售业发展的大势所趋。新时代,将传统零售创新驱动升级为智能零售,能使消费者日常采购更为高效、便捷,有助于改善人们的生活水平。同时,新零售的萌芽,能在很大程度上促进降本增效。总体上看,新零售和智慧零售即将成为新一轮零售革命的重要方向之一。

(一)电子价签

1. 电子价签概念及发展

电子价签(Electronic Shelf Label,ESL)诞生于20世纪80年代,是一种带有信息收发功能的电子显示装置。形式最简单的ESL由一个LCD(液晶显示器)或电子墨水显示屏、RF模块(一种用来传输数据信息的无线传输设备)、配套处理器、纽扣电池和低引脚数存储器(易失性和非易失性存储器)构成,是一种放置在货架上可替代传统纸质价格标签的全新一代多稳态电子显示装置,近年来成为零售业尤其是商超行业的新宠。电子价签赋予了实体店与线上商城价格同步、促销同步的能力,有效简化以往复杂的工作流程,大幅提升门店运营效率。其功能包括快速同步变更商品价格及信息、实时显示库存信息、帮助分析店铺客流量以实现货架位置优化管理等目标。

任何一种零售业态都必须保证价格信息的准确性,这是零售服务的基本要素之一。在无人零售业态中,除封闭式自动售货机外,在开架销售且无人值守的环境下,传统的纸质价签掉落、消费者不经意间进行调换以及管理人员更换失误等导致价格信息有误给消费者的购物体验带来不良的影响。使用 ESL 可以避免此类问题的发生,保证价格的准确性。

2. 电子价签与无人零售

(1) 电子台账可以提高补货效率。在无人零售的竞争中,及时补货是非常重要的一环。使用 ESL 可以做到货架排面的可视化,清楚了解每一个货架的商品销售情况以及库存情况,从而得知货架补货的具体需求数据并及时补货,这些数据可以帮助运营商大大提高补货效率,使其在零售竞争大潮中站稳脚跟。

(2) 保证无人零售的执行标准化。在无人零售行业中,任何运营商都本着大规模复制的态度来投身于这个蓝海市场,因而标准化的执行是非常重要的一个环节。ESL 作为很重要的信息传输媒介,价格信息、二维码、促销信息等均受总部统一传达,通过后台统一进行信息的管理,保证了无人零售的执行标准化和运营商对各网点的掌控。

(3) 人货场三方交易闭环。基于解决扫码购、碰码购、送货到家等一系列功能,ESL 解决市场痛点的关键在于快和低成本,即最低成本让用户以最快速度结账。"人",打通用户授权,获得访问用户的详细信息,迅速了解用户的购物喜好和习惯。"货",扫码购让所有用户手中都拥有了一把扫码枪,扫一扫直接显示出商品的信息,用户选定商品后直接支付,实现完整的"人—货—场"交易闭环。"场",通过定位系统时刻掌握用户购物动向,通过发放优惠券引导用户使用并实现购买,附近门店还可提供就近送货上门服务。

(4) 提升场景美观度。无人零售是对零售场景的补充,其目标群体也主要集中在年轻时尚人群。这一目标群体对新鲜事物接受程度强,对零售场景的氛围要求较高,而使用 ESL 后可使商品排布整齐,风格设计简约,提升门店颜值。

3. 电子价签的未来

ESL 已然成了无人零售的标配之一,其价值被不断挖掘。同时无人零售的实现,见证了零售数字化的进程。在数字化门店中,使用技术手段代替传统人工进行数据处理涉及门店运营的方方面面,ESL 是其中非常重要的一个环节,它不仅仅是一个价格信息的显示工具,也是一个在数字化门店中和消费者进行数据互动的重要技术手段。ESL 是新零售发展的趋势,是零售数字化进程中不可缺少的技术手段,随着新零售、无人零售不断兴起,ESL 将被更多的零售商认识和开发。未来 ESL 将不断发展,推动数字零售的进程。

随着市场竞争的加剧,同时面对电商的冲击、人工成本的逐年增加,零售商需要不断改进卖场软硬件设备,进行大数据分析,实现线上、线下多渠道运营,提升竞争力。国外的门店早已实现了 ESL 的应用普及,而国内的这一市场随着新零售的提出呈爆发式增长,从需求上分析,在国外应用 ESL 主要解决频繁变价难题,节约高额人工费用;在国内大家关注更多的是 ESL 在商家实现全渠道过程中的重要价值。未来更有可能将 ESL 系统连接库存管理和物流业务,甚至针对线上、线下的不同场景,结合大数据采集商品客户信息,为以后的会员精准营销提供数据基础。

(二) 无线射频技术

1. 无线射频技术的概念和发展

无人零售的本质是使用了多种新技术的零售形态,技术不是本质,而是用来解决消费者体验和运营效率问题的方法。进入大规模运营后,改善一个简单的技术问题需要考虑更多的因素,比如商品的配送、客户的体验、应急处理等,技术的发展和稳定是无人零售大规模商业化的重要支撑。运营效率的高低和品类管理的好坏决定了无人零售能走多远。

无线射频(RFID,Radio Frequency Identification)技术是最常用的无人零售识别技术之一,它本质上是通过芯片来识别商品,它的优点是可以实现全供应链的数字化,缺点是每个产品都要加标签,增加了运营成本。目前,RFID 技术有几个发展方向,它未来会从源头添加标签。RFID 与区块链的结合也会实现供应链全过程的透明化,实现供应链防伪溯源。

从目前的无人零售实施情况来看,RFID 技术是落地比较迅速和稳定的一种技术形态。该技术形态的运用原理主要是在商品上添加 RFID 标签,该标签拥有唯一的、与商品一一对应的电子产品代码(Electronic Product Code,EPC),通过快速读取 EPC,在短时间内识别大量商品,在无人零售支付环节中实现消费者无感快速结算,从而提升消费者的购物体验感。

RFID 技术将商品数字化的最直观的改变就是传递信息的速度快且信息量大。如今,零售数字化是零售业改革发展的重要方向之一,不仅包括门店的数字化,还包括供应链的数字化。在服装行业中已经开始使用 RFID 技术进行供应链的数字化管理。目前来看,RFID 是实现大规模的深度数字化的比较可靠也是目前比较适合的手段。因此,RFID 技术不只对于无人零售,甚至对于整个零售业的数字化进程均有深远的影响。

同时,RFID 技术还在不断完善,如添加石墨烯的天线可以印刷在物体的表面,做成智能包装,每一个包装本身带芯片。还有,RFID 芯片制造技术成本在持续下降,与几年前相比 RFID 标签出口价格已经降低了一半。再经过几年有可能会再降低一半,这归功于芯片的大规模量产和质膜新技术的出现。目前,RFID 需要解决的问题是如何跟包装结合,而不是小规模的贴标。

2. 无线射频技术与无人零售

目前的 RFID 型门店大多有三种设计方案。

(1) 店中店方案。门店面积为 500—1 000 平方米,主要设置在购物中心内,通过人脸识别技术进行用户识别,通过 RFID 技术进行商品识别,通过微信小程序扫码实现无感支付,刷脸扣款,无须自助结算。

(2) 盒子型方案。门店面积为 15—18 平方米,可容纳 300 个 SKU,商品数量在 1 000—1 500 个,主要设置地点为以商务区、小区为主。作为实体店的线上入口,以顾客实名制的方式实现会员化,做到线上导流和转化。通过把门店玻璃转为显示屏、增加广告位,使运营者变成一个媒体,除商品运营、服务运营外还可以管控运营,用远程监控的方式进行管理和控制。

(3) 智能货柜方案。目前多使用两种技术方案:一种是 RFID 技术方案,另一种是图像识别方案。针对不同的商品,使用不同的方案。不规则的生鲜比较适用 RFID 技术方案,毛利较高且规则的商品比较适用图像识别方式,准确率较高。

(三) 人工智能技术

1. 人工智能技术的发展

人工智能技术的发展并不是顺风顺水的,经历了多次起起落落。1956 年,达特茅斯学院夏季研讨会宣布了人工智能这一新兴学科诞生,人工智能概念被首次提出;此后直到1974年,是人工智能发展的黄金年代,经过各种搜索式推理、自然语言及微世界的发展,学界推断具有完全智能的机器将在20年内出现;但在1974—1980年,人工智能这一学科遭到了大量的批评质疑,经费被大量削减,感知器、联结主义被冷落;1980—1987年,学科开始逐步复苏,进入了又一个繁荣期——专家系统流行,知识处理成为焦点,第五代计算机工程、联结主义重获新生;但在之后的6年,由于专家系统和第五代计算工程的失败使得悲观情绪盛行,也在此时开始强调躯体的重要性;直到1993年,人工智能开始了复苏和发展壮大之路,1997年深蓝(IBM超级计算机)打败国际象棋世界冠军,AI技术成功应用于工业界;进入21世纪后,人工智能开始取得重大突破。2016年,图像领域在图像和语音技术上的突破使得整个神经网络再次复苏,人工智能再次爆发。之所以会出现此突破,是因为计算力和数据的提升与爆炸性增长以及传感器等综合赋能的联合推动,人工智能能够通过摄像头对人的身份和人的认知环境进行更深的理解。2017年,AlphaGO在围棋大战中打败柯洁,它的超强能力给人们带来惊喜的同时,也使人们感到担忧:人工智能最后是否会威胁到人类的安全甚至取代人类呢?其实目前人工智能技术还处于弱人工智能的阶段,AlphaGO在相对封闭的空间,计算量非常大。庞大的搜索量对于机器来说,靠目前的GPU和算力极易解决,而对于人类来说,解决起来有一定的难度。但是人有自我意识,有自己的主观能动性,可灵活处理各项难题。人工智能分为三个阶段:弱人工智能阶段(不能真正推理和解决问题、看起来像人但实际差别很大)、强人工智能阶段(能够真正推理和解决问题、有强烈的自我意识的智能体)和超人工智能阶段(超越人类思维),现在的人工智能在对自然与情感的理解方面,距离人还有很大的差距。

当前,人工智能处于大数据时代。首先,无论是如今的零售数据、互联网数据还是用户的各种消费行为数据,都呈爆炸性的趋势增长。其次,计算资源的极大丰富,如现在的云计算和GPU为线下的数字化和现代的零售业赋能提供了基础。

人工神经网络的反向传播算法(Back Propagation算法或BP算法)是20世纪80年代末期的发明,给机器学习带来了希望,掀起了基于统计模型的机器学习热潮并一直持续至今。人们发现,利用BP算法可以让一个人工神经网络模型从大量训练样本中学习统计规律,从而对未知事件做出预测。这种基于统计学的机器学习方法比起过去基于人工规则的系统,在很多方面显示出优越性。20世纪90年代,各种各样的浅层机器学习模型相继被提出,如支撑向量机(Support Vector Machine,SVM)、Boosting算法、最大熵方法等,它们的结构基本上可以看成带有一层隐层节点(如SVM、Boosting算法)或没有隐层节点。这些模型无论是在理论分析还是应用中都获得了巨大的成功。相比之下,由于理论分析的难度大,训练方法又需要很多经验和技巧,这个时期的浅层人工神经网络反而相对沉寂。

2012年深度神经网络在ImageNet图像分类大赛(全球最为权威的计算机视觉大赛)中显示出算法的优越性,与传统的神经网络之间有相同的地方,也有很多不同。两者的相同之处在于深度神经网络采用了与神经网络相似的分层结构,系统由输入层、隐层(多层)、输出层组成的多层网络,只有相邻层节点之间有连接,同一层以及跨层节点之间相互无连接,每一层可以看作一个逻辑回归;这种分层结构比较接近人类大脑的结构。

2. 人工智能技术在零售中的应用

智能零售核心技术。从零售技术角度来讲,目前大部分厂家的技术应用主要表现在两个方面。一是消费数字化和信息关联,例如建立用户、商品与行为之间的信息关联,供应商之间的数据关联,多维信息和多维数据的用户热度、用户画像的有效关联。目前主流的算法是用深度神经网络来完成。二是大数据分析和推荐,当拥有海量的用户、商品和行为数据之后,将所有的信息通过神经网络或者矩阵运算,运用人工智能算法做预测和推荐,从而为用户提供更精准的人性化服务,同时也可以改善供应链的效率。在大数据时代,掌握历史数据、商品数据及用户数据,对购买、营销、商店的商品摆放、目标人群以及消费时间产生有效的关联,是新零售企业打通线上线下渠道和实现数字化的核心因素。

现阶段在商品识别的应用上使用最多的是视觉。视觉最大的优点在于它非接触的特性,目前在封闭且无遮挡的场景中,它的识别准确率基本可以达到97%。无人零售商品识别应用的主流是采用多传感器融合的方式,通过结合视觉识别和重力感应来进行人和商品的绑定。其中,视觉识别主要用来确定用户身份和商品类别,并判断人与商品的动作和行为是否交互。另外,重力传感器可以根据重量的变化来判断货架上的商品数目的变化,通过二者的结合来实现商品和人精确绑定的目标。目前的技术基本能做到在3—5人的简单交互情况下准确识别商品,超过5个人遮挡情况就会变得特别复杂,对抓取行为的判断也会有很大的影响。

身份认证主要通过高精度人脸识别技术来实现。目前,人脸识别主要依赖多模型融合＋海量数据＋计算资源。在网络人脸数据库测试中,人脸数据集上单网络人脸识别准确率达到99.7%。人脸识别还应用于第二代身份证和现场照片的对比认证,比如在高铁站、地铁站和机场。以当前的技术水平,在单人比对的情况下,百万分之一误识率下能做到99%的通过率;而在动态识别的情况下,在10米之外的十万分之一误识率下能做到75%的通过率。在零售场景下,可以通过人脸的有效跟踪和多摄像头的协同实现用户身份的实时定位和身份认证。新零售除了减少人力成本外,还可以通过一个人的购买历史数据,建立"一人一档"的用户画像。用大数据对用户和商品进行有效关联,这样就可以进行个性化的更精准的推荐和营销,最终形成动态的"一人一档一商品"的大数据分析和精准营销系统。

在基于视觉的用户画像中,如何保护用户的隐私是一个很重要的问题。尤其是当商家把用户的隐私作为商业模式去运营的时候,就会涉及各种隐私保护的问题。其实,对于商家来说并不需要精确地知道消费者的姓名、外貌、年龄这些信息,可能只需要知道一个人的年龄范围和穿着风格,以便进行用户属性的归类。商家应该尝试把数据分析的重点放在商品上面,包括商品的购买热度,以及被用户关注的时间长度,这也是目前很多商家都在做的事。

3. 人工智能的未来

(1) 人工智能的技术成熟度。感知智能技术从发展到普及还需要5—10年。目前,无人零售和人工智能的普及处于一个过热的阶段。视觉、语音识别等感知层基础技术理论的成熟还需要一段时间。在语言理解应用方面,想要达到语言被真正地精确理解,需要整个算法有一个高速的爬坡阶段,以及高性能芯片计算的支持。语音识别技术成熟,但应用场景有限。语音识别是目前发展最成熟的人工智能技术,Nuance、科大讯飞、Google、百度等主流厂商的近场语音识别率都达到99%或以上,但目前应用场景局限在电子病历、智能客服、在线教育、车载导航等少数几个领域。图像识别落地机会最多。安防行业中的车辆数据提取、医疗行业中的影像诊断、电商行业中的精准营销以及辅助驾驶都为图像识别技术提供了许多落地变现的机会。自然语言处理在互联网行业中应用最为成熟。基于人工智能的精准营销正在帮助互联网广告公司不断提升流量价值,一些智能销售客服机器人正在逐步替代人工成为线上销售和售后维护的主力军。

(2)智能化的零售技术探讨。智能化零售技术尚处于初级阶段,所以它存在一定优势的同时还有很多不足。优势主要体现在:可以节省人力成本,扩大应用场景,规模化复制顾客购物记录、购物行为等大数据,帮助经营者调整店面设计、商品摆放等经营策略,优化购物体验。不足主要体现在:传感器的识别能力较差,物品追踪能力不足,行为算法水平欠佳,同时技术人员的投入较多,用户隐私得不到保护。智能化零售有望对运营效率、选址灵活性、后端供应链的数据支持等多个环节带来巨大影响,但尚不成熟,目前来看是对零售业自我补充和优化的一种形式。智能零售仍旧依赖于人工智能技术的发展和成熟。

(3)智能化的零售技术趋势分析。智能化零售技术的趋势,第一个便是线上线下数据一体化。它是数据推动的,以数据和人自由组合、少人和无人相结合的方式,在节省人力的同时让用户消费更加随意。第二个是多传感器融合。未来各种传感器相互结合,同时现在不断成熟的边缘计算能力和人工智能芯片,也可在一定程度上降低成本。第三个是从选择到推荐。从数据驱动的角度来讲,从用户自我选择变成通过增强现实和人工智能相结合的用户自我推荐,使该用户对商品的理解更深刻。第四个是多生物特征支付。从支付领域来说,由于远距离虹膜以及芯片技术的逐渐成熟,无感支付是未来多特征融合的趋势,这将给用户带来无感支付的最佳体验。

四、移动支付

(一)移动支付的发展

随着数字化转型的加速和移动支付技术的发展创新,移动支付逐渐成为社会主流支付方式。根据艾媒咨询公开数据显示,2019年中国移动支付用户规模达到7.33亿人,市场渗透率不断加大。随着技术与市场的成熟化发展,移动支付覆盖场景将更加广泛,用户规模有望持续上升,预计2020年用户规模将达7.90亿人。受到新冠疫情的影响,中国移动支付交易规模增速明显下降,2020年第一季度交易规模为90.8万亿元,同比增速4.8%,但长期来看,消费服务线上化将促进规模的持续增长。

中国移动支付平台用户最常使用移动支付平台的三个场景分别为餐饮消费、小型实体店或便利店消费和电商平台网购,移动支付场景呈现细分多元化发展。在选择移动支付平台时,62.4%的用户优先考虑支付便捷性,提供高效便捷的服务成为移动支付平台发展的关键。78.4%的受访用户偏好使用二维码支付的支付方式,其他新型支付方式的市场渗透率表现良好。虽然二维码支付是目前较为主流的支付方式,但随着生活节奏的加快,人们将会追求更加便捷的支付方式,NFC 支付和刷脸支付等新型支付方式的普及率有望大幅提升,这将驱动移动支付行业变革升级①。

（二）移动支付与无人零售

自 2017 年来,无人零售以其独有的购物体验成为备受行业和消费者关注的零售形态之一。各种终端场景涌现,从最初的地铁、机场、车站、校园、工厂、医院、酒店等传统场景,扩展到包括办公室、社区、网吧、停车场甚至出租车等在内的更加丰富的场景。同时,售货种类大幅增加,从最初的单一预包装食品到如今的橙汁、咖啡、泡面等 12 个大类 55 个小类。

RFID 技术、人工智能技术以及移动支付等技术的发展为无人零售提供了技术保障,推动了无人零售行业的爆发。移动支付技术的发展使得消费者群体年龄范围大幅扩大,消费者满意度也从 55% 增长到 85%。

移动支付的普及推动了线上、线下的一体化运营,让无人零售不再局限于自动售货机的形式,而是面积更大的便利店,所能够提供的商品和触达的用户场景也更多,进而通过各种工具、大数据及各种智能识别用户的手段,对最简单的客户到店以及到店前和到店后的效率进行优化,进一步帮助零售商家提升效率,优化用户体验。

（三）移动支付助力无人零售成为线下全数字化场景

无人零售的目的不只是节省人工成本和租金成本,把商品售价降下去,更关键的是促使服务升级,通过无人这一模式提升用户体验和服务品质,改善包括供应链、运营在内的流程效率。因为无人零售并没有改变零售业的商业本质,大的方向依然是大数据指导下的人、货、场重构,无人零售里最核心的竞争力仍是用户。虽然消费者的需求在不断变化,但是如何把品牌商的商品卖给消费者的诉求是不变的。年轻化的消费人群、个性化的消费需求、移动互联的消费场景,使行业中的品牌商和零售商对通过移动支付技术赋能的需求越来越大。因此应该运用互联网的思维运营整个无人零售行业,以零售的本质和卖货场景为基础来挖掘数据,进而了解用户,挖掘甚至创造用户的需求,通过卖货连接用户,通过广告、大数据、金融等其他链条把用户的价值最大化。

无人零售是线下场景当中唯一一个"人—货—场"全链条数字化的行业。整个购物流程通过人、商品和整个交易数据的闭环,实现数据追踪。不仅可以知道用户是谁,还可以找到这个用户,并且跟这个用户直接建立连接。

一方面,通过分析移动支付的消费行为数据摘取行业用户画像。从用户的年龄阶段看,处于 19—40 岁的人群是整个无人零售行业消费的主力。从消费水平的比例看,便利店＞无人货架＞自动售货机。从用户的性别看,男性相较于女性更爱在无人零售终端购物,其中男性倾向自动售货机的比例远远大于无人货架/货柜。因此商家便可以通过男女比例去选择对应不同的场景,又或是鉴于不同点位的男女比例,匹配对应群体消费的喜好。

另一方面,移动支付以去中心化的方式实现产品变现,提供产品购买的大数据,经营者

---

① https：//www.iimedia.cn/c1020/73991.html,2020 年 9 月 1 日。

可以借此实现用户运营、引流以及沉淀二次营销。同时,无人零售的用户购买信息是数字化的,经营者可以通过对用户数字化资产的管理,挖掘消费、促销、推广等潜在价值。

在整个无人零售交易过程中,很多中间环节都有被砍掉的可能,但所有的体验最终都要落到支付页面,移动支付是完整链路实现闭环的关键。目前,微信支付成功页面已经实现与商家小程序、公众号的链接,消费者可以借此进行单向跳转。在这背后,是云能力的释放和支撑。云可以做什么事情呢?首先,云可以用最快的速度进行身份识别。以前进行身份识别的方法是扫码,现在在人工智能技术的帮助下,用户可以通过人脸识别和验证,调动整个交易环节。其次,云可以为无人场景提供强大的物联支持。无人化一定有对物的控制,以前是由人控制物,现在必须要有一个强大的物联平台对这些物进行管理,包括货柜、咖啡机、门店设施等,所有信息的上传、指令的下达都需要这个物联平台。再次,云可以对商品进行识别,这也是云的最重要的一个能力。云通过人工智能的图像识别技术,可以对商品进行识别,这是交易过程中最关键的闭环。比如拿到一组商品的图像或者商品的原材料后,云可以通过学习算法,让机器认识这个商品,判断用户在交易过程中是否拿走了这个商品。

第四节　无人零售产业与消费行为

一、无人零售产业链

无人零售产业链可以分为上、中、下游三个环节,其中上游包括自助售货机、自助收款机设备、RFID设备、监控设备等硬件设备,以及移动支付、人工智能等技术;中游主要是自助售货机、无人货架/货柜、无人便利店/超市等无人零售业态的运营企业;下游则是无人零售的应用场景,包括交通枢纽(高铁站、地铁站、机场等)、写字楼、商超、社区、医院、学校等。整体上来看,产业链上游,特别是移动支付、人工智能等新技术的应用,推动了无人零售产业的快速发展,无论是设备制造,还是技术支持,都涌现了一批具有代表性的国内企业。产业链中游,在资本市场的驱动下,呈现出龙头企业强势入局和初创企业创新活跃的发展局面,行业发展处于起步阶段,部分企业开始注重供应链、大数据等资源的管理和应用,提高竞争壁垒。产业链下游,目前各应用场景的覆盖范围还比较小,未来随着技术的进步和新技术的应用,应用场景有待进一步拓展。

(一)产业链上游

无人零售行业的上游是设备制造商和技术供应商。智能设备的逐步普及伴随着人工智能等新技术的应用、移动互联网技术的不断提升以及移动支付习惯的养成,无人零售在我国正呈现蓬勃发展的态势。

在人工智能领域,包括计算机视觉技术、语音交互技术等已经在无人零售业态中得到应用。比如在深蓝科技推出的Take Go无人便利店中,通过识别顾客手掌毛细血管结构,实现消费者"扫手开门",而在进入便利店之后,通过使用计算机视觉技术监测和识别商品,让消费者可以"拿了就走、支付宝自动扣款"。目前,我国人工智能产业发展迅速,艾瑞咨询的数据统计显示 2016 年中国人工智能产业规模已经突破了 100 亿元,并在计算机视觉、语音识别等技术领域涌现了一批行业领军企业。比如在计算机视觉领域,国内厂商在人脸识别领域处于国际领先地位,代表性企业包括旷视科技、商汤科技、云从科技等;在语音识别领域,2016 年 11 月,搜狗、百度、科大讯飞陆续宣布公司人工智能对中文的语音识别的识错率降低到了 3% 的水平,成功超越了人类对中文 4% 的识错率。

在移动支付领域,我国第三方移动支付交易规模持续增长。目前市场上的移动支付方式主要有二维码支付、NFC 支付、密码支付、指纹支付、语音支付、虹膜支付、人脸识别支付等,其中,二维码支付在支付宝、微信等企业的推动下,普及率远胜于其他几种支付手段,并且二维码支付聚集了高效、便捷、低成本和支付场景多元化等优势,未来应用场景广阔。从行业竞争的角度来看,移动支付行业出现市场份额集中的发展态势,支付宝和微信拥有庞大的用户群体和丰富的支付场景,占据绝对的市场优势,其他的移动支付方式还包括京东钱包、百度钱包、壹钱包、美团钱包等。

（二）产业链中游

无人零售产业链的中游是无人零售运营企业。目前我国无人零售领域的企业普遍都很年轻,多数成立在 4 年以内。初创企业在资本市场的助力下,通过技术研发和模式创新,不同模式的无人零售产品不断涌现。除了缤果盒子、F5 未来商店、猩便利、领蛙等这样的初创型企业,包括阿里巴巴、京东、苏宁、娃哈哈、饿了么、每日优鲜等在内的电商、传统零售、宅配企业也纷纷加入无人零售行业,共同推动了我国无人零售产业的快速发展。而且各家企业纷纷提出了对未来的发展计划,加快"跑马圈地",抢占线下资源。无论是无人便利店/超市,还是更加接近消费者的无人货架/货柜、自助售货机,无人零售以缩短与消费者的物理距离,来激发消费者的购买欲,使得商品消耗高频化,这就要求补货频率变高,补给周期变短。支付技术也让无人零售企业掌握了大量的消费数据,依据消费数据也得出了不同商品的补货频率、补货量等更细致和具体的补货要求,这也表示无人零售企业的物流供应链交付需求更加个性化,而且无人零售的网点也呈现散和多的特点,这些因素都对介入无人零售领域的企业提出了更高的要求,在抢点位、拼速度的规模扩张的同时,注重对后台资源,包括大数据、供应链、仓储物流体系等的高效利用。目前,部分企业已经开始着手通过自建、联合、并购等手段,打通线上线下、台前台后资源,比如猩便利、每日优鲜等自建了完整供应链的平台,哈米科技联合易果生鲜,缤果盒子联合欧尚、大润发等商超,百果园与七只考拉、好品、领蛙等无人货架/货柜公司进行合作等,强化供应链、物流配送等体系建设。

（三）产业链下游

无人零售产业链的下游是各种无人零售的应用场景。目前无人零售应用场景相对集中在消费密度比较高的区域,一个是人流量比较大的区域,比如高铁站、机场、商场、社区等;另一个是封闭式的场景,比如办公室等。从各无人零售企业的点位布局情况来看,无人零售的市场覆盖率还比较低。

而从用户消费行为的角度来看,艾瑞咨询的统计数据显示,最近一年在线下商超消费过的用户占比高达93.4%,其中大型超市是最主要的零售场景,通过线上零售渠道进行过消费的用户占比79.5%,而通过无人零售进行过消费的用户仅占36.5%,其中使用过自动售货机的用户占比29.5%,相对无人便利店/超市、无人货架/货柜而言,自动售货机已有一定的用户基础。

二、消费者研究

(一)消费者类型

参与无人零售的消费者通常年龄集中在18—45岁,他们往往对新鲜事物的接受程度较高,愿意采纳新技术。根据参与无人零售业态的目的不同,一般可以将消费者分为以下五类:(1)购物目的明确型,此类消费者通常以目标为导向,有明确的购物需求和目的,因此在购买时更加看重商品本身及其使用价值;(2)追求便捷型,此类消费者不习惯为了商品付出过多的时间和精力,无人零售业态作为离消费者最近的业态之一,能够帮助消费者用最便捷的方法获得所需要的商品;(3)时间紧张型,此类消费者对时间的感知较为强烈,愿意用金钱换时间,无人零售业态免去了消费者排队的时间,并且24小时营业的设置能够满足消费者任何时候的购物需求;(4)热情尝鲜型,此类消费者比较喜欢接触新鲜事物,对于充满科技感的新零售业态充满好奇心,新鲜的购物环境和购物体验能够吸引他们的注意;(5)社交恐惧型,此类消费者对于接触陌生人有较强的抵触心理,无人零售业态的设计满足了他们的心理需求。

(二)影响消费者的因素

无人零售作为新零售的产物之一,在很多层面区别于传统零售业态,因此会在不同程度上影响消费者。

1. 产品价格

产品价格作为4P理论中的重要因素,在日常场景购物中对消费者的购买决策会产生非常巨大的影响。无人零售业态由于不需要前端员工,大幅降低了人工成本,因此商品价格相较于传统零售有一定的优势,可以吸引一部分对价格敏感的消费者。

2. 店铺选址

店铺位置同样是4P理论中的重要因素,选址决定了消费者的可达性。无人零售业态作为离消费者最近的零售业态之一,在距离上有很大优势。无人零售业态往往布局在高铁站、飞机场、地铁站等交通枢纽以及社区、学校、办公室等距离消费者非常近的场所,在最近的距离提供各类食物和日常用品,能够较好地满足消费者需求。

3. 产品种类

无人零售业态由于其占地面积小的特点,能够容纳的SKU数有限,只能提供单一大类(如饮品、零食等)或几个大类的产品,虽然在一定程度上减少了消费者选择的困扰,但面对多样化的需求时也经常会无法满足消费者需求而失去成交机会。

4. 支付方式

无人零售业态基本上全部采用移动支付的方式进行结账。随着时代的发展,消费者已经越来越习惯于使用各种移动支付平台,扫码进行支付。当首次进入一些无人商店前,需要消费者绑定手机程序或银行卡并设置免密支付,购物结束离店时手机程序自动扣款,甚至随着无感支付的持续发展,消费者甚至可以在无需拿出手机的情况下完成支付,充分体现了无人零售业态的便捷性,无疑可以吸引一部分消费者。

5. 时间成本

无人零售业态由于其无人的特点,避免了像传统超市等排队结账的麻烦。消费者无需在购物后浪费时间进行排队,大大降低了时间成本,对于时间观念很强的消费者来说吸引力很强。

6. 消费者特质

经过上述分析,我们可以发现影响消费者购物的因素,除了价格、选址、支付等多种外在因素外,还包括消费者自身的心理特征。保守的消费者对新鲜事物采取中立、观望的态度,而开拓性消费者不同,他们对新事物有强烈的好奇心,并有勇气尝试和体验。

三、用户体验与优化策略

(一)无人零售用户体验

用户体验是消费者使用产品或接受服务时的整体体验,包括是否可以被成功访问和使用,是否被访问或使用非常愉快,是否能够继续被访问和使用,是否能够承受现有缺陷,是否在有疑问时顺利解决等。国际上将用户体验定义为用户在接触产品、系统或服务后所产生的反应与变化,包含用户的认知、情绪、偏好、知觉、生理与心理、行为,涵盖产品、系统、服务使用的前、中、后期。

无人零售的用户体验纯粹是主观的整体感知,并且是无人零售商店的整个过程中用户的整体印象和感觉。用户对产品和服务的忠诚度,也更多地来自良好的体验带来的用户黏性。无人零售业态在购物流程和消费者体验层面有很大差异,各种新技术的运用彻底重构了消费者入店、导购、结算以及离店的全流程,重塑了消费者用户体验。表7-3对比了传统便利店/超市与无人便利店/超市在用户体验方面的差异。

表7-3 传统便利店/超市与无人便利店/超市的用户体验差异

		传统便利店/超市	无人便利店/超市
需求触发		消费者主动触发	消费者主动触发、场景触发、运营推广触发
购物场景	进门	直接进入,通常伴有店员或电子欢迎语	扫码进入/刷脸进入(首次进入需要注册)
	导购	店员会提供主动导购服务;有具体购买需求时可向导购员寻求帮助;无具体购买目的时可向导购员寻求推荐	店铺内无店员;有具体购买需求时可自行在货架寻找;无具体购买需求时可自行闲逛
	结算	排队结算,店员扫描商品,消费者通过二维码/现金进行支付,获取纸质购物小票	无需排队结算,无需扫描商品,扫码支付/无感支付,获取电子明细单

续　表

		传统便利店/超市	无人便利店/超市
售后服务	食品再加工	店员称重结算后直接进行处理,省事、省心、快速,如绞肉	不提供再加工工具或消费者自行寻找加工设备,并自主学习操作,学习成本和时间成本较高
	退换货	退换货很便捷,当场可以检验产品质量,质量有问题时可以立即退货,效率很高	退换货比较麻烦,发现产品的质量问题时需要等待退货检验,效率较低

数据来源：白晓丽,曹恩国.无人超市用户体验及优化策略研究[J].设计,2020,33(24):4.

（二）无人零售用户体验优劣势

无人零售业态在用户体验层面的优势主要包括：（1）节约时间,提高效率。无人零售业态是最接近消费者的零售业态之一,场景非常贴近消费者,可显著节约消费者时间成本并且没有时间限制；（2）消费场景新颖,吸引消费者。无人零售业态无需排队且智能化自动结算,便捷性极大提升,通过扫码、扫脸、自动结算便可快速购买货品,整个消费过程显得炫酷而充满吸引力；（3）获取大量数据,了解消费者偏好。无人零售的核心价值不在于无人,而是依靠技术对店内发生的数据进行跟踪、记录和分析,了解消费者喜欢走什么样的路线,哪些货品的客流量最密集,无人零售业态各企业根据对消费者的数据采集,尽可能提升消费者体验。

无人零售业态在用户体验层面的劣势主要包括五个方面：（1）技术存在稳定性问题。目前设备的稳定性无法确保,经常会出现系统故障,降低了消费者体验,且目前高额的技术成本也增加了推广难度。（2）存在消费者道德问题,货损率高。一方面,消费者对商品的反复拾取而导致的商品损耗以及货架混乱的问题,这不仅造成人工成本的增加,还可能影响消费者在店内的体验,另一方面,无人零售业态无人监督的特性往往会导致部分消费者放松对自己的道德要求,产生货物丢失或损毁的现象,目前的视频监控、联网报警等技术并不是即时性的,防盗效果还有待加强,这需要社会信用体系的完善与消费者整体素质的提升。（3）消费者情感体验缺失。无人商店抛开了传统消费过程中的服务体验,而完全依赖智能设备的购物体验,忽视了人与人之间的沟通交流,使得在无人零售业态中很难实现与消费者之间的情感联结。（4）消费者学习成本高。首次购物前需要下载注册、认证绑卡等多个步骤,需要配备导购人员进行指引,培养用户习惯。使用店内各类科技设备不仅对运营人员有一定的要求,对消费者来说也会有一个无形的门槛,需要不同层次的消费者熟悉店内设备的使用以实现无人购物。（5）退换货困难。退换货流程普遍为目前各大无人零售业态未完善的灰色地带。在没有人工的干预下由消费者自助完成退换货,难度较大。

（三）无人零售用户体验优化策略

1. 优化消费者感官体验

感官体验指物品或环境呈现给消费者的视觉感知和氛围,这是吸引消费者的第一步。无人零售业态通过情景化实体和终端环境的打造,使消费者感受到充分的感官刺激,满足消费者多维度的感官体验,通过感官刺激来影响身体与心理上的变化,进而达到行为引导目的,让无人商店以更加人性化、互动性的方式来呈现。作为信息媒介,比如无人零售业态的环境因素、动线设计、功能性符号等,它可能是一些重要的环境视觉识别元素,可帮助用户了解无人零售服务的类型和水平。它们的整体设计和协调使用户能够综合感知,并形成合理的服务期望。未来通过线上和线下布局场景化体验将成为无人店的着力点。

2. 优化服务流程体验

通过完善线上和线下触点设计,满足消费者购物需求。良好的购物体验需要贯穿消费的整个过程,目前无人零售业态最受人诟病之处在于退换货问题。针对消费者退换货问题,可增设退换货快速通道,在入口处设置专门区域供用户进行退货处理,当消费者将产品放置在指定位置检验无误后即可实现快速退货,减轻用户购买担忧。

3. 优化消费者情感体验

情感需求是消费者产生购买行为的动机之一。在无人零售业态中,想要吸引消费者尤其是高忠诚度的消费者,除了满足其基本需求外,还要注重消费者的精神享受和心理认同。第一,挖掘消费者特性,针对不同特性的消费者提供不同服务,为不同用户提供丰富的个性化体验和感受。第二,如果出现服务错误,应加强互动反馈和及时补救,使用户能够顺利使用无人商店,使他们拥有高效、顺畅、愉快的用户体验。第三,敏锐察觉消费者迫切的文化需求,将人文关怀体现在无人商店的服务或产品中。与此同时,融入无人商店自身品牌的特点,营造独特的品牌文化,将其与地域文化、节日文化等相关联,以易于接受的文化气息传递给消费者,将文化情感寄托在整体服务的设计之中。

4. 优化可靠性

科技赋能,增强购物体验的安全可靠度。无人零售业态在实现无感化操作的同时也要注意用户对于重要信息的关注,对于消费清单及扣费详情,商品支付环节应将商品清单进行二次确认,消除用户购买担忧。售后阶段降低学习成本,节约用户时间,需要再加工的商品,可通过技术手段实现识别商品类型,并进行有针对性的指导,减少用户因不熟悉设备或商品属性带来的担忧。还可利用人工智能对顾客的行为进行记录分析,通过消费记录分析顾客的喜好。

专栏 无人零售案例

一、公司简介

云拿科技(Cloudpick)成立于2017年,是一家致力于为企业级用户提供全球领先的新零售解决方案提供商。云拿科技作为全球领先的智慧门店解决方案提供商,始终坚持以创新与研发为核心驱动,构建了一套以智慧门店管理系统为核心的数字化门店解决方案,为零售企业提供软硬件一体化的整体方案,帮助传统零售企业完成数字化转型,提高日常工作效率,降低用工成本,最终实现门店收益的整体提升。

（一）云拿无人便利店

云拿无人便利店提供的是一种没有收银员、收银台或自助结账机的新型商店，整个商店不会对顾客的整个购物流程有任何的主动人工介入或干预。顾客只需打开云拿 APP 或小程序扫码进店，选购商品，购买结束，直接出店即可，无需做任何结算动作，系统将自动完成扣款，并在几秒内将订单详情发送给消费者，简单高效，准确流畅。云拿科技的即拿即走无人支付技术，摒弃了传统的 RFID 条形码识别和繁琐识别支付流程，而是通过先进的计算机视觉算法实现了自动结账的购物体验。系统可以自动检测到哪些顾客购买了哪些产品，并在顾客的虚拟购物车中放置和追踪这些产品。所有这些都是使用复杂的计算机视觉算法、机器学习和传感器融合技术实现的。

云拿系统的高效和准确性在 2018 年初在北京某写字楼内建造的无人收银便利店里得到了充分的验证。该店面积为 100 平方米左右，提供从盒装即食早餐到厨师烹制的午餐和晚餐，从小吃和面包到冷饮和啤酒的各类商品。根据观察，系统可以轻松地每小时为超过一百个顾客提供结账服务，而这在传统商店中通常需要至少两个收银员同时并且不间断地工作以避免顾客在商店中排起长队。云拿系统还能够在高峰时段同时支持至少超过 20 位客户同时购物并正确进行结算，这一切都验证了云拿方案实现的算法是具有足够的稳定性和容错性。

（二）智慧门店解决方案

云拿科技为商家提供线下的用户数据、商品数据、消费数据和信用数据以及基于这些数据的运营价值和挖掘服务。为了实现自动结账，云拿基本上在数字世界中重建了实体店、购物者及其购物行为、商品的相应数字化表示。这意味着现在一切信息都在计算机中，并由数字表示。以前通常只有电子零售商才能获得的信息和构建的服务也可以被传统零售商所实现。云拿大数据平台可以让商店能够更好地了解他们的客户，并实时推断出顾客的价格敏感度和品牌忠诚度等购买行为数据。同时准确分析个人消费爱好和特征，甚至是顾客所属的社会群体。因此，商店可以根据更精确的营销策略销售更多的商品。

目前，云拿科技已落地"即拿即走，无人收银"智慧门店多家，并与零售业多家龙头企业达成了合作及合作意向。在"借用机器之眼，构建零售大脑"的愿景下，云拿团队正在推动人工智能技术在中国范围的产业落地，并通过打造零售大脑数据平台为赋能传统零售、构建智慧门店而贡献力量。

二、运营特色

（一）智慧收银，提升门店客流量

客流量高峰期是便利店进行产品销售的最佳时机，但很多时候顾客看到门口有多人排队便会选择其他邻近便利店选购，造成顾客流失，影响门店的营业额。

云拿自主研发的无感支付系统主要依靠计算机视觉和传感器融合技术追踪消费者从货架上拿走和放回的商品,以此实现"即拿即走",消费者离店后,1—2秒完成自动结算,整个支付过程无人工干预。通过接入云拿自主研发的无感支付系统,在门店高峰期,一小时能处理近400单,提升门店营业额。

(二)智慧控店,降低门店盗损率

云拿的智慧控店系统通过对店内商品和顾客购物行为的精确识别和多维度分析,可准确识别店内的各种购物行为,即便顾客将商品放入口袋、背包、行李箱中也可准确识别,并在顾客离店后发起自动结算,传统门店通过接入智慧控店系统可将盗损率降至0.1%。

(三)智慧分析,打造热门商品

云拿智慧门店方案通过分析顾客在某组货架前方的停留时间,某款商品的拿放次数,分析顾客的消费属性和商品的热销属性,以此帮助门店运营商挑选更合适的应季商品,提高顾客到店率,从而提升门店运营坪效。

(四)智慧运营,降低人工费用

以降低人工成本为例,中国的最低工资标准已增至24元/时。如果以需要6名店员才能正常营业的24小时便利店为例,最低工资标准大幅提升之后,晚上10点至次日早上6点的最低时薪增加了1.5倍。云拿科技的智慧门店的成本和其他形态对比,营业24小时需要1—2个人,相当于一个传统的有人收银实体店一年人力成本的1/4。

(五)智慧营销,构建会员营销体系

比起传统便利店,云拿的智慧门店系统能自动识别顾客的购物行为,分析顾客的消费水平、购买习惯和偏好,构建完整的客户标签,帮助运营者进行精准性营销。

三、云拿无人店发展未来

云拿的智慧门店管理系统,前端通过线上引流和线下数字化改造完成数据采集和积累;中端基于大数据分析结果满足消费者差异化需求,实现千店千面;后端构建以需求为驱动的数字化供应链,实现"对的时间、对的门店、对的产品",从而打造一个高效的数字化价值链。可以说,数字化价值链转型将成为便利店赢得挑战的关键举措,同时也是驱动行业进一步创新发展的主要因素。软硬件相结合的云拿智慧门店解决方案,也正是传统门店转型数字化智慧门店的关键一环。

展望未来,云拿科技将借力数字化技术,从会员深度运营、供应链重塑、生态体系协同等多角度帮助传统门店提升前中后端的综合运营能力,帮助实体零售完成数字化转型,走具有中国特色的便利店之路。

(资料来源:根据云拿无人零售公司网站以及网络公开资料整理。)

本章小结

随着产业环境、技术条件以及市场需求等因素的不断变化,零售业态也处于不断变革之中,无人零售在信息技术以及消费行为等因素的驱动下应运而生。自动售货机、无人货架和无人便利店/超市是三种最主要的无人零售运营模式,分别采用不同的技术来满足不同人群的消费需求。近年来,在资本市场、产业政策、零售技术、移动支付以及信息安全等因素的共同作用下,无人零售的产业链上游、中游和下游都均进入快速发展轨道,尤其在数字化时代,消费者不仅重视功能性消费,更对体验性消费提出更高的要求,无人零售企业需要进一步优化消费者的感官体验、消费旅程以及情感体验等。

关键词

零售业态、无人零售、自动售货机、无人货架、无人便利店、产业链、零售技术、消费体验

思考题

1. 中国零售业态的发展大致经历了哪几个阶段?
2. 什么是无人零售?无人零售行业发展的趋势是什么?
3. 无人零售的三种主要商业模式分别是什么?有哪些主要特点?
4. 无人货架和无人便利店两种商业模式各有哪些优势和劣势?
5. 影响无人零售业态发展的因素有哪些?
6. 无人零售的消费者体验有哪些特点?

参考文献

[1] 顾鸿铭.从"Amazon Go"看人工智能时代无人超市实现方案[J].数字通信世界,2017(3):151-152+154.

[2] 赵红梅.论无人超市对传统零售的影响及其应对措施[J].全国流通经济,2017(17):13-14.

[3] 白晓丽,曹恩国.无人超市用户体验及优化策略研究[J].设计,2020,33(24):136-139.

[4] 冯军维.无人零售产业发展现状与趋势[J].科技中国,2018(3):63-72.

[5] 邓文豪.新零售——无人超市对传统零售业的冲击与启示[J].中国集体经济,2018(32):157-158.

[6] 肖峰.新零售背景下我国零售业态发展前瞻[J].商业经济研究,2018(9):11-13.

[7] 朱琪颖,张卓然.新零售视野下的无人商店用户体验研究[J].包装工程,2018,39(22):29-34.

[8] 中国连锁经营协会. 无人零售：技术驱动商业变革[M]. 北京：机械工业出版社，2018.

[9] 刘畅，姚建明. 高铁场景下的无人零售终端补货供应链调度优化研究[J]. 运筹与管理，2021，30(7)：9-15.

[10] Lee S. H., Lee D. W. A Study on ICT Technology Leading Change of Unmanned Store[J]. Journal of Convergence for Information Technology，2018，8（4）：109-114.

[11] Zhou F. Z., Wan G. C., Kuang Y. K., et al. An Efficient Face Recognition Algorithm Based on Deep Learning for Unmanned Supermarket[C]//2018 Progress in Electromagnetics Research Symposium (piers-toyama). IEEE, 2018：715-718.

第八章 跨境电商

 学习要点

- 跨境电商基本概念与分类
- 跨境电商相关的基础理论
- 跨境电商产品策略
- 跨境电商价格策略及基本定价方法
- 跨境电商物流与运输管理系统
- 跨境电商支付风险与控制

由于电子信息技术和经济全球化的进一步发展,电子商务在国际贸易中的影响力和关键作用日渐凸显,已变成中国出口贸易的市场趋势。根据中国海关数据,2020年通过海关跨境电子商务管理平台验放的进出口清单达到 24.5 亿票,同比增长 63.3%,进出口额达 1.7 万亿元,同比增长 31.1%,与 2015 年相比,5 年里增长了 10 倍。新冠肺炎疫情发生后,社交隔离、实体零售渠道受阻使全球消费者更深刻感受到网络购物的便利,线上购物习惯在后疫情时代或将永久保留。线上消费习惯的形成与我国强大的消费品供给能力相碰撞,使得跨境电商成为我国企业"出海"新模式,企业纷纷加速全球化数字渠道铺建,加之"无票免税""清单核放、汇总申报"等报关、投资便利化措施,以及鼓励建设海外仓等一系列支持完善跨境电商的政策陆续出台,跨境电商在资本市场的热度也快速提升。2021 年 1—6 月,共有 7 个跨境电商平台获得 12.5 亿元融资。跨境电商未来的发展前景必定是有助于减少经济成本,推动全球贸易便利化,有助于提高国内群众福祉,有助于打造良好的营商环境,推动经济长期健康发展。

第一节　跨境电商概述

一、跨境电商的概念

在经济全球化背景下，人们借由互联网与世界范围内的企业和商品建立联系并达成交易，通过搭建一个自由、开放、通用、普惠的全球贸易跨境电商平台实现全世界的商品和贸易的联结具有广阔的前景，未来随着跨境电商不断取代传统贸易市场，跨境电商有望成为全球贸易的重要组成部分。

跨境电商（也称为跨境电子商务）是指分属于不同国家交易主体，通过电子商务手段将传统进出口贸易流程电子化，并通过跨境物流送达商品、完成交易的一种国际商业活动。按照交易类型看，我国跨境电商主要分为跨境零售和跨境 B2B（Business to Business）两种模式。跨境零售包括 B2C（Business to Consumer）和 C2C（Consumer to Consumer）两种模式，这两种模式主要面向最终消费者。

从跨境电商出口流程看，生产商或制造商将生产的商品在跨境电商企业平台线上展示，在商品被选购、下单并完成支付后，跨境电商企业将商品交付给物流企业进行投递，经过两次（出口国和进口国）海关通关商检后，最终送达消费者或企业手中。此外，也有跨境电商企业直接与第三方综合服务平台合作，让第三方综合服务平台代办物流、通关、商检等一系列环节，从而完成整个跨境电商交易的过程（如图 8-1 所示）。

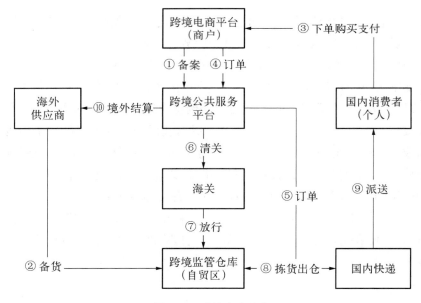

图 8-1　跨境电商流程

资料来源：http://doc.xuehai.net/b4217a7be0c1d3505e3c740e1.html.

二、跨境电商的类型

（一）以交易主体类型分类

1. B2B 跨境电商或平台

B2B 跨境电商或平台所面对的最终客户为企业或集团客户，提供企业、产品、服务等相关信息。目前，在中国跨境电商市场交易规模中，B2B 跨境电商市场交易规模占总交易规模的 90% 以上。在跨境电商市场中，企业级市场始终处于主导地位。在 B2B 跨境电商模式下，我国很多企业进行了很好的尝试和运作，代表企业有敦煌网、中国制造网、阿里巴巴国际站、环球资源网等。

2. B2C 跨境电商或平台

B2C 跨境电商面对的最终客户为个人消费者，它针对最终客户，以网上零售的方式将产品售卖给个人消费者。其商品流动的方向不同，有些 B2C 跨境电商是将国外商品介绍给我国消费者，有些 B2C 跨境电商是将我国的商品推向国外消费者。在 B2C 跨境电商模式下，世界范围内比较著名的代表企业有速卖通、亚马逊、兰亭集势、大龙网等。

3. C2C 跨境电商平台

在电子商务中，C2C 是现实生活中存在的最活跃的一种电子商务模式，国内最大的 C2C 电商平台是阿里巴巴的淘宝网，C2C 跨境电商所面对的最终客户是个人消费者，商家也是个人卖家。由个人卖家发布售卖的产品和服务的信息、价格等内容，个人买家进行筛选，最终通过电商平台达成交易，进行支付，并通过跨境物流送达商品，完成交易。

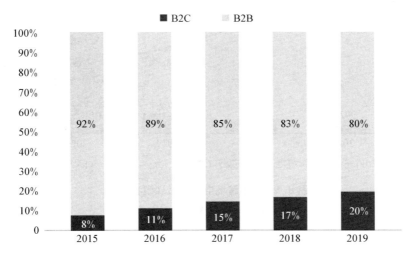

图 8-2 我国跨境电商交易规模增长速度

数据来源：万和证券公司研究报告。

（二）以服务类型分类

1. 信息服务平台

信息服务平台主要是为境内外会员商户提供网络营销平台，传递供应商或采购商等商家的商品信息或者服务信息，促使双方完成交易。代表企业：阿里巴巴国际站、环球资源网、中国制造网等。

2. 在线交易平台

在线交易平台不仅提供企业、产品、服务等多方面信息展示，并且可以通过平台线上完成搜索、咨询、对比、下单、支付、物流、评价等全购物链环节。在线交易平台模式正逐渐成为跨境电商中的主流模式。代表企业：敦煌网、速卖通、大龙网等。

（三）以平台运营方分类

1. 第三方平台

第三方平台通过线上搭建商城，并整合物流、支付、运营等服务资源，吸引商家入驻，为其提供跨境电商交易服务。同时，平台以收取商家佣金以及增值服务佣金作为主要盈利模式，代表企业：eBay、阿里巴巴国际站、敦煌网、环球资源网等。

2. 自营型平台

自营型平台通过在线上搭建平台，并整合供应商资源，通过较低的进价采购商品，然后以较高的售价出售商品，自营型平台主要以赚取商品差价作为盈利模式。代表性企业：亚马逊、兰亭集势、米兰网、大龙网等。

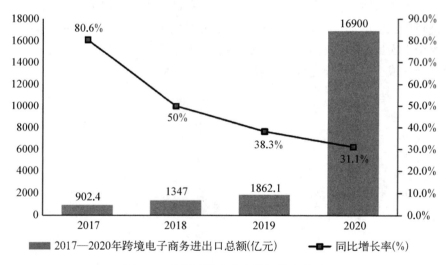

图 8-3 我国跨境电商交易规模和增速

资料来源：中国海关总署统计报告。

3. 外贸电商代运营服务商

外贸电商代运营服务商模式是服务提供商，不直接或间接参与任何电子商务的买卖过程，而是为从事外贸电商的中小企业提供不同的服务模块，如市场研究模块、营销商务平台建设模块等。这些企业以电子商务服务商身份帮助外贸企业建设独立的电子商务网站平台，并能提供全方位的电子商务解决方案，使其直接把商品销售给国外零售商或消费者。服务提供商能够提供一站式电子商务解决方案，并能帮助外贸企业建立定制的个性化电子商务平台,盈利模式是赚取企业支付的服务费用。代表企业:四海商舟、锐意企创等。

（四）以跨境电商的经营模式分类

从经营模式来看,跨境电商主要分为平台型、自营型与混合型(平台＋自营)。平台型跨境电商通过线上搭建商城,并整合物流、支付、运营等服务资源,吸引商家入驻,为其提供跨境电商交易服务。同时,平台以收取商家佣金以及增值服务佣金作为主要盈利模式。自营型跨境电商通过在线上搭建平台,并整合供应商资源,通过较低的进价采购商品,然后以较高的售价出售商品,自营型平台主要以赚取商品差价作为盈利模式。

表8-1 按经营模式区分跨境电商的类型

经营模式	平台型	自营型	混合型
跨境B2B(出口)	阿里巴巴国际站、中国制造网、敦煌网		
跨境B2B(进口)	1688.com、海带网		
跨境电商零售(出口)	全球速卖通、eBay中国、Wish	DealeXtreme、米兰网	
跨境电商零售(进口)	淘宝全球购、亚马逊、洋码头	考拉海购、聚美优品	天猫国际、京东全球购

三、跨境电商与传统国际贸易的区别与联系

（一）跨境电商对于行业价值链的改造

与传统贸易模式相比,跨境电商模式对于贸易行业价值链的改造是十分巨大的,主要是缩短了行业价值链的长度,进而对消费者和生产商产生双重利好,最终导致跨境电商产品的价格更低、利润更高、实时性更强、消费体验更好。

大多数传统贸易存在众多中间环节,通常需要跨越至少五个中间环节(国内生产商、国内贸易商、目的国进口商、目的国分销商、目的国零售商),产品才能到达最后消费者手中,每一个环节都有相应的企业承担与运作,因此,其行业价值链的环节多,导致层层加价,生产商的利润被分割出去,消费者承担高价格。跨境电商跳过传统外贸冗长的流通环节,直面终端买家,极大降低了商品出口的成本,商品价格优势更为明显,且企业利润更高。

（二）跨境电商与传统国际贸易模式对比

跨境电商虽然极大缩短了行业价值链的长度,给企业和消费者带来双重好处,但是,行业价值链长度的缩短仅仅是减少了行业价值链中的参与者数量,并不会导致商品在跨国流动中交易程序的减少,又因为跨境电商和传统国际贸易在贸易规模、对象和属性上存在差异,所以跨境电商与传统国际贸易相比,在通关、结汇和退税障碍、贸易争端处理等方面存在较大差距。

（三）跨境电商在国际贸易中的优势

1. 显著降低国际贸易成本

在传统国际贸易业务中，大量中间商的参与，使得国外进口商的进货价格往往是国内生产企业交货价的 5—10 倍。现今跨境电商平台直接把中国生产企业和国外进口商的供求消息整合在网上，让其在网上直接交易，中间环节的减少使各方都得到实惠。

2. 显著提高贸易效率

传统国际贸易中，单证的缮制、修改和审核等一系列操作占用了大量的时间，采用电子商务利用网络实现信息共享，通过网络对各种单证实现瞬间传递，不必重复输入，节省了单证的传输时间，有效减少了因纸面单证中数据重复录入导致的各种错误，提高了贸易效率。

3. 显著降低差错率

在传统国际贸易中，各业务阶段都必须有人工参与，故可能存在单证不一致、单单不一致的情况。电子商务通过计算机网络自动传输数据，不需人工干预，并且不受时间限制，差错率大幅度降低。

4. 减少贸易壁垒，扩大贸易机会

网络消除了地域的限制，减少了国际贸易中的有形壁垒和无形壁垒。在网上做生意，没有了宗教信仰的限制，没有种族歧视，甚至公司规模与经济实力差别都不再重要，因而，在国际贸易中采用电子商务这个工具，主动出击市场，寻找更多的贸易机会，成为顺理成章的选择。

5. 减轻对实物基础设施的依赖

在传统国际贸易中必须有大量的实物基础设施（办公用房、产品展示厅、销售店铺），如果利用跨境电商开展国际贸易业务，在基础设施方面的投入要小很多。

第二节 跨境电商的基础理论

一、消费者行为理论

消费者行为是指消费者为获取、使用、处置消费物品或服务所采取的各种行动，包括先于且决定这些行动的决策过程。消费者行为是与产品或服务的交换密切联系在一起的。在现代市场经济条件下，企业研究消费者行为是着眼于与消费者建立和发展长期的交换关系。为此，不仅需要了解消费者是如何获取产品与服务的，而且也需要了解消费者是如何消费产品的，以及产品在用完之后是如何被处理的。因为消费者的消费体验、消费者处置旧产品的方式和感受均会影响到消费者的下一轮购买，也就是说，会对企业和消费者之间的长期交换关系产生直接的作用。

（一）网络消费者行为分析

1. 长尾理论

长尾理论与二八理论是殊途同归的。在资源稀缺假设下，传统经济属于典型的供给方规模经济,体现的是帕累托分布的需求曲线的头部,用户的购买行为并不完全反映需求,主流产品的销售量大不等同于对它的需求也大,只是主流产品占据了大部分市场,限制了人们的选择权。随着整个社会经济以及科技的发展,今天我们已步入一个富足经济时代,人们的生活质量不断提高。一方面,商品在无限地细分,用户的取向除了具备一些共性外,越来越追求个性化的需求,所以对各种商品都有存在需求的可能;另一方面,随着技术进步和互联网的兴起,电子商务在聚集这类产品原本分散的用户的同时,也降低了交易成本。

2. 网络效应

网络效应也称网络外部性或需求方规模经济,是指产品价值随购买这种产品及其兼容产品的消费者数量增加而增加。信息产品存在着互联的内在需要,随着用户数量的增加,不利于规模经济的情况将不断得到改善,每名用户承担的成本将持续下降,同时信息和经验交流的范围得到扩大,所有用户都可能从网络规模的扩大中获得更大的价值。

(二) 影响跨境电商消费者购买行为的因素分析

1. 理论模型

(1) 技术接受模型。技术接受模型指出个体使用 IT 的行为是由其行为意向支配的,而行为意向则是由个人使用系统的态度及感知信息系统而决定的。态度反映了对使用系统的喜欢或不喜欢的感觉,由感知有用和感知使用方便共同决定。感知有用,指个体相信使用一种特定的系统将增加工作绩效的程度。感知使用方便,指个体期望使用系统免于努力的程度。其他因素通过间接影响信念、态度或行为意向来影响消费者接受信息系统。技术接受模型指出最突出的影响因素包括:感知所产生的有用性;感知所带来的易用性。技术接受模型指出,决定是否使用一个新系统是由人自身的行为意向决定,是否想用该系统和觉得系统对于自身有用共同决定了人的行为意向,感知系统的易用性和有用性决定了是否想用该系统,易用性及外部变量状况决定了感知的有用性,外部变量则决定了感知的易用性,外部变量具体涵盖系统设计特征、用户特征、任务特征、政策及组织结构等方面的影响,这些外部变量与内部变量如态度、信念等,一同构建起技术接受模型。

(2) 创新扩散理论。创新扩散过程一般包括了解、兴趣、评估、实验与采纳。创新扩散也被定义为采用某种办法按照时间的变化而在社会内的有关成员中展开传播的过程。在创新扩散中,最初的使用者为后续的"起飞"创造了必要的条件,这个貌似数量非常少的群体在人际传播过程中的作用突出,能够促使他人接受创新。最初的使用者就是率先接受创新事物并为之承担风险的那部分人,这些人对创新初期的各种不足能够包容,能够从自身的位置出发而展开一系列游说活动,使得更多的人接受并使用这种创新产品。

2. 影响因素

跨境电商具有区别于传统消费的影响消费者购买行为的因素。

(1) 产品差异性。与传统的线下市场不同,个性化的消费需求在网络平台上体现得格外明显,追求商品的时尚和新颖是青年消费者的主要购买动机。网络消费者在进行跨境网购时,不仅能够满足实际的购物需求,还能获得许多额外的信息,得到在传统商店没有的乐趣。

（2）用户信任度。消费者会因为经常浏览某些网站而对这些网站具有一定的信任与偏好，从而对这些网站的一些链接、推送和广告所包含的商品产生购买动机。

（3）销售价格。追求廉价的商品是每个消费者的共同特征，互联网自身所具有的免费性、流通环节较少，以及代购店及拍卖商城的出现，导致跨境购物平台所销售的商品与实体商店出售的商品相比，价格要低很多，这种低价的营销方式会促使更多的消费者选择通过网上购物解决本身的购物需求。

（三）跨境电商消费者价格敏感度

在经济学理论中，价格敏感度表示为顾客需求弹性函数，即由于价格变动引起的产品需求量的变化。由于市场具有高度的动态性和不确定性，这种量化的数据往往不能直接作为制定营销策略的依据，有时甚至会误导企业的营销策略，而研究消费者的价格消费心理，了解消费者价格敏感度的影响因素，能够使企业在营销活动中掌握更多的主动权。

1. 产品特性

产品的自身特性影响消费者对价格的感知，名牌、高质和独特的产品往往具有很强的价格竞争优势。第一，替代品的多少。替代品越多，消费者的价格敏感度越高；替代品越少，消费者的价格敏感度越低。第二，产品的重要性。产品越重要，消费者的价格敏感度越低。当产品是必需品时，消费者对这种产品的价格不敏感。第三，产品的独特性。产品越独特，消费者价格敏感度越低；产品越大众化，消费者价格敏感度越高。第四，产品本身的用途。产品用途越广，消费者价格敏感度越高；用途越单一，消费者价格敏感度越低。第五，产品的转换成本。转换成本越高，消费者的价格敏感度越低；转换成本越低，消费者价格敏感度越高。因为转换成本低时，消费者可以有更多的产品选择。第六，产品价格的可比性。产品价格越容易与其他产品比较，消费者价格敏感度越高；比较越困难，消费者价格敏感度越低。第七，品牌。消费者对某一品牌越忠诚，对该品牌产品价格敏感度越低，因为在这种情况下，品牌是消费者购买的决定因素。品牌定位将直接影响消费者对产品价格的预期和感知。

2. 消费者因素

消费者在价格感知上的差异主要是由消费者个体特征不同造成的，个体特征既包括个体人口统计特征，又包括个体心理差异。第一，消费者年龄。消费者年龄越小，价格敏感度越低；消费者年龄越大，价格敏感度越高。第二，消费者的产品知识。消费者产品知识越丰富，购买越趋于理性，价格敏感度越低，因为消费者会用专业知识判断产品的价值；消费者产品知识越少，对价格的变化越敏感，尤其是对于技术含量比较高的产品，普通消费者只是以价格作为质量优劣的判断标准。第三，产品价格在可支配收入中的比例。比例越高，价格敏感度越高；比例越低，消费者对价格越不敏感。高收入人群有更多的可支配收入。因此对多数商品的价格不敏感；低收入人群往往对价格敏感。第四，消费者对价格变化的期望。期望越高，价格敏感度越高；期望越低，价格敏感度越低。因为对价格变化的期望影响消费者的消费计划，消费者买涨不买落也正是基于这种心理。第五，消费者对成本的感知。消费者对实付成本的感觉比对机会成本的感觉更敏感。实付成本被视为失去已经拥有的财产，机会成本被视为潜在的放弃的所得，因为消费者常常不愿意冒风险，消费者的这种心理对于一些家电企业有重要的启示。第六,消费者对价值和成本的感知。价格不是决定消费者购买行为的唯一因素,消费者的购买决策更多地依赖于获得的价值和付出的成本的比较,只有当获得的价值不小于付出的成本时,才会发生购买行为。

二、跨境电商竞争战略

（一）波特竞争战略理论

1. 竞争战略

根据波特竞争战略理论,和传统企业一样,跨境电商卖家的利润将取决于跨境电商同行之间的竞争、行业新产品与替代品的竞争、供货商的议价竞争、海外买家的议价竞争以及潜在卖家的加入等方面共同作用的结果。面对跨境电商的竞争,卖家采取的竞争战略实质上就是为了提供具有同一使用价值的产品在竞争上采取的进攻或防守行为。当前大量跨境电商卖家往往会采用价格战的方式进攻竞争对手,但这种方式也对自身的利益造成同样程度的损害。根据波特的竞争战略理论,跨境电商卖家正确的竞争战略主要有三种。

（1）成本领先战略。跨境电商卖家的成本领先战略就是要努力降低产品的采购成本,以便在大量卖家参与的低价竞争中,取得合理的利润,维持竞争优势。这样在较为极端的价格条件下,由于具有低成本竞争优势,当对手无利可图时,自身还可以获得部分合理利润。

（2）差异化战略。差异化战略实质上就是企业提供的产品或服务别具一格。别具一格的产品或服务在功能、款式及外观等方面具有一定的创新和特色。如果成功使用差异化战略,企业就可以很大程度上避开价格的恶性竞争,在行业中赢得超额利润。

（3）集中化战略。集中化战略是指企业根据自身的条件,将目标消费群和目标市场进行细分后,主攻某个特定的客户群体、特定的产品或某个特定地区市场的一种战略。这种战略的特点是企业集中优势,以更高的效率为某一目标领域内的战略对象提供更好的服务,以便在目标领域超过一般的竞争对手,并取得超额利润。

2. 钻石模型

波特的钻石模型用于分析一个国家某种产业为什么会在国际上有较强的竞争力。波特认为,有四个因素决定一个产业竞争力：生产要素；需求条件；相关产业和支持产业的表现；企业的战略、结构、竞争对手的表现。在四大要素之外还存在两大变数：政府与机会；政府政策的影响模式。

（二）交易成本理论

交易成本理论或交易费用理论,是用比较制度分析方法研究经济组织制度的理论,其基本思路是：围绕交易费用节约这一中心,把交易作为分析单位,找出区分不同交易的特征因素,然后分析什么样的交易应该用什么样的体制组织来协调。简单来说,可以将交易成本分为：搜寻成本、信息成本、议价成本、决策成本、监督交易进行的成本、违约成本。

随着互联网的兴起和电子商务的发展,信息技术在交易市场的应用会使交易模式发生显著的变化,电子商务会大幅降低进货商搜寻货源的成本,大幅缩短商品的营销链,减少乃至消除促使商品价格提升的多级代理,使得供应商可以直接与消费者接触,信息获取与处理成本大大降低，消费者可以获得更优惠的价格，最终推动产品价值链的重置，大幅提高交易的效率。

（三）跨境电商生态系统与产业集群

在跨境电商发展背景下，跨境电商与跨境物流协同问题日益凸显，可借助生态系统相关理论，采用电子商务生态系统概念，构建跨境电商生态系统，并基于商品种类、环境、供应链、地理空间等不同视角探索跨境电商与跨境物流之间的协同机理。跨境电商与产业集群协同发展主要体现在：跨境电商通过改变传统外贸营销模式，进而改变了产业集群的生产模式和管理模式；跨境电商的网络属性突破了产业集群的地域限制，能更合理布局产业集群的全球供应链和生态圈；产业集群与跨境电商实现数据共享，创新产业集群及其相关企业的发展动能；集群特征有利于集群内跨境电商生态圈的构建和规模效益的产生；制度创新有利于实现复合系统的高效监管和协同发展。

（四）全球价值链嵌入理论

通过嵌入全球价值链，企业价值创造流程打破了国家界限，实现在全球范围内资源的优化配置，受到全球价值链活动的影响，跨境电商运作流程也发生了变化。生产要素与商品供应通过物流运输实现，尤其会涉及跨境物流活动，购买和销售生产要素与商品产生资金流，生产要素与商品的供需活动需要信息流实现，出现商品退换货时，还需要逆向物流活动。所以，包括商品流在内的物流、资金流与信息流贯穿于跨境电商在全球价值链的活动中。

三、跨境电商风险分析

（一）物流风险

对于跨境电商出口企业的完整供应链而言，在常见经营风险中首先面临的即为物流风险，主要表现为跨境物流妥投失败带来的财货两空损失，常见原因包括物流企业管理不善引起的包裹丢失、目的国海关扣关、目的国的内部派送过程中包裹丢失等。

（二）产品风险

在外贸电商中，主要的产品风险有三种：（1）国别区域的政策风险，对于特定产品而言，不同国家有不同的管制政策，因此开发这类产品时一定要先了解清楚目标国的相关政策；（2）知识产权风险，做仿品的商家很可能会因侵犯商标权遭到投诉，导致资金冻结甚至账号永久性关闭；（3）认证风险，各国政府为了规范市场，对某些产品有强制性认证要求，如果没有相关认证，产品将面临召回销毁的风险。

（三）囤货滞销风险

跨境电商出口企业将货物运抵目标国海外仓后，常需要应对无法如期完成销售目标进而导致囤货滞销的困境。在这种情况下，资金链断裂往往会伴随着囤货滞销风险出现。近年来，每当临近销售旺季，囤货滞销风险事件发生频率就有所上升，主要原因在于大多数中国厂商在产品开发与市场分析方面能力不强，普遍缺乏创新意识与对于"蓝海"空间的敏锐感知，很少企业能够根据目标国市场的具体消费需要针对性配置研发与选品资源，导致目标市场上中国商品出现较为严重的同质化竞争，诱发滞销风险。

(四)知识产权风险

在营销环节,跨境电商企业可能面临因在售商品被投诉侵犯他人的知识产权而导致产品下架或链接删除的风险,知识产权风险除了会导致库存积压外,部分情况下会使企业成为知识产权人诉讼索赔的对象。常见的知识产权主要包括商标权、外观专利或实用新型专利以及产品图片盗用侵权等。遭遇知识产权风险的主要原因是知识产权意识薄弱,对于侵权行为抱有侥幸心理或不懂如何在跨国销售中应对来自竞争对手的恶意诉讼。

(五)支付风险

电子支付能够为使用者降低成本,并进行风险管理,其效率成为影响跨境电商的重要因素之一。2013年,国务院明确提出"鼓励银行机构和支付机构为跨境电商提供支付服务",旨在解决与完善包括电子支付、清算、结算体系在内的支付服务配套环节中比较薄弱的问题。

(六)汇率风险

在销售完成之后的跨境结算环节,中国企业还需要应对汇率风险的挑战。此类经营风险主要产生于与汇率变动幅度较大的国家消费者进行交易中。从需求侧来看,结算货币对人民币汇率波动会加剧跨境电商经营的不确定性,尤其是在汇率剧烈变动期间,国外消费者会产生观望情绪,降低跨境消费需求,而当结算货币贬值趋势加剧时,国外消费者的实际购买力也会出现明显下降,进而减少对中国商品的消费需求。

第三节 跨境电商产品策略

一、跨境电商产品选择

跨境电商产品选择策略的本质是结合国内的产业基础和自身优势和海外买家的需求,决定卖什么的问题。跨境电商货源策略,是跨境电商卖家根据各地的优势产业,根据产品的销售情况的预测,构建产品的供应链和采购方式等。初创跨境电商卖家可能通过平台的搜索及销售情况,通过"跟卖"或"试错"等方法,逐步明确自身的选品方向。在跨境电商平台上,以什么样的方式展示产品属性、图片、标题、说明等方面,也是跨境电商产品策略的重要内容。跨境电商产品选择问题是一个内容宽泛的话题,也是卖家的市场定位问题,本节以第三方跨境电商平台为例,阐述跨境电商出口产品选择问题。

(一)产业选择

传统国际贸易理论认为,国际贸易之所以发生,是因为国与国之间存在的产业差异,在国际贸易产品所在的行业,出口国比进口国具有产业比较优势。因此,识别目标市场国家相比国内弱势的产业,可以为国内出口电商卖家提供一个更大范围的选品方向。

(二)海外市场需求

1. 平台热卖产品

如果目标市场国家的产业比较研究,可以为国内跨境电商卖家提供经营品类选择的大方向,那么不同出口电商平台针对特定市场国家发布的热卖产品的报告,可以为国内卖家提供一个具体的方向。事实上,各大跨境电商平台均会不定期发布一段时间内全球各大城市区域的热卖产品报告,国内卖家如果能利用这些平台的热卖产品报告进行产品类目的选择,不失为一种良策。

2. 平台搜索数据和结果

以国内某热门跨境零售平台为例,在其卖家用户的后台操作平台,可以利用"数据纵横"的"搜索词分析"功能,下载特定行业及特定区域近30天的平台热搜词报表。撇开当前销量不谈,各大跨境电商平台的"关键词"搜索情况可以很大程度上反映海外买家的潜在需求。但是跨境电商平台搜索结果具有一定的局限性,不同平台的搜索结果之间可能存在差异。

3. 搜索引擎搜索情况

由于某平台的搜索结果具有一定的局限性,谷歌趋势和百度指数等搜索日志分析的应用产品可以帮跨境电商分析全球数以亿计的搜索中,某一搜索关键词各个时期的搜索变化趋势及该关键词被搜索的频率和相关统计数据等。通过了解相关网络搜索事件及搜索统计来了解产品市场需求变化趋势。

4. 关注长尾产品

在跨境电商竞争日趋激烈的情况下,产品类目基本可以分为红海产品(海外市场需求大、当前销量高、具有较大发展潜力)或者长尾产品。长尾产品的特点是需求少、种类数量多、销量规模庞大、利润高。

某种长尾产品的需求往往是针对特定市场而言,在特定市场虽然存在需求,但由于需求容量很小,不足以支撑传统市场营销规模化的要求。种类数量多是指长尾产品在各行各业广泛存在。销量规模庞大是指所有长尾产品的销量可以达到一个很高的水平,特别是在跨境电商环境下,信息传递范围更广,可以汇集来自全球的订单,单个产品的销量实际是比较可观的。少量特定买家对特定长尾产品需求往往比较迫切,提供长尾产品的卖家往往可以避免大宗商品卖家存在的激烈价格竞争,因此单个长尾产品的销售利润率往往可以达到较高水平。

表8-2　2020年跨境电商零售出口额排名前十的品类占比情况及增速

商　品　品　类	占比(%)	同比增速(%)
特殊交易品及未分类商品	51	161.3
纺织原料及纺织制品	18	106.0
机电、音像设备及其零件、附件	9	10.6
杂项制品	5	29.4
塑料及其制品;橡胶及其制品	4	20.1

续　表

商品品类	占比(%)	同比增速(%)
革、毛皮及制品;箱包;肠线制品	2	31.4
贱金属及其制品	2	39.2
光学、医疗等仪器;钟表;乐器	2	40.9
鞋帽伞等;羽毛品;人造花;人发品	2	30.0
珠宝、贵金属及制品;仿首饰;硬币	2	34.2

资料来源：中国商务部商务大数据。

长尾产品的种类主要包括：

（1）行业内的非标品。在某个成熟行业,往往有一些主打产品,其需求量和销量大,产商也多,一些实力较强的产商往往采用品牌化运作手段,产品的种类、规格及性能趋于统一。而行业内往往同时会有大量非标品正好与主打产品相反,形成该行业的长尾产品。

（2）行业内个性化产品。这类产品强调的是奇特,用户几乎不关注品牌或者品质,虽然销量不多,但几乎可以说"只要你敢卖,就会有人买"。

（3）行业内特殊用途产品。在某行业内部,除规格化的通用产品外,还有一些在功能上符合特殊用途的产品。

二、跨境电商产品选择策略

在大致了解了海外买家的需求后,接下来卖家则要在国内市场找到并选择相应的产品上传跨境电商平台,这就是跨境电商品类选择。选品的正确与否,直接影响国内卖家后续的经营表现。以下将阐述适用于中小卖家的几种快速和相对准确的跨境电商品类选择方法。

（一）在国内优势行业中选择

卖家在了解了国内的或者当地的优势产业后,直接和国内或当地的相关厂商取得联系,把相应的优势产品上传至跨境电商平台。大部分早期跨境电商卖家实际上采取了这种选品方法。但这种选品的方法有一个明显的缺点,那就是容易形成跨境电商卖家间激烈的竞争,经营过程中相互压价,导致利润下降。

表 8-3　2020 年跨境电商零售进口额排名前十的品类占比情况及增速

商品品类	占比(%)	同比增速(%)
化学工业及其相关工业的产品	44	24.6
食品;饮料、酒及醋;烟草及制品	35	21.6

续　表

商　品　品　类	占比(%)	同比增速(%)
机电、音像设备及其零件、附件	4	23.0
杂项制品	4	21.9
纺织原料及纺织制品	2	8.9
光学、医疗等仪器；钟表；乐器	2	28.4
活动物；动物产品	2	37.4
鞋帽伞等；羽毛品；人造花；人发品	2	18.6
革、毛皮及制品；箱包；肠线制品	2	11.9
动、植物油、脂、蜡；精制食用油脂	2	20.6

资料来源：中国商务部商务大数据。

（二）试错式策略

品类管控中的试错策略是一个品类扩展再收缩的动态过程。对于独立网站来说，这与网站的目标人群定位也有很大的关系。对于平台卖家，通过试错策略能够从大量商品中发现精品，进而将其打造成爆款甚至有品牌的商品。

（三）跟卖式策略

跨境电商的一个特点是，如果选品得当，那么该产品上传后稍加推广，就可以快速获得良好的销售效果。可以利用跨境电商平台的这一特点进行选品的测试。跟卖，更多是指一种模仿竞争对手的跟随策略。简单来说就是，人家什么产品卖得好，新跨境电商跟着卖类似产品。在跟卖之前，需要找到销量好的产品，如果有相同的或者相近的，在不侵权的情况下就应该主推这些产品；如果没有，则在产品开发方面下功夫，向上游寻找相关产品。在自主开发产品的过程中，一定要贴上自己的商标，以在知识产权方面占得先机。

（四）产品组合策略

在整个产品线中，要有核心产品和补充性产品的组合，这就是产品组合策略。在不考虑品牌因素的情况下，对于一件产品，可以通过搜索量和利润率判断核心产品和补充性产品。

根据搜索量的高低和利润率的高低，把产品分为四类：第一，明星产品。从当前外贸电商的竞争程度看，这类产品几乎绝迹。如果把品牌因素考虑进去，还是有不少明星产品。对于广大卖家来说，要打造明星产品，应该从品牌入手，或者自建品牌，或者代销知名品牌。第二，引流产品。这类产品的搜索量很高，但在激烈的市场竞争下，利润率偏低。依靠其高搜索量，辅以非常低的价格，吸引消费者光顾店铺，进而带动店铺其他产品的销售。第三，利润产品。这类产品搜索量虽然不大,但却拥有较高的利润率。第四,问题产品。这类产品不仅比较冷门,而且利润率很低,通常这样的产品很少见,如果发现,应在品类管控中及时清除,避免占用资源。

在产品组合中,明星产品应该作为核心产品,而且越多越好。引流产品虽然不能带来利润,但可以带来流量,因此也应该作为核心产品。对于利润产品,如果其与引流产品高度相关,则可作为核心产品;如果相关度不高甚至不相关,则划为补充性产品。

在品类管控中,还应重视产品风险控制。在外贸电商中,主要的产品风险有三种:(1)国别区域的政策风险;(2)知识产权风险;(3)认证风险。

三、跨境电商的货源与采购

构建可靠的产品货源,是进一步提高跨境电商卖家竞争力的重要方式。选品和上传完成后,只要前期工作做得好,价格合理,通常稍加推广,就可以获得订单。

(一)产品线上采购方法

国内较为发达的电子商务平台为跨境电商卖家提供了方便的采购渠道。第一,淘宝采购策略,淘宝是国内最大的网上零售市场,其出售的产品五花八门。一般来讲,国内卖家在跨境电商平台上出售的产品,淘宝上都能找到。但淘宝以零售为主,淘宝卖家需要一定比例的利润,所以采购价格比较高。第二,天猫分销平台,天猫分销平台是天猫一些大卖家为更多淘宝卖家开通的在线批发平台。这些天猫大卖家在自己销售产品的同时,在线设置一定的批零差价,以吸引更多的淘宝卖家代销其产品,并提供一件代发服务。第三,阿里巴巴国内批发平台,阿里巴巴国内批发平台1688是国内最大的商品批发网店,其特点是交易方便,产品门类较齐全。

(二)利用整合分销平台

整合分销实际上也是一种线上产品采购方式,但是整合分销平台是随着跨境电商的发展而发展起来的产物,其目的就是为跨境电商中小卖家提供货源,其实质就是一个连接平台中小卖家及国内供货商的中间桥梁。代表平台包括中国好东西网、俄优选、中国好服饰网等。

(三)产品线下采购方法

除了以上线上采购方式,跨境电商卖家同时还应积极对各种线下采购渠道进行考察。第一,当地专业商品交易市场。一般来讲,在国内某个城市,往往会基于当地的产业特色设立相应的专业性较强的商品交易市场,比如义乌小商品市场、深圳华强北电子产品交易市场、上海东方汽配城等。相比网络在线采购,线下采购要求采购商具有丰富的专业知识,加之很多当地专业商品市场鱼龙混杂,产品质量良莠不齐,价格不透明,采购难度增加。第二,传统线下代理商或批发商。对于一些优质品牌产品,国内生产商往往会在国内建立多级分销体系,有的产品还具有较大的批零差价,因此跨境电商卖家可以从当地此类产品的传统线下代理商或批发商处进货。第三,直接和生产商的合作。如果跨境电商卖家的销量足够大,那么直接和生产商合作生产则是最佳的选择。

第四节 跨境电商价格策略

一、跨境电商产品定价

（一）定价目标

跨境电商市场的竞争日益激烈，在维持生存的前提下，业务扩张，追求更高的市场定位，最终达到利润最大化，是跨境电商卖家产品定价的主要目标。跨境电商卖家定价目标，必须根据卖家自身的条件及跨境电商市场的竞争环境，在充分了解影响跨境电商产品定价的主要因素基础上，通过一系列跨境电商产品定价方法的运用以及合适的定价策略的选择来实现。不同的跨境电商卖家所处的发展阶段、市场的竞争程度以及自身竞争能力各不相同，不同的跨境电商卖家可能有不同的定价目标。

第一，维持生存目标。对于一些处在初创期、转型期或具有较大库存压力的跨境电商卖家而言，争取一定的销量，保持生存或减少亏损是需要考虑的重要问题，这时取得大规模的利润是次要的问题。

第二，利润最大化目标。对于一些提供全新产品或新奇产品的跨境电商卖家，或在某产品领域具有一定市场影响力的卖家，利润的最大化往往是产品定价的主要目标。

第三，业务扩张目标。很多跨境电商卖家开始关注某个产品的销量排名以及该产品在某跨境电商平台的市场占有率，并以该产品来带动店铺其他产品的销售。产品销量大规模增长所引发的业务扩张，给跨境电商卖家带来了规模优势，并使其在产品的平台销售及上游的供应链整合方面取得一定的主导地位。在这种情况下，跨境电商卖家往往以较低的价格来压制同平台的竞争对手，并以较高的销量来取得产品采购上的价格折扣。

第四，市场定位目标。一部分跨境电商考虑自身产品及店铺的整体定位，将跨境电商系列产品的定价维持在一个相对固定的水平。

（二）影响产品定价目标的因素

明确了跨境电商产品定价的目标，就可以利用"量本利"的定价方法对产品进行定价。但在跨境电商产品定价之初，销量只是一个预测值，因此在可变成本可控的情况下，可以根据直接影响跨境电商产品定价的因素来对产品进行定价。直接影响跨境电商定价的主要因素有以下六方面。

第一，产品采购成本。很多跨境电商卖家拥有相对稳定的产品供货渠道，根据自身的销量情况向供应商采购。在采购周期和采购批量相对固定的情况下，产品的采购价格也是相对固定的。

第二，跨境电商运营成本。跨境电商的运营成本大体上有两种：固定成本与可变成本。固定成本是短期内和跨境电商销量无关的成本，可变成本是随着跨境电商销量变化而变化的成本，包括人力成本、办公成本、平台佣金、平台推广费用、平台使用费用等。

第三，产品销量。跨境电商产品销量总体增长，可很大程度上摊薄跨境电商卖家在运营过程中支付的人力成本、办公成本、平台佣金、平台推广费用及使用费等成本部分,从而获得更大的产品定价空间与更多的利润。

第四,利润水平。在其他情况不变的情况下,价格越高,利润水平越高,但利润水平往往是根据"量本利"预测和计算得出的一个合理总体利润水平。在价格下降时,销量往往会有明显的增长,跨境电商卖家反而可以取得更高利润水平。

第五,市场竞争状况。在产品生命周期初期,由于同质卖家相对较少,跨境电商卖家可以有更大的定价空间。随着更多跨境电商卖家的加入,市场竞争日趋激烈,为了取得足够的销量,跨境电商卖家则必须考虑适当降价。如果跨境电商由于专利、技术或款式等方面,获得某款产品垄断性地位,那么就可以获得更大的自主定价空间。

第六,买家需求。买家的需求大,而卖家数量没有相应增多的情况下,跨境电商产品的价格一般可以适当上调。相反,如果买家的需求处于萎缩的情况下,则不可避免地引起价格的下降。

二、跨境电商产品定价一般方法

为了对产品设定一个合理的价格,跨境电商卖家必须考虑以上影响跨境电商产品定价的主要因素,根据量本利的计算方法,得出一个合理的价格。量本利分析法是基础原理,具体运用则是以成本导向、竞争导向或需求导向的几种定价方法为主。

(一)量本利定价综合分析法

量本利定价综合分析法实际体现的是产品定价的一般原理,其基本公式为:

$$(P-C_1)\times Q-C_2=S \qquad (8-1)$$

其中,P 是产品价格;C_1 是可变成本;Q 是销量;C_2 是固定成本;S 是总利润。

但在跨境电商实际定价过程中,通过上面的公式很难计算出产品的价格。首先,根据市场对价格的反应,销量 Q 实际是变化值,如果设定了价格,对销量进行预测,往往是基于乐观或悲观的预测。其次,总利润 S 也是卖家的期望值。最后,以上公式只针对一款产品,如果有很多款产品同时销售,固定成本的认定就显得非常困难。

(二)成本导向的定价方法

成本导向的定价方法是将产品的各项成本作为产品定价的主要依据。

1. 成本毛利定价法

在实际跨境电商运营中,往往会采用简化的成本毛利定价法,该方法是在量本利定价分析方法的基础上简化而来,基本公式为:

$$P=[C_1\times(1+S\%)]\div(1-C_2\%)\div(1-C_3\%)/T \qquad (8-2)$$

其中,P 是产品定价;C_1 是产品的所有可变成本;$S\%$ 是跨境电商卖家期望和毛利水平;$C_2\%$ 是平台佣金;$C_3\%$ 是各项固定成本分摊比例;T 是人民币兑美元汇率。

2. 边际成本定价法

边际成本是指在固定成本投入已定的情况下,每增加一个产品销量所增加的成本,跨境电商运营实际中，边际成本往往是可知的。定价公式为：

$$P = C \times (1 + S\%) \div (1 - C_2\%) \div T \tag{8-3}$$

其中，P 是产品的定价；C 是产品销量边际成本；$S\%$ 是跨境电商卖家期望和毛利率。

在跨境电商运营实际中，在较大的跨境电商运营规模变动范围内，所投入的固定成本相对来说不变，因此在较大销量规模基础上，用边际成本定价不失为一种简单实用的方法。

（三）竞争导向的定价方法

竞争导向定价方法是指卖家在制定价格时，将平台其他卖家同款或相近产品的价格作为定价的主要依据。

1. 随行就市定价法

跨境电商的随行就市定价法，就是根据同类产品在跨境电商平台上的普遍定价水平进行定价的方法。在同类产品卖家较多情况下，卖家自身产品在功能、款式等方面没有特殊地方，那么随行就市定价法则是一个最简单直接的定价方法。

2. 差异化定价法

在卖家数量众多的情况下，虽然产品本身可差异化的变量非常有限，但对于跨境电商的买家需求来说，可差异化的变量往往是存在的。

（四）需求导向定价法

需求导向定价法就是卖家将跨境电商买家的需求和感受作为定价的主要依据。

1. 逆向定价法

逆向定价法，是指卖家根据跨境电商买家的需求及可接受的最终销售价格，在对自身的成本和利润进行合理计算后，逆向推算出产品价格。

2. 产品价值认知定价法

产品价值认知定价法，是指卖家根据消费者对产品的价值认知来制定价格的方法。在同一类产品中，消费者对该类产品的品牌、款式、结构、材料等方面具有一定的价值认知，在满足需求的情况下，愿意为其价值认知支付更高的价格。

三、跨境电商定价策略

根据产品的生命周期、同平台卖家间的竞争情况、平台活动、季节的变化以及产品推广活动的开展等不同情况的需要，跨境电商卖家需要以灵活多变的定价策略，应对市场和消费者需求的变化。

（一）价格折扣策略

出于提高销量、清理库存、回笼资金等方面的考虑，跨境电商卖家往往会以不同的形式和不同的幅度降低产品的售价。

1. 功能性折扣

功能性折扣是指跨境电商卖家为了实现某项功能，如产品的推广、活动等，对产品设定一种价格折扣。

2. 数量折扣

当顾客购买超过一定数量时,可以给予适当的折扣。在某跨境电商平台中,当买家一次性购买超过设定的数量,可以享受卖家为其设定的批发价。

3. 季节性折扣

对于服装、食品、电器等行业中一些需求随着季节变化的产品,卖家可以设定较大幅度的季节性折扣,以及时清理库存,回笼资金。

(二)国别定价策略

在跨境电商运营实践中,不同国别卖家所需支付的价格往往是不一样的,其中原因是多面的,如不同国别的快递成本不一样、不同国别买家的购买力不一样、不同国别交易风险上的差异等。

1. 价格＋运费策略

为了便于计算,很多卖家采取这种定价策略,将产品的成本以及必要的利润折算在价格中,根据不同国别和不同快递方式的收费标准,利用平台运费的设置功能,在产品的价格之外设定一个根据国别和快递方式而变化的运费,供买家选择。

2. 全球统一包邮价格

与价格＋运费策略相反,也有一些跨境电商卖家对其产品设置了一个全球统一的包邮价格。这种定价策略往往适用于产品本身价值不同、重量较轻、运费占产品售价比例不高的情况,或具备较高的利润水平可以足够覆盖快递费用因国别变化的范围。

3. 分区定价

分区定价就是将全球所有国家根据运费的高低分为若干个区,对于同一个运费级别的区域,采取同样的定价策略。对于运费最低的区域,可以采用包邮的定价方法。对于运费较高的区,可以采用"价格＋运费"的定价方法。

(三)心理定价策略

心理定价策略实际上是根据跨境电商买家的心理因素,如图便宜、图档次等,而采取的一种定价方法。

1. 招徕定价

招徕定价实际上就是利用顾客购买便宜商品心理,特意安排几款特价商品,特价商品往往是顾客较为熟悉的产品,因此特价商品的存在,往往会使顾客潜意识地认为卖家其他产品的售价也不会太高,从而带动其他产品的销售。

2. 尾数定价

尾数定价是利用顾客对价格的数字认知而进行的定价,其表现形式往往是不超过某个具体整数或保留价格的零头。

3. 声望定价

声望定价实际上是针对顾客追求名牌或产品档次的心理而采取的高价策略。声望定价往往利用产品的品牌定位、名人代言、奢华包装、质量上乘、特殊工艺及创新设计等方面的元素整合打造,使顾客认定产品的高品质,甚至认为购买该产品是其个人品位、身份和地位的象征。

第五节　跨境电商物流系统

一、跨境电商物流管理概述

物流是跨境电商的重要环节,是跨境电商优势发挥的基础,物流系统不断升级发展直接关系到电子商务的效率与效益的提高。跨境电商物流是指位于不同国家或地区的交易主体通过电子商务平台达成交易并进行支付清算后,通过跨境物流送达商品进而完成交易的一种商务活动。跨境电商物流和国内物流具有很多相似点,同时又兼具国际性特点,因此在物流过程中可能会受到各国因素的影响。

（一）跨境电商物流发展现状

1. 跨境电商物流发展速度不能满足国内需求

我国跨境电商发展速度越来越快。跨国购物的现象越来越普遍,但是物流公司的数量仍然较少,尤其是跨境电商物流公司数量较少。我国跨境电商基本上是通过国际物流配送中心转包到国内的配送中心进行统一配送,使得国际包裹的物流速度较慢,当前跨境电商物流发展速度难以满足国内需求。

2. 跨境电商物流与仓储基础设施建设不完善

我国跨境电商起步时间较晚,相关的物流基础设施还不够完善,物流服务配套设施还没有建立起来,这是阻碍跨境电商物流发展的主要因素。

3. 运营成本较高

目前我国跨境电商物流公司的数量相对较少,为了解决这一问题,我国跨境物流公司已经建立起相应的物流平台并且与多家网站达成共识,这有效缓解了跨境电商的压力,但是运营成本很高,物流公司难以保证可持续发展。目前消费者在进行网络购物时,商品质量与配送速度成为消费者选择的主要标准,因此物流公司在选择供应商时应该评价他们的服务质量和配送速度,为消费者带来一流购物体验,这种高质量的物流体验大大增加了物流成本。

（二）跨境电商的物流模式

1. 国际快递

国际快递是用于跨境电商物流服务的一种传统模式,主要是通过国际快递公司来解决跨境电商中商品配送及物流的问题。国际知名的快递公司包括 UPS、USPS、FedEx、DHL 等,我国一些快递公司如顺丰、圆通等也纷纷涉足跨境电商物流。国际快递物流模式在快递时效性与服务质量上占据优势,可以满足世界各地客户的需求,但也存在价格高、特色专递未开通等劣势,进而影响客户物流体验。

2. 邮政包裹模式

邮政网络基本覆盖全球,比其他任何物流渠道都要广。这主要得益于万国邮政联盟(UPU)和卡哈拉邮政组织(KPG)。万国邮政联盟是联合国下设的关于国际邮政事务的专

图 8-4 跨境电商物流业务模式

资料来源:万邑通研究报告。

门机构,通过一些公约法规改善国际邮政业务。万国邮政联盟由于会员众多,会员之间的邮政系统发展很不平衡,因此很难促成会员之间的深度邮政合作。卡哈拉邮政组织要求所有成员投递时效要达到98%的质量标准,如果货物没能在指定日期投递给收件人,那么负责投递的运营商要按货物价格的100%赔付客户。邮政小包是各邮政系统联合推出的物流方式,以个人邮包的模式发货,邮政小包一般都有相应的规定和区域优势,比如中国邮政小包不支持刀具、含液体、带电产品的运输。

3. 专线物流模式

跨境专线物流一般是将商品通过航空包舱方式运输到国外,再通过合作公司进行目的国的派送。专线物流模式的优势在于其能够集中大批量到某一特定国家或地区的货物,通过规模效应降低成本,因此其价格一般比商业快递低。

4. 海外仓

海外仓是最近几年兴起的新型跨境电商国际物流模式,是指经营跨境电商的企业在境外目的地建立或租赁仓库,采用海陆空等运输方式将货物运输到境外目的地,通过跨境电商的方式进行线上销售,消费者成功下单后,企业再利用境外目的地仓库或境外第三方物流机构直接进行商品运输及配送。海外仓这种新兴的物流模式能够缩短物流时间,降低物流配送成本,同时还能解决商品检验及退换货等诸多问题,但是建设海外仓投资庞大,致使很多跨境电商企业望而生畏。

5. 边境仓

边境仓与海外仓都是新型跨境电商国际物流模式,都是将物流仓库设立在远离国境的国家;两者的区别在于,海外仓位于境外目的地,边境仓则位于商品输入国的邻国。对于边境仓,仓库的位置可以分为相对边境仓与绝对边境仓两种,相对边境仓就是仓库设立在与商品输入国不相邻却相近的国家,绝对边境仓则是仓库设立在与商品输入国相邻的国家。边境仓的优势主要体现在可以有效规避商品目的国的政治、法律、税收等风险,同时设立边境仓还能够充分利用"自由贸易区"区域物流政策,从而降低物流成本,提升物流效率。

6. 集货物流

集货物流主要有两种操作方式:建立仓储物流中心;建立跨境电商战略联盟共同构建国际物流中心。这种物流模式使得跨境电商物流配送成本更低、效率更高。

7. 自贸区或保税区物流

自贸区或保税区物流是通过将货物运输至自贸区或保税区仓库,再由跨境电商企业负责商品销售,同时自贸区或保税区仓库负责货物分拣、检疫、包装等环节,最后通过自贸区或保税区实现商品集中物流配送模式。这种模式的最大优势是可以最大程度地利用自贸区或保税区自身优势,为跨境电商物流快速运行提供保障。

二、跨境电商物流运输管理

(一)跨境电商物流运输管理概述

针对跨境电商领域,可以将跨境电商运输视为一种国际贸易的物流运输活动。跨境电商物流运输方式根据运输工具的不同可分为多种方式,不同运输方式适合不同的货物,常见运输方式有公路运输、铁路运输、海洋运输、航空运输、国际多式联运等。

1. 公路运输

公路运输主要承担近距离、小批量的货运,或者水运、铁路运输难以到达地区的长途、大批量货运,或者铁路、水运优势难以发挥的短途运输。公路运输的主要优点是灵活性强,公路建设期短,投资较低,易于因地制宜,对收到站要求不高,可以采取门到门运输方式,即从发货者门口直到收货者门口,而不需转运或反复装卸搬运。

2. 铁路运输

铁路运输主要承担长距离、大数量的货运,在没有水运条件的地区,几乎所有大批量货物都是依靠铁路,是在干线运输中起主力运输作用的运输方式。铁路运输优点是速度快,运输几乎不受自然条件限制,载运量大,运输成本低。主要缺点是灵活性差,只能在固定线路上运输,需要其他运输手段配合和衔接。

3. 海洋运输

海洋运输主要承担大数量、长距离的物流运输,是在干线运输中起主力作用的运输形式,在内河及沿海,海洋运输也经常作为小型运输工具使用,担任补充及衔接大批量干线运输的任务。海洋运输主要优点是成本低,能进行低成本、大批量、远距离运输;主要缺点是运输速度慢,受港口、水位、季节、气候影响较大,因而一年中中断运输时间较长。海洋运输主要有四种形式:沿海运输、近海运输、远洋运输、内河运输。

4. 航空运输

航空运输的单位成本很高,因此主要适合运载的货物有两类:价值高、运费承担能力很强的货物;紧急需要的物资。航空运输的主要优点是速度快,不受地形的限制。在火车、汽车都达不到的地区可依靠航空运输。

5. 国际多式联运

国际多式联运是在集装箱运输的基础上产生和发展起来的,是指按照多式联运合同,以至少两种不同的运输方式,由多式联运经营人将货物从某一国境内的接管地点运至另一国境内指定交付地点的货物运输。国际多式联运主要优点有:责任统一、手续简单、节省费用、降低运输成本、减少中间环节、时间缩短、运输质量提高、运输组织水平高、运输更加合理化、实现门对门运输。从政府角度看,发展国际多式联运具有以下重要意义:有利于加强政府对整个货物运输链的监督与管理;保证本国在整个货物运输过程中获得较大的运费收入比例;有助于引进新的先进运输技术;减少外汇支出;改善本国基础设施的利用状态;通过国家宏观调控保证使用对环境破坏最小的运输方式,达到保护本国生态环境的目的。

(二) 跨境电商物流运输方式选择

选择合适运输方式的判断标准包括以下四个方面。

1. 运输速度

跨境电商交易中,客户体验部分占有举足轻重的地位,货物的运输速度将大大影响用户的切实体验。

2. 运输成本

运输成本是运输方案制定时的首要考虑因素。由于运输成本直接计入外贸商品的价格构成中,而国际贸易运输又具有运输里程长、流经环节多等特点,因此运费负担相对较重,选择恰当运输工具对控制运输成本具有重要的意义。一般而言,在国际货物运输中,海洋运输成本最低,航空运输成本最高。

3. 国际货物数量及特性

国际贸易运输方式的选择受到了货物数量及特性的限制。航空运输虽然具有快速及安全的特征,但并不适合运送大批量及低价值的货物。一般而言,价值昂贵的货物、时间要求高的货物可采用空运;大宗货物的交接则主要采用海洋运输的方式;煤、粮食、矿石等低价值的货物更适合采用船舶运输。

4. 不同国家之间物流基础设施条件

由于国与国之间发展的不平衡,在一国可以采用的物流方式到了另一国可能不方便使用,原因在于该国缺乏采用这种物流方式的必要基础设施,因此全球物流基础设施存在的差异制约了国际运输方式的选择。

三、跨境电商物流面临的困境与对策

(一) 跨境电商国内问题

在货物运输过程中出现破损或者丢失现象,主要原因有:(1)物流路线较长;(2)某些商家为了追求利益最大化,选择费用较低、速度较慢的运输方式;(3)物流运输过程中存在部分操作人员暴力分拣或者操作不规范等问题。在海关验收过程中被没收,主要原因有:

货物本身为仿制或伪劣产品；部分国家会将电池、植物种子、液体、贵重金属等限定为禁止出口商品。

（二）跨境电商国际风险

跨境电商面临的国际风险主要有：航空安检退回或扣留、转运过程中的风险、清关规则负责。第一，航空安检退回或扣留，在货物运输中，发出危害航班的干扰信号的产品、易燃易爆产品、涉嫌假冒伪劣的产品都无法通过航空安检。第二，转运过程中的风险，因为在包裹转运过程中会经历多次中转，可能会因为天气原因、投递不当、暴力分拣等问题造成货物破损。第三，清关规则负责，不同国家不同的口岸会具备不同的清关规则，导致了货物运输的复杂性，降低了货物运输效率。

（三）跨境电商物流风险原因及规避方法

1. 对相应国家监管政策了解不足

在跨境货物监管政策方面，仍存在对细节了解不足的情况。例如，因为木材的运输过程中可能会夹带动植物虫卵，很多国家对包装的木箱有严格的管控。因此，应该加强对相关国家物流监管政策方面的了解，以避免涉及该国家的监管禁区，以提高整体的物流运输效率。

2. 物流操作人员素质仍需提高

在物流运输过程中，经常会出现因分拣人员操作不当或暴力运输导致货物破损或丢失。所以应当进一步加强物流操作人员培训，完善相关法律政策，约束物流操作人员行为。

3. 海关报关文件准备更严谨

跨境电商要遵守相关的海关进出口规定，避免因为海关检验的问题，自身货物被扣押，在出口前了解需要的出口清单材料，同时选择正规的货运代理公司。

4. 选取性价比较高的物流公司

如果货物对于运输时间要求严格，一定要选择运输效率高的国际物流公司。不同的物流公司全球运输的时效不同，价格不同，运输时间会有差别，因此跨境电商应该在考虑运费的前提下合理选择物流公司，保证自身货物的安全。

第六节 跨境电商支付系统

一、跨境电商支付概述

跨境支付是指两个或两个以上国家或者地区之间因国际贸易、国际投资及其他方面所发生的国际债权债务，借助一定的结算工具和支付系统，实现资金跨国和跨地区转移的行为。跨境电商支付是指分属不同关境的交易主体，在进行跨境电商交易过程中通过跨境电商平台提供的与银行之间的支付接口或者第三方支付工具进行的即时跨境支付行为。中国消费者在网上购买国外商家产品或国外消费者购买中国商品时，由于币种不同，就需要一定的结算工具和支付系统实现两个国家或地区之间的资金转换,最终完成交易。

（一）跨境电商平台及其主要支付方式

传统跨境大额交易平台（大宗 B2B）模式主要为中国外贸领域规模以上 B2B 电子商务企业服务,如为境内外会员商户提供网络营销平台,传递供应商或采购商等合作伙伴的商品或服务信息,并最终帮助双方完成交易。传统跨境大额交易平台典型代表有 eBay、阿里巴巴国际站、环球资源网、中国制造网等。大宗交易平台仅提供卖家与买家信息,提供商家互相认识的渠道,不支持站内交易。外贸交易主要以线下支付为主,金额较大。

支付方式有三种类型：第一,门户型 B2B 综合平台模式,主要提供交易、在线物流、纠纷处理、售后等服务。这种跨境平台主要有敦煌网、全球速卖通、eBay 等。这种平台模式多采用线上支付,支付方式主要包括 PayPal、V/MA 等方式。第二,综合型垂直跨境 B2C 小额平台模式,主要提供交易、在线支付、物流、纠纷处理、售后等服务,以小额批发零售为主。代表性平台有兰亭集势、米兰网、大龙网、通拓科技等。这种模式普遍采用线上支付,如 PayPal、信用卡、借记卡等。第三,垂直型跨境小额平台（独立 B2C）,一般通过自建 B2C 平台,将商品销往海外,其主要业务包括交易、物流、支付、客服等。这种模式与综合垂直平台一样,普遍采用线上支付,如 PayPal、信用卡、借记卡等。

跨境电商的业务模式不同,采用的支付结算方式也存在差异。跨境电子支付业务会涉及资金结售汇与收付汇。

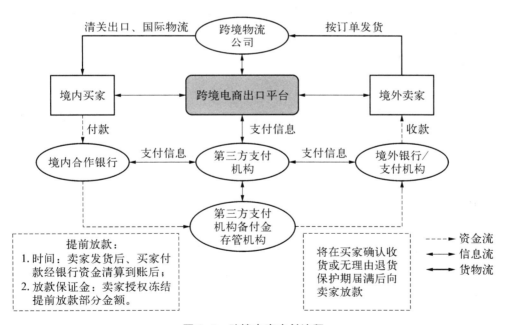

图 8-5 跨境电商支付流程

（二）跨境电商支付渠道与工具

我国用户跨境转账汇款渠道主要有第三方支付平台、商业银行和专业汇款公司。相较于商业银行较高的费率和专业汇款有限覆盖的网点,第三方支付平台能同时满足用户对跨境汇款便捷性和低费率的需求,因此受到越来越多用户的青睐。除了在境内外都占首位的第三方支付以外,境外电商网站支付选用信用卡比例更高,这与其整体支付习惯有关,因为信用卡本身在境外就更为普遍。

(三)跨境电商支付机构

从目前支付业务发展情况看,我国跨境电子支付机构主要有境内外第三方支付机构、银联、银行。从我国跨境电商支付的影响力看,境内外第三方支付机构成为用户的首选。目前,PayPal作为全球最大的在线支付公司,在第三方支付机构中占据重要地位,当前,PayPal业务支持全球190个国家和地区的25种货币交易,尤其在欧美普及率极高。同时,PayPal还是在线支付行业标准的制定者,在全球支付市场中获得认可,拥有很高的知名度和品牌影响力。

支付宝凭借在国内第三方支付领域的良好基础,逐步进军跨境电商支付领域。2007年8月支付宝与中国银行等银行合作,推出跨境支付服务。从2009年开始,支付宝先后与Visa卡和万事达卡进行合作,这两大全球发卡机构在港澳台地区的持卡用户都可通过支付宝在淘宝网进行购物,从而完成双向的跨境支付服务。2018年,腾讯财付通与美国运通达成合作,其网络支付服务能够借道美国运通,实现在美英两国Globale Shop等热门购物网站跨境在线支付。快钱则从2012年推出适合外卖电商用户的一揽子跨境支付。国际收汇服务方案,通过与西联汇款的合作,实现自动化的汇款支付处理。汇付天下则专注小微企业市场,重点关注航空产业链等B2B商务市场,特别是在航空机票支付领域,汇付天下的市场份额接近50%。

二、跨境电商线上与线下支付

(一)跨境电商线上支付

信用卡收款。跨境电商平台可通过与Visa卡、万事达卡等国际信用卡组织合作,或直接与海外银行合作,开通接受海外银行信用卡支付端口。信用卡收款是欧美最流行的支付方式,用户人群庞大。但是也存在明显缺点:接入方式麻烦、预存保证金、收费高昂、付款额度偏低等。

PayPal。与支付宝类似,PayPal在国际知名度较高,是很多国家客户的常用付款方式,交易完全在线上完成,适用范围广,收付双方必须都是PayPal用户,以此形成闭环,风控好。但是PayPal电汇费用较高,每笔交易除手续费外还需要支付交易处理费。

CashPay。其优点为:加快偿付速度,结算快;提供更多支付网关的选择;支持商家喜好的币种提现。这种支付方式有专门的风险控制防欺诈系统,一旦出现欺诈,100%赔付。但是此种支付方式在中国知名度不高。

Moneybookers。优点:安全,以电子邮件为支付标识,付款人不需要暴露信用卡等个人信息;只需要电子邮箱地址就可以转账;客户必须激活认证才可以进行交易。缺点:不允许客户多账户,一个客户只能注册一个账户;目前不支持未成年人注册。

Payoneer。这是总部位于纽约的在线支付公司,Payoneer的主要业务是帮助其合作伙伴将资金下发到全球,同时也为全球客户提供美国银行或者欧洲银行收款账户,用于接收欧美电商平台和企业的贸易款项。

Click and Buy。这是独立的第三方支付公司,Click and Buy 收到汇款确认后,在 3—4 个工作日内会收到货款,每次交易金额最低 100 美元,每天最高交易金额为 10 000 美元。

Pay safe card。这是欧洲游戏玩家的网游支付手段方式,Pay safe card 是一种银行汇票,购买手续简单而安全。在大多数国家,其可以用于报摊、加油站等场所。

Web Money。这是俄罗斯最主流的电子支付方式,在俄罗斯各大银行均可自主充值取款。

Cash U。这主要用于支付在线游戏、电信和 IT 服务,以及实现外汇交易。Cash U 允许用户使用任何货币进行支付,但该账户将始终以美元显示资金。

Lip Pay。这是一个小额支付系统,Lip Pay 一次性付款不超过 2 500 美元,且立即到账,无交易次数限制。

Qiwi Wallet。这是俄罗斯最大的第三方支付工具,使客户能够快速、方便在线支付水电费、手机话费以及网购费用。

NETeller。NETeller(在线支付方式或电子钱包)免费开通,全世界有数以百万计的会员选择了 NETeller 网上转账服务。

(二)跨境电商线下支付

跨境电商线下支付方式主要有:汇款、托收、信用证、西联汇款。

汇款也称汇付,是指汇款人通过银行向收款人汇寄货款的一种结算方式。在一笔汇款业务中有四个当事人:汇款人、收款人、汇出行、汇入行。主要包含三种汇款方式:电汇、信汇、票汇。

托收是指出口人开具以进口人为付款人的汇票,委托当地银行通过它在国外的分支行或代理行向进口人收取货款的结算方式。在一笔托收业务中涉及四个基本当事人:委托人、托收银行、代收银行、付款人。此外,在托收中有时还有一个当事人,即提示银行。提示银行是向付款人提示商业汇票等票据的银行,通常代收银行就是提示银行,但有时代收银行会委托其他银行代为提示票据。托收方式主要有两种:光票托收、跟单托收。

信用证是开证银行根据开证申请人的请求和开证行以自身的名义向受益人开立的在一定金额和一定期限内凭规定的单据承诺付款的书面文件。简而言之,信用证是一种银行开立的有条件地承诺付款的书面文件。信用证是银行作出的有条件的付款承诺,属于银行信用,采用的是逆汇法。信用证一般涉及的主要当事人有:开证申请人、开证银行、通知银行、受益人、议付银行、付款银行。信用证以贸易合同为基础,但一经开立,就成为独立于贸易合同之外的另一种契约。贸易合同是买卖双方之间签订的契约,只对买卖双方有约束力。信用证则是开证行与受益人之间的契约,开证行和受益人以及参与信用证业务的其他银行均应受信用证的约束,但这些银行当事人与贸易合同无关,故不受合同的约束。信用证种类很多,从其性质、用途、期限、流通方式等不同角度可以分为:跟单信用证和光票信用证;不可撤销信用证和可撤销信用证;保兑信用证和不保兑信用证;即用信用证和远期信用证;可转让信用证和不可转让信用证;循环信用证;对背信用证;对开信用证;预支信用证;备用信证;付款信用证、承兑信用证和议付信用证。

西联汇款是西联国际汇款公司的简称,是世界上领先的特快汇款公司,它拥有全球最大最先进的电子汇兑金融网络,代理网点遍布全球 200 多个国家和地区。西联汇款有三种汇款方式可供选择:合作银行网点汇款、电子渠道(网上银行和手机银行)汇款。办理汇款需到西联合作网点,填写汇款人的详细信息,其余工作由西联完成。西联汇款有四种收款方式可供选择:合作银行网点收款、电子渠道(网上银行和手机银行)收款、直接到账收款服务。

三、跨境电商支付风险与控制

(一)跨境电商支付的风险

1. 交易行为违法风险

在交易过程中,要特别注意交易双方的真实身份,明确交易后资金的流向,避免网络欺诈、跨境洗钱、网络赌博等非法金钱交易行为。跨境电商交易平台和支付机构运作模式,在一定程度上限制了对双方真实身份的进一步确认,因此我国跨境电商支付交易仍然存在较大的身份诚信风险。

2. 交易行为诚信风险

在我国跨境电商支付过程中,会出现跨境货物款项已收而货物未收,或货物已发而款项未收的现象。特别是在第三方支付平台方面,对此类问题监管只是停留在虚拟层面,难以确认交易的实际情况。

3. 支付信息安全风险

虽然电子商务支付显著提高了交易效率以及便利性,但同时也带来了支付个人信息泄露的风险。特别是跨境支付资金被转走、支付宝账号被盗等问题,严重影响了境外消费者购物体验。

4. 手续费及汇率差额风险

目前国际支付宝、PayPal 等支付方式都需要支付一定的手续费,但往往跨境交易的历时较长,在跨境交易过程中,客户付款后商家收到货款之前,国际汇率变动会直接影响资金的实际购买力。当支付机构收到资金后,会以"T+1"工作日进行结售汇。如果消费者对跨境电商货物不满意,货物退回过程中,购物资金存在汇兑不足额的风险。

(二)跨境电商风险控制方法

1. 健全跨境电商监管政策

目前,我国针对跨境电商支付交易行为的法律体制仍不健全,针对交易真实性、洗钱等方面的风险,仍需要相关法律政策进行约束。立法机构应对第三方支付机构真实性审核、市场准入条件、账户开立及使用,以及资金交易性质进行细化,加强对支付风险的管控,规范第三方支付业务流程。

2. 加强监管恶意交易行为

针对虚假信息宣传、其他竞争卖家恶意评价、伪劣产品拒绝退换货等不良现象,宜加大管控力度,完善对刷单、恶意评价等行为的监控。

3. 加强跨境电商完全认证

借助身份认证、口令认证与位置认证等加密方式完善支付的软、硬件环境,从而提升跨境电商支付系统防病毒与防攻击能力,有效保护重要支付数据及文件不被篡改或盗取。

4. 灵活调整计价币种并协同分担汇率风险

跨境电商在与消费者达成交易时,首先考虑合理的计价币种、国际市场价格等因素,尽量选择较为坚挺的收款币种,从而降低汇率损失。此外,跨境电商可在商品交易合同中明确,双方在确定采用某种币种计价成交后,可在附加条款中增加外汇风险分摊条款,如果选定的支付货币汇率发生变化,可以由买卖双方共同分担汇率变动带来的损失。

专栏 跨境电商案例分析

一、出口跨境电商:阿里巴巴国际站

伴随着互联网风潮的兴起,电子商务平台阿里巴巴成立,开启了中国中小企业依托互联网技术进行宣传和商品信息发布的跨境贸易阶段,"外贸+互联网"时代正式到来。阿里巴巴国际站于1999年正式上线,作为中国最早的B2B跨境电子商务平台之一,目前它已成为全球贸易中最具影响力的跨境电商B2B网站,服务全世界数以万计的采购商和供应商,其注册会员超过1.5亿,活跃的优质海外采购商达1 000万家,商品覆盖的国家和地区超过200个,行业超过40个,商品的类别超过5 900种,每日询盘订单量最高30万笔。

阿里巴巴最初的业务是帮助国内的外贸企业搭建外贸网站,让国外客户可以找到国内的产品供应商。在这个平台上,买卖双方可以在线上更高效地找到合适的交易对象,并更快、更安心地达成交易。此外,阿里巴巴国际站的外贸综合服务平台提供一站式通关、退税、物流等服务,让外贸企业的出口流通环节变得更加便捷和流畅,帮助中小企业拓展国际贸易市场。

阿里巴巴国际站的核心价值是:买家可以寻找、搜索卖家所发布的公司及产品信息;卖家可以寻找、搜索买家的采购信息;为买家、卖家提供沟通工具、账号管理等;提供一站式的在线店铺装修、产品展示、营销推广、生意洽谈及店铺管理等全系列线上服务和工具,以帮助企业降低成本,高效率开拓外贸市场。

阿里巴巴国际站是中国领先的跨境电商B2B平台,也是众多中国跨境电商平台中第一个尝试实现全面跨境电商平台应具备多功能的跨境电商平台。阿里巴巴跨境及全球批发商业收入主要来自阿里巴巴国际站,主要包括会员费与客户管理收入,图8-2显示近四年阿里巴巴国际站收入情况,2021年收入较2020年增长50.05%。

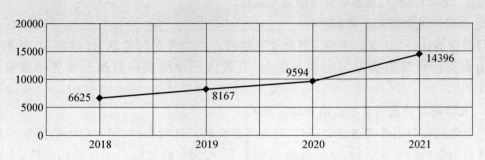

图 8-6 阿里巴巴跨境及全球批发商业收入

资料来源：阿里巴巴集团控股有限公司财政年度报告(2020 年、2021 年)。

(一)阿里巴巴国际站业务运营模式

1. 业务综述

阿里巴巴国际站为中小企业提供一站式的店铺装修、产品展示、营销推广、生意洽谈及店铺管理等全系列线上服务和工具,帮助企业降低成本,高效率开拓外贸市场。

通过阿里巴巴国际站,买卖双方可以进行沟通交流。买卖双方达成交易后可以通过阿里巴巴自有的支付系统以及国际惯用的支付方式进行支付。支付完成后通过一达通平台完成货物的通关、退税、物流、金融等环节,再将双方之间交易的数据进行转化,保证信用保障体系顺利运行。除了为企业提供供求信息外,阿里巴巴国际站还会提供一些增值服务,比如提供橱窗业务、企业认证和独立域名,以提高企业的知名度。

2. 运营模式

(1) B2B 平台模式。阿里巴巴国际站是一个以信息服务为主的平台。在平台模式设计上,利用了跨边网络效应,即某一市场主体的用户规模增长将影响另一边市场主体所获得的效用。基于此,阿里巴巴国际站通过向海外买家展示、推广供应商的产品,帮助中小企业实现出口营销推广,并通过提供一站式的店铺装修等全系列线上服务和工具为平台上的供应商提供端到端的在线国际贸易服务,同时帮助供应商通过阿里的支付等金融服务,或是商业类产品为买家提供服务。

(2) 综合服务商模式。2014 年,一达通正式成为阿里巴巴的全资子公司,作为阿里巴巴的一个事业部,成功弥补了国际客户对接和融资这两个短板。B2B 平台和外贸综合服务打通,在一定程度上这会使企业在达成订单后依然将后续交易行为留在平台上,这是完善 B2B 业务闭环的关键。阿里巴巴一达通作为外贸综合服务商,具有简化交易流程、服务团购和金融支持的核心价值。

(3) 信用评价模式。收购一达通后,阿里巴巴国际站业务走向纵深。随着越来越多的中小外贸企业使用外贸综合服务平台出口,并享受"信用保障"服务,阿里巴巴国际站上沉淀了大量外贸企业的商机流、信息流、物流和资金流数据。银行可以根据交易流水进行相应的信用评估,进而无抵押放贷给出口商;买家根据出口商的交易数据、评价数据,可以迅速了解出口商实力,进而快速下单。

(二) 阿里巴巴国际站盈利模式

阿里巴巴国际站作为B2B平台,将各个行业中相近的交易过程集中到一个场所,为企业的采购方和供应方提供了交易机会。同时,阿里巴巴国际站可以通过网络帮助企业在更大规模、更经济的运作下在市场、产品、经营等方面互补互惠。阿里巴巴国际站的利润主要来源于会员费、增值服务费和广告收入。

1. 第一阶段盈利模式:会员费+增值服务费

收取会员费可以说是所有B2B电子商务公司的主要赚钱方式。会员的会费收入构成阿里巴巴国际站收益的主要部分。阿里巴巴国际站最初仅为供需双方提供信息流通服务,实行免费战略让客户了解阿里巴巴。之后,阿里巴巴国际站建立了用户诚信鉴别等级,严格把关加入企业的质量,将会员分为中国供应商和诚信通会员。等供需双方产生信任后,阿里巴巴国际站开始提出会员收费制,免费会员只能浏览部分信息,不能进行交易,而开通会员的用户则可以享有诚信保障。阿里巴巴还发现供需双方的需求总是有差异性的,因此,推出了增值服务,如果供需双方想要获取更多额外的服务则需要交纳额外的费用。

2. 第二阶段盈利模式:交易提成制+关键词搜索竞价+广告费

网络广告是指广告利用一些受众密集或有特征的网站以图片、文字、动画、视频或者与网站内容相结合的方式传播自身的商业信息,并链接到某目的网页的过程。与其他媒体相比,网络广告具有传播范围广、针对性强和价格低廉等优点。阿里巴巴国际站提供的广告服务,是一种按点击收费并允许会员企业通过自助设置多维关键词、大量曝光产品来吸引潜在买家的全新网络推广方式。广告费是阿里巴巴国际站的附加价值服务收入的重要来源。2005年,阿里巴巴参考谷歌引入了关键词竞价服务,竞价排名与广告费一样,也是阿里巴巴国际站的附加价值服务收入。

3. 成本结构

(1) IT基础设施和软件研发投入。多年来,阿里巴巴凭借自身在电子商务领域内的领先地位和强大的研发能力,在平台建设、软件系统开发、内部数据管理平台、人工智能、外贸操作系统等方面都进行了大量投入。

(2) 运营成本。经过十多年市场探索后,阿里巴巴将消费者、渠道商和生产商重新定位,并让服务商参与其中,形成了一个完整的供应链,创建了从消费者到渠道商到生产者再到服务商的新型市场运营体系。

二、进口跨境电商:天猫国际

天猫国际,一方面为国内消费者直供海外原装进口商品,另一方面为外国品牌与商家提供与中国消费者做生意的平台。天猫国际利用阿里巴巴的大数据技术,把支付宝消费者的实名信息、天猫的订单交易信息和菜鸟的物流信息进行"三单合一",再与海关电子口岸、商检等对接,为中国跨境贸易电子商务服务试点工作的推动和发展提供了企业实践的典型案例。天猫国际还探索了跨境电商保税模式,通过这一系列高效、便捷的阳光模式使消费者的购物体验得以大大提升。

(一)天猫国际运营模式

目前天猫国际的运营采用"平台+直营"的"双轮驱动"模式,除了此前更注重的商家入驻型平台模式,还加强了直营业务。天猫国际基于阿里系的强大支持,直营模式能让其通过直接投资、经营与管理,对业务有更强大的掌控能力。

1. 直发直运平台模式

天猫国际是典型的M2C平台模式,基于B2C的网购模式。在这一模式下,天猫引入海外品牌商、职业商家和渠道商等入驻天猫国际平台,当消费者在平台上选购产品产生订单时,天猫国际作为第三方交易平台将接收到的消费者订单信息发送到国外商家,后者通过国际物流把商品寄送至消费者手中。

2. 环球闪购模式

环球闪购模式可以理解为平台直接从海外批量采购,货物由国外发往国内保税仓存储。当有消费者从网上下单时,物流公司直接从保税仓拿货并配送至客户手中。

3. 业务运营模式

在天猫国际平台中包括卖家、买家和天猫国际这三个主体。天猫国际纯平台M2C模式通过资金流、信息流、物流将这三者联系在一起,形成闭环。天猫国际背靠阿里巴巴,在淘宝引流和阿里巴巴集团的支持下,拥有着其他跨境电商企业所难以短时间搭建的物流体系、完善的信息流和资金流。

4. 商家合作模式

目前海外品牌入驻天猫国际的模式主要有三种:直接入驻型、第三方外包型、国家和地区馆型。

(二)天猫国际盈利模式

企业的盈利模式是将企业内部资源与外部资源进行有机整合,实现企业利润及价值的最大化。任何一个盈利模式都有一些共同的因素,这些因素是利润点、利润对象、利润来源、利润杠杆及利润屏障。

1. 利润点——客户价值

利润点是指可为企业获取利润的产品或服务。好的利润点具备清晰的产品定位,了解消费者的需求偏好,能为客户创造价值,从而为企业创造价值。天猫国际是从质量、价格、商品丰富度三个方面为客户创造价值的。

面向消费者,天猫国际作出了"海外正品保障、海外直供、当地退货""100%海外正品,假一赔十"等相当有诚意的服务承诺来维护消费者的权益。2019年推出的品质保障计划,在正品保障基础上,进一步保障了消费者的利益。

2. 利润对象——客户范围

利润对象是指企业目标客户范围,利润对象的购买力及规模的大小对于跨境电商来说非常重要。天猫国际以对生活质量有更高要求和追求的人群作为主要目标客户。

3. 利润来源

利润来源就是利润获得的渠道或途径,是企业获得利润的源泉。天猫国际的主要利润来源包括第三方品牌商家的入驻费用、保证金、技术服务费年费、实时划扣技术服务费和广告费。

4. 利润杠杆——相关业务活动

利润杠杆是指企业的产品或服务以及吸引客户购买和使用企业产品或服务的一系列业务活动。比如淘宝发起的"双11"购物狂欢节。此外,除了参与国内电商购物狂欢节,天猫国际也为了备战国外剁手节"黑五"做足了准备工作。

5. 利润屏障

利润屏障是指企业为防止竞争者掠夺本企业的利润而采取的防范措施,它与利润杠杆同样表现为企业投入,但利润杠杆是撬动"奶酪"为我所有,利润屏障是保护"奶酪"不为他人所动。天猫国际作为先发企业在这方面具有一定的优势,但它并没有止步于仅仅迎合消费者偏好,而是在引进著名品牌的同时另辟蹊径争取小众特色品牌。这样做不仅协助推广了小众品牌,还能成为一个业务的新亮点,或许需求量不大,但还是会吸引一批有特定需求的人群。

(三)天猫国际品牌特色

1. 正品保障机制,品牌众多

目前入驻天猫国际的商家必须满足三个条件:拥有海外实体公司;拥有银行账户;获得品牌授权。在这三个条件中,关键点是品牌授权。如果能拿到国外知名品牌的独占授权,企业可以考虑入驻天猫国际旗舰店或者卖场旗舰店。直接从品牌厂家或品牌厂家授权拿货批发,这是天猫国际为什么敢说自己100%正品的原因。天猫国际品类众多,且增速还在猛涨。天猫国际成为全球品牌的吸铁石,已经引进了75个国家3 900个品类近19 000个海外品牌进入中国市场,其中八成以上是首次进入中国。

2. 物流——结合区块链

随着信息技术的发展,物流的升级发展正在逐渐与信息流的发展接轨。区块链以其去中心化、不可篡改、可追溯的特质,被视为极具潜力甚至能引起颠覆性产业革命的核心技术。天猫国际背靠的阿里巴巴在2014年已经开始研究区块链技术,天猫应用区块链技术防伪溯源后,每件商品从生产到运输的所有环节数据便全部储存在区块链平台中,包括原产国、起运国、装货港、运输方式、进口口岸、保税仓检验检疫单号、海关申报单号等。

3. 信息流——云计算

天猫国际母公司阿里巴巴集团是中国首屈一指的互联网公司,其多年巨大的交易量沉淀了数以亿计的用户数据,综合天猫国际的大体量与云计算的兼容性,阿里巴巴旗下的云计算技术团队为天猫国际量身定制架构,这也是天猫国际成为海外品牌入华时首选平台的主要原因之一。阿里云除了本身具有大流量外,其技术还能协助商家对消费者行为进行分析。

4. 资金流——支付宝

"支付+消费贷"是电商企业开展互联网金融事业的基本配置。天猫国际接入的支付工具是支付宝,消费者使用支付宝人民币支付就能购买进口产品。阿里巴巴的互联网金融不止支付工具这么单一,信用消费贷产品——蚂蚁花呗为消费者提供消费贷款,支持先消费后还款,并支持30天免息服务。余额理财产品余额宝为消费者提供余额理财服务,资金可存入余额宝获得收益,也能供用户购物支付,这两大附加的金融服务为天猫国际提供了非常大的金融支持,也是天猫国际的特色之一。

本章小结

跨境电商利用电子商务的便利性极大地改变了国际贸易的性质,为跨国的组织购买者(B2B)以及最终消费者(B2C)提供增值服务。与国际贸易不同,跨境电商的存在与发展有其内在的机制,例如国际消费者行为、交易成本理论以及国际竞争战略理论等。成功的跨境电商离不开有效的产品策略和价格策略,以及物流运输和跨境支付系统的支撑。产品始终是零售经营的重要因素之一,跨境电商企业既要制定品类决策也要有具体的产品运营策略;与一般的电子商务和国际贸易不同,跨境电商的价格策略也需要考虑国际市场特点和消费者的需求。跨境电商与国际贸易最大的不同是跨境物流与运输系统的便利性,这既得益于各国针对跨境电商的政策优惠,也得益于一些专门从事跨境电商物流与运输的企业的创新管理。与此同时,跨境电商的单笔交易金额较小,跨境支付方式灵活多样,但由于地域性等原因,仍需要关注跨境支付的风险性。

关键词

跨境电商、消费者行为、价格敏感度、长尾产品、量本利分析法

思考题

1. 跨境电商与传统的国际贸易模式有哪些不同?

2. 跨境电商主要风险有哪些？
3. 上海有哪些优势的行业或产品？
4. 跨境电商定价策略主要有哪些？
5. 如何根据不同情况择优选择适合跨境电商的物流方式？
6. 请简述跨境电商支付风险与风险控制方法。

参考文献

[1] 胡列曲.波特的竞争优势理论述评[J].经济问题探索,2004(12)：21-23.
[2] 李文华,陈盈.跨境电商进口快消品价格差异及优化策略[J].对外经贸实务,2018(1)：69-71.
[3] 张夏恒.全球价值链视角下跨境电商与跨境物流协同的内生机理与发展路径[J].当代经济管理,2018,40(8)：14-18.
[4] 吕宏晶.企业进行第三方跨境电商平台运营的策略研究[J].电子商务,2017(4)：26-41.
[5] 张夏恒.跨境电商支付表征、模式与影响因素[J].企业经济,2017,36(7)：53-58.
[6] 马述忠,濮方清,潘钢建.跨境零售电商信用管理模式创新研究——基于世界海关组织AEO制度的探索[J].财贸研究,2018,29(1)：66-75.
[7] 孙杰,吕意.电商时代影响消费者网络购物行为的因素分析——利用路径分析方法[J].商业经济研究,2018(24)：83-86.
[8] 柴宇曦,黄轩洲,马述忠.跨境电商经营风险的跨国比较及政策建议[J].浙江经济,2017(7)：48-49.
[9] 叶潇红、柴宇曦、马述忠.防范跨境电商企业跨平台经营风险[J].浙江经济,2017(11)：48-49.
[10] 张夏恒,郭海玲.跨境电商与跨境物流协同：机理与路径[J].中国流通经济,2016,30(11)：83-92.
[11] 李芳,杨丽华,梁含悦.我国跨境电商与产业集群协同发展的机理与路径研究[J].国际贸易问题,2019(2)：68-82.
[12] 马述忠,陈丽,张洪胜.中国跨境电商上市企业综合绩效研究[J].国际商务研究,2018,39(2)：48-66.
[13] 姚兴聪.跨境电商平台选品的影响因素——以敦煌网为例[J].北方经贸,2019(3)：57-59.
[14] 叶紫,柴宇曦,马述忠.应对国际贸易政策变动引发的跨境电商经营风险[J].浙江经济,2017(21)：46-47.
[15] 蔡玉娟,樊文静.对阿里巴巴B2B公司私有化的思考[J].电子商务,2013(6)：7-8.
[16] 吴娜娜,郑力,甄磊.B2B2C电子商务模式研究：以阿里巴巴为例[J].商场现代化,

2010(32):131-132.
[17] 范军环.B2B电子商务公司盈利模式分析与展望——以阿里巴巴、慧聪、生意宝和环球资源等上市公司为例[J].河北工程大学学报(社会科学版),2009(3):43-44.
[18] 杨安怀,姚明慧,张琪.阿里巴巴的B2B商业模式研究及启示[J].消费导刊,2009(5):20-21.
[19] 常广庶.跨境电商理论与实务[M].北京:机械工业出版社,2018.
[20] 柯丽敏,洪方仁.跨境电商理论与实务[M].北京:中国海关出版社,2016.
[21] 阿里巴巴商学院.跨境电商基础、策略与实战[M].北京:电子工业出版社,2016.
[22] 梁爽.国际贸易保险[M].大连:大连理工大学出版社,2013.
[23] 赵慧娥,岳文.跨境电商[M].北京:中国人民大学出版社,2020.
[24] 陈岩.国际贸易理论与实务[M].北京:清华大学出版社,2018.
[25] 张瑞夫.跨境电商理论与实务[M].北京:中国财政经济出版社,2017.
[26] 陈岩,李飞.跨境电商[M].北京:清华大学出版社,2019.
[27] 蓝宝江.跨境电商案例集[M].北京:高等教育出版社,2021.

图书在版编目(CIP)数据

新零售管理:理论与案例/高振主编. —上海:复旦大学出版社,2022.7
(新零售系列)
ISBN 978-7-309-16257-8

Ⅰ.①新… Ⅱ.①高… Ⅲ.①零售业—商业管理 Ⅳ.①F713.32

中国版本图书馆 CIP 数据核字(2022)第 104889 号

新零售管理:理论与案例
XINLINGSHOU GUANLI:LILUN YU ANLI
高　振　主编
责任编辑/鲍雯妍

复旦大学出版社有限公司出版发行
上海市国权路 579 号　邮编:200433
网址:fupnet@fudanpress.com　http://www.fudanpress.com
门市零售:86-21-65102580　团体订购:86-21-65104505
出版部电话:86-21-65642845
杭州日报报业集团盛元印务有限公司

开本 787×1092　1/16　印张 15.5　字数 348 千
2022 年 7 月第 1 版第 1 次印刷

ISBN 978-7-309-16257-8/F·2892
定价:45.00 元

如有印装质量问题,请向复旦大学出版社有限公司出版部调换。
版权所有　侵权必究